ALAIN FORGET

COMMENT SORTIR VIVANT DE CE MONDE

Les clefs pour accélérer votre évolution

Tant qu'il y a la mort, il y a la peur.
Seule la victoire sur la mort fera mourir la peur.

Tous droits réservés. Toute reproduction ou transmission, même partielle, sous quelque forme que ce soit, est interdite sans autorisation écrite du détenteur des droits.

Copyright 2000 – 2012

Version 5.0

© Photo de Michel Fraile
© Alain Forget 2012.

A mes Maîtres :

René Ropars
Jean Tissier
Pendant bien des années
Ils m'ont fait avancer,
Me laissant trébucher
Sans jamais me laisser tomber.

A Terence Gray : Wei Wu Wei
Maître Tch'an contemporain.
Par ses textes l'éveil se manifesta.

TABLE DE MATIÉRES

8	REMERCIEMENTS
9	PREFACE DU DOCTEUR MARK COLLINS
12	PREFACE DU DOCTEUR PETER FENWICK
14	BIOGRAPHIE
16	POURQUOI LE TITRE : « COMMENT SORTIR VIVANT DE CE MONDE »
17	INTRODUCTION

PREMIÈRE PARTIE

CHAPITRE I

23	LES DEUX CLEFS ET LES QUATRE CARTES
23	PREMIERE CLEF : L'IDENTIFICATION
24	DEUXIEME CLEF : LA DUALITE
24	CARTE DE LA PEUR ET DE LA CULPABILITE
29	CARTE DU MECANISME DE L'EGO
31	CARTE DE L'ORIGINE DES SOUS-PERSONNALITES
33	CARTE DE L'AMPHITHEATRE
35	PREAMBULE AU TRAVAIL PSYCHOLOGIQUE

CHAPITRE II

37	PREMIER D - LA DISTANCIATION
39	LA PRATIQUE DE LA DISTANCIATION

CHAPITRE III

45	DEUXIEME D - LE DISCERNEMENT
45	COMPRENDRE LE JEU DES SOUS PERSONNALITÉS
47	LA PRATIQUE DU DISCERNEMENT
48	SE VOIR TEL QUE L'ON EST
48	SE VOIR TEL QUE L'ON EST POURQUOI ?
49	L'EGO EST UN SYSTEME DE DEFENSE
50	LE MOI DIRECTIONNEL

CHAPITRE IV

57	TROISIEME D - LA DESIDENTIFICATION
57	PREMIERE PARTIE : VOTRE EVOLUTION PSYCHOLOGIQUE
57	LA DYNAMIQUE DE VOTRE MONTEE EN CONSCIENCE ET LES OBSTACLES QUE VOUS RENCONTREREZ
62	EQUILIBRER VOS COTES MASCULINS ET FEMININS, ET AMELIORER VOS RELATIONS DE COUPLE
65	COMMENT REALISER VOS ASPIRATIONS
68	PREAMBULE AU DEVELOPPEMENT PSYCHIQUE
69	DEUXIEME PARTIE : VOTRE EVOLUTION PSYCHIQUE

74	LA PRATIQUE DU SILENCE
76	PREAMBULE A L'APPROCHE METAPHYSIQUE

CHAPITRE V
78	QUATRIEME D - LA DISCRIMINATION

CHAPITRE VI
83	L'EVEIL

CHAPITRE VII
88	L'EVEIL : UN DERNIER AVERTISSEMENT

CHAPITRE VIII
90	ESSAYONS DE POUSSER LA PORTE
92	PREAMBULE AUX QUESTIONS-RÉPONSES

DEUXIÈME PARTIE

QUESTIONS ET REPONSES
94	UNE APPROCHE PSYCHOLOGIQUE
101	UNE APPROCHE METAPHYSIQUE
109	L'ENSEIGNANT
113	LE MENTAL
126	ORIGINES ET COMPORTEMENTS
140	L'AMOUR
143	L'AME OU LE CORPS PSYCHIQUE
150	DIEU, LE BIEN ET LE MAL
155	LES RÊVES
160	LE SEXE, L'ARGENT, LA GUERRE ET LA PAIX

TROISIÈME PARTIE

BIOGRAPHES ET TEXTES CHOISIS
169	INTRODUCTION
203	LETTRE DU LECTEUR À LUI-MÊME

204 **GLOSSAIRE**

BIBLIOGRAPHIE
209	TEXTES ESSENTIELS
210	TEXTES RECOMMANDES
216	APHORISMES
218	SITE WEB

REMERCIEMENTS

Ce texte a été lu avec une grande attention par plusieurs de mes élèves, parmi lesquels j'aimerais remercier le Professeur Léon Schlamm, le Dr. Richard Dixey, Geoffrey Russell, Catherine Phillips, Mark Lloyd-Fox, Barry Tomalin ainsi que feu Colin Morley.

Je remercie également pour leurs lectures critiques le Dr. Donald O. Wilson, Jacques Renault et Alex Tschyrkow.

Je remercie aussi pour l'aide qu'ils m'ont apportée Viviane Auberton, Dr. Veronika Krascheninnikova, Gérard Galbois, Isabelle Clerc, Bernard d'Encausse, Pascale de Montremy, Dr. Florence Bastiani, Claude Favre de Vaugelas, Micha Benoliel, Dr. Jérôme Bilet, David Lorimer, John Cummins. Dr. Peter Fenwick ainsi que Laurence Kirschel.

Je suis aussi reconnaissant pour l'aide, les commentaires et les suggestions que j'ai reçus du Dr. Mark Collins et de mon traducteur et proche collaborateur, le Dr. Antony Laurent.

PREFACE DU DOCTEUR MARK COLLINS

Quand j'ai rencontré Alain Forget en 2003, je ne savais pas que cette rencontre aurait un tel impact dans ma vie. A l'époque j'étais, et je suis toujours d'ailleurs, un psychiatre très occupé exerçant à Londres.

Mon travail quotidien consiste à écouter les gens parler d'eux-mêmes, de leurs peurs, de leurs culpabilités, des choses qui font qu'ils se sentent mal.

Nous pouvons identifier les comportements de dépendance, les relations dysfonctionnantes, les blessures non guéries du passé, ainsi qu'un certain nombre de choses qui amènent les gens à être coincés dans des cycles récurrents de douleurs. Mes outils sont les outils classiques de la psychiatrie et je cherche à aider les gens à travers l'analyse, les médicaments et, quelquefois, l'hospitalisation.

J'ai toujours été ouvert à une approche spirituelle et je suis heureux quand je travaille avec des gens qui ont une pratique alternative. Mais le côté spirituel n'était pas vraiment une voie que j'explorais. C'est seulement récemment que j'ai réalisé que le patient allongé sur un divan et le moine assis dans une grotte de l'Himalaya cherchent essentiellement la même chose.

Mon milieu familial m'a donné une éducation anglaise relativement peu conventionnelle. Mon père, un prêtre anglican, a toujours insisté sur le fait que sa foi chrétienne était basée sur le doute car autrement ce ne serait pas la foi mais une certitude. A la fin de mon adolescence (dans les années soixante) pendant un voyage d'une année en Inde, j'ai découvert les religions et philosophies orientales. Il m'a semblé qu'il y avait là quelque chose de plus vivant, suscitant une résonance en moi, provoquée par ce que je lisais et étudiais bien que d'une manière un peu dilettante. Les questions métaphysiques se présentaient mais elles étaient submergées à ce moment par mon identification au courant de la vie.

Les décennies suivantes ont été une répétition des mêmes expériences, certaines heureuses, certaines tristes, des succès, des échecs, des relations nouées et rompues. De temps en temps des questions métaphysiques refaisaient surface, souvent après des épisodes douloureux, mais elles étaient oubliées aussitôt. Je me voyais répéter inconsciemment les mêmes vieux schémas de comportement. Parfois pendant un moment de lucidité je reconnaissais qu'en moi-même je n'avais pas changé fondamentalement depuis l'enfance, et que les mêmes émotions de base, telle que la peur, dirigeaient ma vie.

Ceci est le contexte dans lequel j'ai rencontré Alain Forget. Par politesse envers un ami, je suis allé, malgré moi, à sa conférence, n'ayant aucune idée de ce que j'allais trouver. La conférence était un résumé du contenu de ce livre et elle me stimula intellectuellement. Je ressentis une excitation engendrée par la clarté, la simplicité et la profondeur de ce que j'entendais. Simultanément un dialogue critique ponctua mon écoute quant aux idées avec lesquelles j'étais en désaccord, ou que je considérais incohérentes. Plus on se rapprochait du domaine psychologique, c'est-à-dire de mon territoire, plus je m'opposais à ce que j'entendais.

Parallèlement, pendant qu'une forte réaction intérieure m'animait et alors qu'Alain était assis en silence entouré d'une vingtaine de personnes attentives, j'eus une expérience tout à fait extraordinaire. Il y eut toute une gamme de phénomènes sensoriels très spéciaux, notamment lumineux, liés à un flux émotionnel incroyablement puissant et, d'autant plus remarquable qu'il n'avait pas été anticipé. Je sus plus tard que mon expérience était courante. Alain décrit le phénomène de façon très objective dans son livre. Sans aucun doute cela a irrémédiablement changé le cours de ma vie.

Depuis lors, j'ai rencontré Alain chaque mois lors de sa venue à Londres, et j'ai essayé de suivre ses directives. Cela a été une expérience extrêmement intéressante, en particulier quant aux observations que j'ai pu faire sur mes résistances au changement. J'ai lu consciencieusement une ancienne version de son livre intitulée « les Quatre D ». Après l'avoir soumise à une analyse critique, j'ai pensé que je pouvais aider Alain à corriger les fautes les plus évidentes qu'il avait faites dans les passages psychologiques du livre. Je me considère comme relativement intelligent et me flatte d'avoir une très bonne mémoire. Aussi quelle ne fut pas ma surprise de constater qu'invariablement, à chaque rencontre avec Alain, j'étais incapable de me rappeler ce que les quatre « D » désignaient, et leur ordre. Même après une courte révision avant l'entretien, je pouvais en mémoriser trois mais jamais quatre.

Lorsque je finis par avouer mon amnésie, Alain éclata de rire et me dit que ses étudiants français, avec lesquels il avait travaillé beaucoup plus longtemps, avaient souvent eu le même problème. Je venais de découvrir, pour la première fois, le redoutable système de défense de l'ego quand il est soumis à une attaque. Ce n'est pas pour rien que le nom de famille d'Alain quand il est prononcé en anglais veut dire « oublié ».

De même j'ai eu un énorme problème à admettre la base du système d'Alain, à savoir que le développement de la culpabilité se construit sur l'identification du bébé à la souffrance de la naissance. J'ai lu et relu les passages concernant cet argument particulier, me rebellant de plus en plus chaque fois, discutant, rediscutant avec Alain jusqu'au point où j'envisageais de ne plus le voir. Il est inutile de dire que c'est au cœur d'une crise, dans un moment de lucidité, que j'ai vu clairement que mes protestations et mes résistances se basaient sur le déni de mon propre système de culpabilité. Ce processus de défense s'est répété régulièrement, mais heureusement Alain est un enseignant patient.

Nombreux sont ceux qui ont eu la chance, pendant leurs années d'école, de suivre l'enseignement d'un professeur particulièrement inspiré, qui savait rendre son sujet vivant. Alain Forget, selon mon expérience, a ce don dans le domaine le plus important qui soit, notre vie même, ou plutôt notre manque de vie !

En pratiquant les Quatre D, en suivant ses suggestions et en comprenant l'enseignement donné dans ce livre, j'ai avancé plus loin et plus vite que je ne l'avais fait, au cours des nombreuses années précédentes, à travers les pratiques conventionnelles. La façon dont j'exerce professionnellement a changé.

Ce livre est une carte : il fournit des instructions claires sur ce que l'on doit faire et où l'on doit aller. Le lire et le relire a illuminé ma conscience. C'est une expérience qui, je l'espère, amènera autant de plaisir et de croissance aux autres qu'à moi-même.

Dr. Mark Collins.
MA MB BS MRCP MRCPsych

PREFACE DU DOCTEUR PETER FENWICK

Pendant des millénaires, les humains ont réfléchi à leur véritable nature, quelle était leur place dans l'univers et comment ils pouvaient exprimer leur plein potentiel en tant qu'individus. Quelques Maîtres sont devenus pleinement éveillés. C'est la réalisation de cet état qui est le point culminant de l'évolution spirituelle.

Alain Forget est un des chefs de file de cette nouvelle vague de philosophes qui, en travaillant sur eux-mêmes, et en utilisant les outils élaborés par les Maîtres des traditions, a achevé la percée dans son expérience de conscience. Un enseignant ne peut enseigner que s'il comprend le sujet qu'il enseigne.

Le développement d'un état de conscience plus vaste n'est pas quelque chose que l'on peut comprendre, c'est quelque chose qui doit être expérimenté et intégré.

Cela arrive seulement après des années de pratique et de travail sur soi-même. Un grand nombre de Maîtres traditionnels avaient le même but que celui d'Alain: « un état éveillé de conscience ». Mais leurs enseignements venant de différentes cultures, ils sont exprimés par des concepts dont la compréhension est souvent voilée, ce qui rend leur traduction difficile. C'est pourquoi la pratique de ces techniques est souvent ardue pour des occidentaux qui les utilisent en essayant d'atteindre ce même but.

La réussite d'Alain est d'avoir fait une synthèse, en utilisant le langage d'aujourd'hui, et d'avoir élaboré une méthode psychologique, qui est facile à comprendre, qui nous parle immédiatement, et qui est très efficace. Sa méthode est pratique, elle comprend l'application progressive de différentes stratégies mentales qui, si elles sont pratiquées régulièrement, amènent une compréhension de l'ego et finalement aboutissent à sa dissolution.

Il nous fait remarquer que l'ego est mécanique et que la seule chose que nous puissions faire est d'entraîner une partie de l'ego à travailler sur lui-même. Le but est l'état sans ego. Alain explique clairement que l'introspection psychologique, combinée à l'interrogation métaphysique, peut enclencher cela.

Sa méthode, « les Quatre D » est une méthode pour le XXIème siècle. Elle est facile à comprendre et facile à utiliser.

La Distanciation, l'attention non réactive, le Discernement, l'introspection psychologique, la Désidentification, le lâcher-prise, qui résulte de la pratique des deux, et la Discrimination, profonde interrogation métaphysique, sont les étapes à franchir pour faire monter votre ego en conscience et, ultimement, lui faire voir qu'il n'est absolument pas.

Je ne peux que recommander cette méthode. Elle ne demande pas de gourou, juste un désir permanent de se connaître et de la continuité dans la pratique. Chaque fois qu'une pensée apparaît à la conscience, elle est une opportunité pour grandir.

Docteur Peter Fenwick.
MB Bsc BChir FRCPsych
Londres, juillet 2010.

BIOGRAPHIE

L'Eveil a jailli un hiver, en fin d'après midi, dans la pénombre de la cathédrale. Durant l'hiver 1977-1978, je me rendais tous les jours de Paris à Chartres, où je lisais pendant une ou deux heures, dans cette magnifique cathédrale gothique du XIIème siècle, des textes métaphysiques. Ensuite je restais en silence une heure, et je rentrais à Paris.

Après trois mois de cette pratique régulière, un jour, dans la cathédrale, au cours d'une introspection psychologique, une interrogation m'a fait lâcher prise et a propulsé ma conscience en amont du mental. J'ai vu que je n'étais pas mes pensées, mes émotions, que je n'étais pas cette entité psychologique. Pour la première fois, je vérifiais expérimentalement l'évidence que les textes énoncent.

Cette expérience m'a montré que l'Eveil n'est rien d'autre que notre état naturel. Il est toujours là. Il est juste masqué par l'entité personnelle. La perception des êtres et des objets est la même pour une personne éveillée que pour une personne ordinaire, mais la personne éveillée, ayant perdu son conditionnement, bascule dans un état d'unité avec la vie, libre de peurs.

La philosophie des Quatre D est naturellement le fruit d'un travail personnel. Elle est issue de mon parcours, qu'il me paraît important de résumer.

A 20 ans, mes interrogations métaphysiques, amorcées à l'adolescence, me poussent à entreprendre une recherche qui m'amène à comprendre qu'il y a une évidente unité entre les grands courants philosophiques et religieux.

A 22 ans, je rencontre mon premier Maître, médecin homéopathe, élève direct de Gurdjieff. Dès lors, je vais consacrer une partie de mon temps à approfondir la connaissance des textes de la philosophie non-duelle, de l'Advaïta Vedanta, des Maîtres Tch'an, des mystiques Chrétiens et Soufis.

A 25 ans je vis à Chartres l'expérience de l'Eveil pour la première fois. Durant les années suivantes, ma pratique s'est peu à peu intensifiée. J'ai développé l'habitude de m'asseoir en silence, souvent dans de hauts lieux, notamment Notre Dame de Paris, Saint-Jacques de Compostelle, le Mur à Jérusalem.

A 34 ans je rencontre mon deuxième Maître, un vieil homme occidental, élevé par un moine tibétain. L'enseignement de cet homme est un ensemble de pratiques accélérant le développement de l'âme.

A partir de 39 ans, les processus de l'évolution se sont accélérés, les fusions avec cet état d'unité sont devenues plus fréquentes.

Vivant l'ouverture de cette conscience, j'ai compris que les philosophes et les mystiques ne doivent pas être considérés comme les représentants de systèmes de croyances. Ils devraient plutôt être vus comme des scientifiques qui ont intégré ou exploré le même état de conscience supérieur. Ils sont les éclaireurs de notre évolution possible.

Dans les années qui ont suivi, j'ai commencé à prendre des notes sur les techniques qui m'ont amené à l'Eveil. Quelques membres de mon entourage sont devenus mes premiers élèves, ils m'ont permis de perfectionner le système que j'appelle « les Quatre D » qui est une synthèse pratique liée a mon expérience qui rejoint souvent celle des mystiques. J'ai poussé l'aventure plus loin en formant un groupe à Londres, qui se réunit régulièrement, ainsi qu'un autre à New York.

Les années passant j'ai pu constater qu'il est possible d'aider les autres à atteindre un état de conscience transcendant le temps et l'espace; qu'il est possible de transmettre une énergie de conscience et de lumière accélérant l'évolution. J'ai vérifié de nombreuses fois qu'il est facile, en appliquant les bonnes techniques, d'extraire de nous même un aspect neuf, qui organisera une vie beaucoup plus heureuse et plus gagnante.

Monaco, août 2010.

POURQUOI LE TITRE :
« COMMENT SORTIR VIVANT DE CE MONDE » ?

Le titre original du livre était « La philosophie des Quatre D », mais je trouvais qu'il avait une connotation un peu trop dogmatique. Quand j'ai entendu la chanson de Hank Williams : « Je ne sortirai jamais vivant de ce monde », cela a été un déclic.

Le titre était trouvé. Il s'adapte merveilleusement bien au texte, car c'est bien de cela qu'il s'agit, atteindre le niveau supérieur de notre évolution, l'Eveil. Ce livre ne traite que de cela, il décrit pas à pas les processus qui vont vous permettre de sortir vivant de ce monde. En chemin vous apprendrez à voir comment vous fonctionnez, et à maîtriser des techniques qui vous permettront de diriger votre vie de façon plus efficace. Je suis heureux de dire que ce cher Hank avait tort, car il est possible de sortir vivant de ce monde.

INTRODUCTION

Ce livre va aiguiser votre interrogation. Se poser vraiment les questions fondamentales « qui suis-je ? Quel est le sens de la vie ? Quelle est l'origine de l'univers ? » vous rend déjà plus vivant.

Pour sortir vivant de ce monde, vous devez avancer dans la compréhension de ce que vous êtes. Les seuls éléments à votre disposition sont vos pensées, vos émotions, vos sensations corporelles, vos rêves. En les utilisant correctement vous accélérez votre évolution.

Quatre étapes vont vous permettre de faire ce voyage intérieur :

La **« Distanciation »**, la première de ces quatre étapes, vous permet de rester conscient de ces milliers de pensées et d'émotions qui s'imposent chaque jour à vous-même. Elle utilise les sensations corporelles.

Elle est une technique qui comme toute technique demande un temps d'apprentissage. Elle vous montre à quel point vous êtes mécanique. Elle vous permet de voir les schémas de comportement automatique qui vous régissent, comment les pensées et les émotions sont soumises à la peur, comment vous reproduisez, encore et encore, les mêmes scénarios : vous les voyez chez les autres mais tellement mal chez vous.

Avec le **« Discernement »**, le deuxième D, vous développez une méthode d'introspection qui va vous permettre de creuser les couches inconscientes réprimées vous constituant, démantelant ainsi vos vieilles souffrances. Très vite, l'application des deux premiers D crée un chercheur qui travaillera pour vous en permanence.

A ce stade votre vie change, car vous désenclavez votre conscience des identifications de peur et de culpabilité. Automatiquement vos choix sont plus heureux. Ils obéissent à une autre logique. Vous commencez à comprendre comment vous fonctionnez. Vous passez d'une logique de choix inconscients perdants à une logique de choix conscients gagnants.*

Quand vous arrivez au troisième D : la **« Désidentification »** ou au lâcher-prise, votre évolution s'accélère. Lâcher les vieux schémas vous permet une meilleure qualité de silence mental. Si vous rentrez dans une pratique plus soutenue d'introspection et de silence, comme beaucoup de traditions nous le disent, vous développez un moi psychique, une âme en amont de la pensée, de la mémoire. D'autres mondes s'ouvrent à vous. La peur et la culpabilité sont toujours là, mais vous les dominez de plus en plus. Vous passez au-dessus de votre ombre, c'est-à-dire des aspects refoulés de vous-même. Une partie de vous se connecte à une autre dimension.

La « **Discrimination** », le quatrième D, est l'étape finale. Elle est au cœur de l'interrogation métaphysique, interrogation qui vous fait lâcher vos dernières identifications, ce conditionnement de base de votre personne que vous avez entretenu toute votre vie. Vous discriminez entre ce que vous n'êtes pas encore - la vérité, l'absolu, la conscience de la vie, le divin - et ce que vous n'êtes plus tout à fait, vos vieilles identifications liées à votre ombre, à votre corps émotionnel, identifications que vous avez partiellement lâchées, que vous avez relativement comprises, en pratiquant la Distanciation et le Discernement. Ces interrogations touchent à l'essence de la condition humaine - l'être, la perception, qui sommes-nous ? Qui perçoit ?

Après avoir développé un goût pour la métaphysique, un goût pour l'abstraction, à un moment, une de ces interrogations vous conduit à votre absence, à la « vacuité » des Bouddhistes, à la « mort du vieil homme » des Chrétiens. Le sas du vide est le moyen de naître à l'Eveil, à l'illumination, à la vérité, au Royaume des cieux. L'accès à cette dimension est la Liberté que vous cherchez.

Si ce livre s'appuie sur des citations de Maîtres spirituels, c'est parce que ceux-ci sont des explorateurs de la conscience. Ce ne sont pas les religions dont ils sont issus, ou dont ils sont à l'origine, qui vous intéressent, car les religions sont des cadres, des systèmes de croyance.

La particularité de ces Maîtres est d'élever votre conscience au-delà des cadres, au-delà des systèmes de croyance, au-delà de tout ce à quoi vous vous identifiez.

Voulant partager cette conscience, ils ont bousculé dans leurs démarches les systèmes, les codes établis, et ont souvent payé de leur vie pour cela : Jésus, Hallâj, Marguerite Porete, Socrate.

Mais n'est-il pas extraordinaire qu'à des milliers d'années d'écart, à des milliers de kilomètres de distance, des Chrétiens comme Maître Eckhart, des Soufis comme Hallâj, des Védantins comme Shankara, des Taoïstes comme Lie Tseu, des Maîtres Tch'an comme Houang Po, et bien d'autres, vous tiennent le même langage. Ils utilisent des concepts similaires, pointant vers une liberté au-delà de vos conditionnements, une liberté où l'observateur se dissout dans l'observé. Vous devriez considérer les maîtres spirituels non pas comme des représentants de systèmes de croyances, mais comme des chercheurs qui ont découvert les niveaux supérieurs de conscience. Ils sont les explorateurs des territoires de votre future évolution. N'est-il pas extraordinaire que la physique moderne vous démontre que la réalité de la matière mute en fonction de l'observateur ? N'est-ce pas remarquable que le Zohar, Lao-Tseu, Jésus vous disent la même chose, quant à la nécessité d'équilibrer vos pôles féminin et masculin ?

Ce que la physique et la psychologie découvrent et mettent à la portée de tous, ils l'avaient énoncé il y a des siècles, des milliers d'années.

Ceux d'entre vous qui aspirent à la sagesse développeront inévitablement l'intuition que l'unicité (l'absolu), est à l'origine de toute dualité, de tout le manifesté. Cette unité pressentie doit être le point de départ de cette démarche.

Formulés de différentes façons dans plusieurs traditions, « les Quatre D » sont une méthode de déconditionnement qui débouche sur votre vraie nature. Un jour, soudainement, elle apparaît au-delà des paires d'opposés grand/petit, plaisir/souffrance, le ciel/la terre, être/non-être. Elle est ce que vous êtes vraiment. Quand vous la réalisez, vous êtes sorti vivant de ce monde. Vous avez dépassé la paire d'opposés conscient/inconscient. Vous êtes pure conscience.

Celui qui entame ce chemin peut le poursuivre jusqu'où il veut. Il s'apercevra dans un premier temps de la rapidité des résultats. Les progrès dépendront de quatre qualités: la lucidité, la volonté, le courage et l'honnêteté intellectuelle. Plus vous intensifierez votre pratique, plus le processus s'accélérera. Plus vous serez conscient, plus la vie vous répondra positivement.

Vous ne pouvez vous libérer que si vous vous connaissez vous-même. Pour cela vous devez avoir la discipline et le courage d'explorer vos fondations. C'est seulement en appliquant les bonnes techniques que vous pouvez comprendre, puis voir, et enfin lâcher les résistances protégeant vos peurs et vos culpabilités.

Vous devez vous rappeler que les contes et les mythologies racontent souvent la même histoire. Un chevalier, habillé de son armure (l'ego), pénètre dans la sombre forêt (l'inconscient). Il doit vaincre les dragons, les démons (ses culpabilités, ses peurs, ses conflits), puis, arrivé dans le château et débarrassé de son armure, il embrasse la belle, dormant dans son cercueil de verre, qui à cet instant s'éveille. Cette scène représente l'union avec votre vraie nature.

Ce livre est un mode d'emploi de vie et d'Eveil. Il a été rédigé de façon à ce que vous vous interrogiez sur vos motivations, sur vos mécanismes, sur vous-même, sur le sens de votre vie. Il existe deux conditions préalables pour que la lecture de ce livre soit bénéfique:

- Un vrai désir de changer votre vie.
- La certitude que vous induisez tout ce qui vous arrive.

Si vous ne prenez pas ce postulat à cent pour cent, vous rejetterez toujours la faute ou l'origine de vos malheurs sur l'autre, vos parents, votre entourage, la société, le destin ou Dieu. Il vous sera impossible, alors, de descendre dans vos conditionnements et de démanteler les peurs et les culpabilités qui sont à l'origine de vos choix. Evidemment, il s'agit d'être logique et cohérent, bien que vous induisiez tout ce qui vous arrive, si un malheur vous frappe, vous n'êtes pas responsable de ce malheur, mais vous l'êtes de ce que vous en faites.

Ce livre est une synthèse de la sagesse des philosophes et des mystiques des grandes traditions, il vous donne des instruments pratiques adaptés à notre époque. En lisant ce texte vous verrez que l'idée des sous-personnalités avait été énoncée par l'empereur Marc Aurèle. Vous trouverez une méthode d'introspection psychologique terriblement simple et efficace, directement issue de l'hindouisme. Vous découvrirez des outils originaux et précis, afin d'analyser et d'utiliser vos rêves pour accélérer votre évolution. Vous développerez une technique d'interrogation vieille de plusieurs millénaires. L'homme est toujours le même. Ces techniques, éparpillées, cachées dans les écrits ont été rassemblées, expérimentées et adaptées pour vous.

Ce livre vous donne un plan précis des mécanismes de peur et de culpabilité qui vous dirigent, ainsi que de la façon de vous en libérer. Il est divisé en trois parties. La première partie vous donne l'explication de votre fonctionnement, puis développe la philosophie des « quatre D ». La deuxième partie est un ensemble de question-réponses, posées dans divers entretiens à Londres et à New York de 2005 à 2009. La troisième partie contient des morceaux choisis de mystiques et de sages des principales traditions. Elle est une anthologie de philosophie non duelle. Elle constitue le fondement de cet enseignement. Elle a pour fonction d'aiguiser votre interrogation. Vous trouverez à la fin du livre un glossaire définissant les concepts utilisés, une bibliographie de textes essentiels et recommandés ainsi qu'une liste d'aphorismes.

PREMIÈRE PARTIE

CHAPITRE I

LES DEUX CLEFS ET LES QUATRE CARTES

Avant de rentrer dans le travail pratique, c'est à dire de commencer l'exploration de vous-même, vous devez avoir une vision claire de ce dont il s'agit vraiment. Vous apprendrez à utiliser deux clefs et quatre cartes. Plus vous vous servirez de ces clefs, plus elles vous ouvriront les portes menant à la liberté. Les cartes vous permettront de vous localiser sur le chemin de la connaissance. Développer une compréhension de ce qu'est l'identification et de ce qu'est la dualité est indispensable si vous voulez avancer dans la connaissance de vous-même.

PREMIERE CLEF : L'IDENTIFICATION

Vous êtes toujours en identification : avec votre sexe, je suis un homme, je suis une femme, avec votre apparence, je suis grand ou petit, je suis mince ou trop gros. Vous êtes en identification avec votre état, bien portant ou malade; avec votre niveau social, riche ou pauvre; avec votre nation, avec votre race, avec votre profession, avec vos systèmes de croyance. L'identification à ce que vous pensez être constitue votre personne, votre entité psychologique. Vous êtes pétri d'identifications inconscientes, rythmant vos succès, vos échecs, vous rendant fort, vous rendant faible. Avancer dans la connaissance de soi c'est vous désidentifier progressivement de tout ce à quoi vous vous êtes identifié. Plus vous démantèlerez vos vieilles identifications plus votre vie changera.

DEUXIEME CLEF : LA DUALITE

La dualité est constituée par la division entre deux opposés, le grand et le petit, le chaud et le froid, le bien et le mal. Vous êtes dans la dualité parce qu'il y a une division entre vous et ce qui n'est pas vous. Votre identité ne peut exister que s'il y a d'un côté le monde, et de l'autre vous.

La dualité s'entretient à travers l'identification, je suis ceci ou je suis cela. Votre identité, votre personne, fera tout pour maintenir la dualité dont elle est constituée. Elle le fera mécaniquement, par l'identification aux pensées, aux désirs, aux émotions, aux sensations corporelles.

Pour mieux vous faire comprendre ce qu'est la dualité, prenons l'exemple de la vague et de l'océan. Partons du principe que vous êtes une vague, il y a vous, cette vague, et l'océan. Vous êtes identifié à votre identité de vague qui est d'être grande ou petite, chaude ou froide. Au moment où vous réalisez que vous n'êtes pas cette vague, mais que vous êtes l'océan, vous n'êtes plus dans la dualité.

Travailler sur soi consiste à lâcher vos identifications, jusqu'au point où votre ego se fond dans l'unité, tout comme la vague se fond dans l'océan. Ainsi vous transcendez la dualité, ainsi vous sortez vivant de ce monde.

> « La Dualité est la racine de toutes les souffrances »
> Ashtavakra Gita.

Plus vous avancerez dans la lecture de ce livre plus votre compréhension de l'identification et de la dualité évoluera.

CARTE DE LA PEUR ET DE LA CULPABILITE
Comment elles se sont liées et pourquoi elles dirigent votre vie

Tout commence par la naissance: l'enfant dans le ventre de sa mère fait un avec son environnement: il n'a pas conscience de ce qui est autre. L'enfant flotte, bienheureux, en unité dans le liquide amniotique.

Puis, soudain, il est projeté hors de son environnement d'origine: le choc de la naissance le sépare de son milieu initial. Il passe par une phase de douleur pour venir au monde.

De ce choc, de cette douleur, vient la première identification entre lui et le monde. Il y a l'enfant d'un côté et le monde de l'autre. Il y a l'enfant et sa rencontre avec la douleur. De cette première douleur, jaillit le mécanisme de l'identification. En s'identifiant à la douleur qu'il ressent, l'enfant est devenu enfant vulnérable. La graine de la peur et de la culpabilité a été plantée.

C'est ce mécanisme d'identification qui va constituer notre ego, qui aura pour fonction de protéger l'enfant vulnérable. Il s'est construit sur la première identification: la douleur liée au processus de la naissance. Cette douleur, première identification, première expérience de notre vie, sera à l'origine de la peur, cette peur sera le terrain sur lequel la culpabilité se développera.

Cette première carte va vous permettre de voir que peur et culpabilité sont les concepts les plus appropriés pour définir, dans votre vie, la structure de base qui vous dirige. C'est seulement si vous développez une compréhension claire de comment ces deux énergies vous conditionnent que vous avez la possibilité d'entamer un travail sur vous, qui changera radicalement votre vie.

La peur et la culpabilité sont liées. Nous savons que la peur est une de nos composantes comme elle l'est pour tous les mammifères. Mais le mélange de peur et de culpabilité est une caractéristique propre à l'humain. Nous sommes conscients de la peur, nous la gérons tout le temps. La culpabilité est beaucoup moins visible, elle se tapit plus profondément dans l'inconscient. Mais si nous observons les systèmes de croyances que l'homme a développés, nous voyons sa présence.

Les religions, juive, chrétienne et islamique sont fondées sur le même mythe d'après lequel Dieu prévient Adam « Tu ne goûteras pas le fruit de l'arbre de la connaissance du bien et du mal, car le jour où tu en mangeras, tu mourras ». Ces religions se sont construites sur la culpabilité d'avoir mangé ce fruit. La connaissance du bien et du mal signifie rentrer dans la dualité. Nous sommes maintenant entrés dans la dynamique d'un sujet en identification avec un objet, d'un observateur avec la chose observée, d'un connaisseur avec l'objet connu. Notre premier objet de connaissance étant la douleur liée à la naissance

Le concept de péché originel pour les Chrétiens, ou celui de la chute pour les Juifs, a pour origine cette première douleur nous arrivant à nous, et, par identification, à cause de nous.

Dans ces grands systèmes de croyance monothéistes : le judaïsme, le christianisme, et l'Islam, la culpabilité est renforcée, dans l'inconscient et dans la société, par le concept d'un Dieu transcendant qui nous punit, ou nous récompense, par l'enfer ou le paradis. Ce Dieu exigeant transmet à travers ses prophètes, son fils unique envoyé en sacrifice pour racheter nos péchés, ou son dernier prophète, des lois que tout un chacun transgresse plus ou moins. Ces systèmes de croyances seront la logique collective entretenant notre identification à la culpabilité, qui, comme toute identification, cherchera à se perpétuer. Nous nous apercevons que peur et culpabilité sont liées et s'alimentent mutuellement. Les religions établies se sont servies de l'une et de l'autre pendant des siècles afin de maintenir leurs pouvoirs.

La culpabilité apparaît aussi dans les systèmes de croyance asiatiques : hindouisme, bouddhisme, quand le concept du karma nous explique que tout ce qui est négatif dans notre vie est le résultat d'actes négatifs commis dans des vies passées.

L'éducation impose des limitations et des contraintes, c'est au travers de cet apprentissage obligatoire que la culpabilité prendra forme et commencera à se manifester au niveau conscient.

Nous voyons les premiers effets de la culpabilité et de l'identification quand l'enfant de deux ou trois ans s'identifie à un évènement négatif, survenant dans son environnement, auquel il n'est nullement lié. Par exemple un autre enfant pleure et lui aussi se met à pleurer, ou quand un objet est cassé et qu'il dit que ce n'est pas lui. Si plus tard les parents se disputent violemment, l'enfant se sent mécaniquement coupable. Et si, après, ses parents divorcent, l'enfant prendra la responsabilité de cette séparation et en portera la culpabilité.

Nous devons clairement comprendre que la peur liée à la douleur de la naissance, et la culpabilité qui se développera ensuite seront refoulées. L'inconscient les stockera au plus profond. Il est là pour cela. La peur et la culpabilité constituent la strate fondatrice sur laquelle il s'est bâti. La tâche de cet inconscient est avant tout de protéger l'enfant vulnérable. Nous rappelons que cette vulnérabilité vient de l'identification à la douleur de la naissance , au choc protoplasmique de la première inspiration d'air qui brûle les poumons, à la lumière qui éblouit les yeux. Krishnamurti semble très conscient de cela.

> « Mais, derrière, se cache l'inévitable souffrance; on peut l'écarter, essayer de l'oublier, mais elle est toujours présente; elle est indiscutable et reste là, blessure profonde que rien ne semble guérir. »
>
> J. Krishnamurti.

Pour vous protéger de cette souffrance, l'inconscient va se constituer en couches, formant une armure. Ces couches s'auto entretiendront en reprenant toujours les mêmes points d'appui, c'est-à-dire les mêmes identifications, aux pensées, aux désirs, aux émotions, aux perceptions.

C'est pourquoi nous reproduisons les mêmes scénarios au cours de notre vie. Les différents éléments constituant notre armure émergent au niveau conscient pour entretenir ou renouveler leurs identifications, ou leurs points d'appui. Cette logique, issue du passé, court-circuitant le présent, nous amènera à rencontrer les mêmes types de succès, ou d'échecs, au plan affectif ou financier. Cette interaction inconscient/conscient fonctionne de manière mécanique. Il est très évident que c'est pour maintenir la culpabilité et la peur que nous souffrons de la dévalorisation de nous-même, de l'abandon, du rejet, des échecs répétitifs que nous rencontrons. La culpabilité est à l'origine des comportements d'autolimitation, de sabotage et d'autodestruction que nous rencontrons dans nos vies. C'est pour cela que l'alcool, la drogue, les choix perdants se manifestent, ils ont pour effet de maintenir, d'entretenir la strate de base sur laquelle nous sommes construits.

Quand nous réussissons dans la vie, c'est toujours le résultat d'une compensation bien réglée. C'est à dire nous nous sommes unifiés dans un projet que nous menons à terme, en nous tenant au dessus de nos peurs et de notre culpabilité. Les choix inconscients perdants issus de ces strates n'ont pas eu de prise sur nous.

L'observation, puis le démantèlement de nos comportements mécaniques vont être l'essentiel du travail sur nous-même.

Notre ego n'existe que dans la dualité, il a besoin de maintenir la dynamique sujet-objet. Garder ses identifications, ou ses points d'appui, lui est indispensable. S'il les perd il doit absolument en créer d'autres.

L'histoire métaphorique grecque de l'hydre à multiples têtes, qui lorsqu'elles étaient coupées, repoussaient encore et encore, illustre l'ego et sa logique de maintien d'identification. En développant une bonne qualité d'observation, vous sentirez la présence de la culpabilité derrière les couches qui vous constituent, car elle engendre un comportement illogique par rapport à la situation.

Il est complètement illogique qu'un survivant d'un groupe décimé se sente coupable. Il devrait se sentir heureux d'être en vie. Pourquoi se sent-il coupable ? Parce que le choc du tsunami, celui d'Auschwitz, celui du champ de bataille, a détruit une partie de ses identifications qui sont ses points d'appui. La strate de base, faite de culpabilité, émerge alors mécaniquement vers le conscient afin de préserver, de renforcer la structure de l'ego qui est en risque de désagrégation. Tout le monde se souvient du onze septembre et de l'image de ce pompier à New York qui a dit « mes camarades sont morts, je me sens tellement coupable ».

Il est illogique que l'enfant de dix à douze ans se sente coupable du divorce de ses parents. Il est illogique que l'enfant issu d'un couple où il y a de la violence se sente coupable. Il est illogique que l'enfant de trois ans s'identifie à un événement négatif auquel il n'est pas lié. Comprenons que l'ego active mécaniquement sa strate réprimée quand il perd une partie de ses identifications, ou quand celles-ci sont en risque. La tâche de l'ego est de ne jamais lâcher. Il doit sauvegarder la dualité dont il dépend pour sa survie, en maintenant la dynamique sujet-objet, observateur-observé, par l'identification. A cette fin, tout comme l'hydre mythologique reproduit des têtes pour assurer sa survie, l'ego utilisera la culpabilité pour renforcer ou remplacer les identifications, quand celles-ci lâchent.

Regardez bien, et vous sentirez la présence de la culpabilité derrière les couches qui vous constituent, elle engendre des peurs sans rapport avec les situations que vous rencontrez. Nous avons tous dans notre entourage des proches qui ont des peurs irrationnelles; observons-les avec l'idée de comprendre l'origine de leurs peurs. Très vite nous voyons qu'ils ont construit une logique de culpabilité qui entretient et stimule leurs peurs. Ces peurs renforcent la culpabilité et la culpabilité active leurs peurs face aux situations qu'ils rencontrent. C'est un système qui s'autoalimente. Identifiez la culpabilité, reconnaissez-la en tant que telle, la peur diminue, puis lâche.

- Notre ego n'est constitué que d'identifications.

- La première identification est la douleur que nous rencontrons à la naissance.

- Les meilleurs concepts pour définir les effets dans notre vie de cette première identification, sont la peur et la culpabilité.

- La culpabilité se développera au travers des pressions inhérentes à l'éducation.

- La culpabilité s'entretient à travers les systèmes de croyance que nous avons développés.

- La culpabilité définit l'énergie refoulée à l'origine de nos choix perdants.

- La culpabilité sort d'une façon mécanique et illogique afin de maintenir nos points d'appui quand ceux-ci lâchent.

- Nous pouvons repérer la culpabilité quand nous voyons qu'elle active la peur.

- Peur et culpabilité se renforcent mutuellement.

CARTE DU MECANISME DE L'EGO
La structure principale de l'ego, comment nous fonctionnons mécaniquement

L'ego, (votre personne, votre entité psychologique), est le fruit de l'évolution humaine. Il se divise entre conscient et inconscient. Pour gérer ses identifications, il fonctionne mécaniquement avec trois programmes.

Au niveau le plus profond de l'ego se trouve la première identification à la douleur de la naissance, qui se transformera en peur puis en culpabilité. C'est la première couche fondatrice de notre ego, celle qui supporte toutes les autres, elle est la base de notre inconscient, elle est le socle maintenant notre identité psychologique. Cette identité a pour tâche de protéger l'enfant vulnérable afin qu'il puisse faire face aux conflits inhérents à l'existence, elle est notre armure nous protégeant de la violence du monde. En conséquence, au sein de notre première couche, l'évolution a élaboré un programme dont la fonction est de ne jamais lâcher les identifications. La dualité doit être maintenue à tout prix. C'est pour cela que l'entité psychologique produira des identifications entretenant la peur et la culpabilité. Il s'agit de sauvegarder la structure de base.

A l'intersection conscient-inconscient, nous avons un autre programme que nous partageons avec les autres mammifères, qui a pour fonction d'aller toujours vers l'agréable et d'éviter le désagréable. Il sera à l'origine de notre difficulté à vraiment nous remettre en cause, parce que nous remettre en cause est désagréable. Ce programme est à l'origine de nos fuites vers l'agréable, c'est à dire dans les compensations. C'est pour cela que notre société s'est construite comme elle l'est, c'est à dire une société marchande nous proposant des compensations à l'infini.

Ces deux programmes ont des buts différents: il s'agit, d'une part, de sauvegarder notre socle constitué de notre peur et de notre culpabilité de base - ce socle ne doit jamais lâcher prise – et, d'autre part, en surface, d'aller vers l'agréable en évitant le désagréable.

Face à cette contradiction, un programme intermédiaire, un programme de compromis, cherchant à établir un équilibre entre les deux s'est développé : le choix du moindre mal qui est là pour nous protéger, selon la logique de notre histoire personnelle. Nous sommes tous bloqués à cet étage là. Dans notre vie de couple ou dans notre vie matérielle, nous voyons que nous reproduisons encore et encore les mêmes schémas qui sont tous, pour nous, le choix du moindre mal.

Le choix du moindre mal engendre les situations répétitives qui ponctuent nos vies : la réussite ou l'échec, la maladie ou la santé, la richesse ou la ruine.

Prenons l'exemple de Jean, un célibataire de trente cinq ans que sa timidité neutralise dans la conquête d'une femme. Il se trouve toutes les bonnes raisons pour retarder le moment où il va lui parler. Cette timidité est pour lui le choix du moindre mal, ce qui lui permet de ne pas faire face à la peur du rejet. Une fois qu'il a compris cela, naturellement, la peur du rejet devient le nouveau choix du moindre mal. Le résultat est que sa timidité a diminué. Quand on identifie la couche du dessous, celle du dessus perd de sa puissance. Maintenant la question que Jean doit se poser est : « Qu'y a-t-il derrière la peur du rejet ? ». S'il regarde ce qu'il y a derrière, il trouve la dévalorisation de lui-même qui devient, à ce moment là, le choix du moindre mal. Jean, conscient de cela, peut maintenant facilement engager la conversation. Et que découvrira-t-il derrière la dévalorisation de lui-même, s'il continue à s'interroger, si ce n'est la culpabilité?

Le premier avantage du travail sur soi est de changer le niveau du moindre mal. En modifiant ce qui apparaît au niveau conscient, nous nous ouvrons d'autres choix.

Notre ego, comme je l'ai déjà dit dans la carte précédente, est constitué de couches formant une armure. Chaque couche a pour fonction de protéger la couche du dessous. C'est parce que Jean est rentré dans une introspection, qu'il a pu démanteler les couches de timidité et de peur du rejet.

- L'ego est notre armure pour faire face au monde.

- Cette armure est régie par trois programmes de défense.

- Un programme de base: ne jamais lâcher l'identification

- Un programme de surface: aller vers l'agréable en évitant le désagréable.

- Et un programme intermédiaire: le compromis entre les deux : le choix du moindre mal.

- Le choix du moindre mal est à l'origine de la répétition des situations que nous rencontrons dans notre vie.

- En changeant le niveau du moindre mal, nous changeons nos vies.

> L'homme est l'espèce la plus violente de cette planète, à la fois vis à vis de lui-même, et vis à vis des autres créatures vivantes, c'est pour cela qu'il la domine. Il n'y a pas d'espèce animale qui s'entretue autant que l'espèce humaine. Pour faire face à la violence de la vie, nous devons absolument avoir une armure qui protége notre enfant vulnérable. Cette armure, notre entité psychologique, est constituée d'une succession de couches gérées par trois programmes.
>
> Plus nous avons le courage de creuser en nous même, de descendre vers les causes premières de notre comportement, plus notre niveau de conscience montera. En élevant notre niveau de conscience nous changeons le niveau du choix du moindre mal. Pour changer nos vies, il faut changer nos choix. Pour changer nos choix, il suffit de reconnaître les causes à l'origine de nos choix actuels, car une fois reconnues, elles perdent de leur impact.

CARTE DE L'ORIGINE DES SOUS-PERSONNALITES
Comment se développent les différents aspects de nous-même

Nous avons vu comment la douleur à la naissance mène à la première identification qui sera transformée en peur et en culpabilité.

Une grande partie de la façon dont nous agissons est déterminée par ce qui se passe à ce moment, ainsi que par le déroulement des quelques années qui vont suivre. Les programmes dysfonctionnants et récurrents de notre comportement peuvent être dépistés comme issus d'événements qui ont eu lieu très tôt dans notre développement.

Notre logique intérieure s'est construite essentiellement, comme nous l'avons dit, à travers trois programmes : le plus profondément encré dans notre inconscient, la peur, liée à l'identification à la douleur de la naissance, devenant culpabilité; celui de surface, aller vers l'agréable et éviter le désagréable ; enfin celui du milieu, le choix du moindre mal qui est le compromis entre les deux.

Nous savons maintenant que le cerveau n'est pas une structure fixe prédéterminée, mais qu'il grandit et se développe en réponse à des stimulations venant de l'environnement.

Nous pouvons prendre l'analogie d'un chêne. Bien que le gland détermine sa nature générale, la forme particulière de l'arbre sera influencée par le jeu des rayons solaires, du vent, des orages, etc… qui auront tous un effet sur sa croissance.

Le niveau des neurotransmetteurs est influencé, pour le restant de notre existence, par des événements qui ont eu lieu au début de la vie. La structure physique, ainsi que les connexions neuronales, sont changées d'une manière irrévocable selon les circonstances auxquelles l'enfant est soumis.

Le cerveau, composé de milliards de neurones interconnectés, se développe un peu comme un arbre étirant ses branches qui en génèrent d'autres. Certaines tiges et branches se trouvent favorisées, d'autres se sclérosent et deviennent chétives.

La psychologie moderne du développement de la personne s'est fixée sur un grand nombre d'influences différentes. C'est ainsi que là où certains privilégient le rapport de l'enfant à la mère, d'autres mettent l'accent sur l'importance d'événements clés, positifs comme négatifs, et sur leur influence dans les premières années, sur la composante chimique du cerveau, ou sur la mémoire émotionnelle.

Il est important de se rappeler que les théories ne sont que des cartes et qu'elles ont besoin d'être confrontées à la réalité pour être validées. Le fil conducteur qui relie toutes ces cartes est que certains événements agréables/désagréables arrivent très tôt dans notre vie, dès la naissance - si ce n'est à l'intérieur de l'utérus - et qu'ils ont des effets incontournables sur notre personnalité d'adulte.

Les premières expériences agréables/désagréables vont conduire l'enfant à développer sa propre logique, qui choisira le moindre mal. Puis il appliquera cette logique d'une façon répétitive selon les exigences des situations qu'il rencontrera.

Cette répétition conduira au développement d'aspects identifiables de notre personnalité globale, les sous-personnalités, qui s'organiseront autour de la gestion du choix du moindre mal. Certaines ont plus d'ampleur que d'autres, mais toutes sont interconnectées, chacune, même les plus mineures, pouvant avoir une influence sur les autres.

Chaque sous-personnalité est constituée d'une série plus ou moins importante de croyances, de pensées et d'émotions formant un ensemble cohérent. Les sous personnalités nous amèneront à l'âge adulte, et détermineront naturellement les scénarios, les situations, les relations que nous rencontrerons. Au début de l'enfance, les sous-personnalités se forment et elles croîtront ou diminueront au cours de notre vie.

Le jeu des sous-personnalités peut être plus clairement compris en utilisant la carte qui va suivre.

> Nos fonctionnements sont automatiques, la pensée parcourt les mêmes circuits neuronaux déclenchant les mêmes émotions. Ces ensembles forment des aspects distincts, nos différentes sous-personnalités. Elles nous propulsent dans les mêmes comportements, enclenchant les scénarios répétitifs de nos vies.

CARTE DE L'AMPHITHEATRE
Comment les sous-personnalités fonctionnent

Imaginons un amphithéâtre de mille sièges, au centre duquel il y a une scène, et sur cette scène un micro. Près de la scène, des sièges sont réservés pour les trois stars, puis deux rangées pour une vingtaine de V.I.P. Les autres 977 places sont occupées par des spectateurs ordinaires.

Les trois stars sont nos trois programmes de base. A savoir, le programme qui a pour fonction de ne jamais lâcher, lié à l'identification à la douleur de la naissance; le programme qui nous fait aller vers l'agréable et éviter le désagréable; le programme qui nous fait choisir le moindre mal.

Nos trois stars vont diriger la pièce de notre vie. Elles peuvent être conditionnées par un scénario, lié à la douleur de la naissance, à des évènements pendant les deux premières années du développement, à un drame très sévère tel le deuil d'un parent, ou à une prédisposition génétique, ou bien à une enfance particulièrement heureuse. Il n'y a pas de règles pré-établies.

Les V.I.P. sont nos mécanismes de compensation qui reviennent tout le temps. Nous allons très vite comprendre que tous les éléments de notre amphithéâtre sont en compétition les uns avec les autres pour s'emparer du micro, symbolisant le conscient. C'est la seule façon pour eux d'obtenir de l'énergie. Plus longtemps un spectateur tient le micro, plus d'énergie il accapare, et plus les autres spectateurs vont le combattre afin de le remplacer, pour à leur tour accéder à l'énergie.

Ainsi une sous-personnalité ayant développé une dépendance pendant une période de manque maternel, saisit le micro et allume une cigarette. Immédiatement la sous-personnalité autocritique et pleine de jugement d'elle-même, développée par l'expérience d'une enfance vécue avec un père distant et exigeant, bondit sur la scène et fait tout pour prendre le micro à la sous-personnalité dépendante. Alors cette dernière cherche de l'aide auprès de la boulimique, qui s'approprie le micro et dévalise le réfrigérateur.

Les 977 autres spectateurs dans l'amphithéâtre sont créés par notre mémoire, la somme de toutes nos identifications accumulées. Par exemple, en conduisant notre voiture, nous apercevons une affiche avec une femme en robe rouge. Instantanément, le souvenir de cette jeune fille portant une robe rouge, qui a provoqué un de nos premiers émois il y a trente ans, va revenir à la surface et s'emparer du micro. Comme ce souvenir n'est pas très actuel et n'a pas beaucoup d'énergie, il ne va pas pouvoir tenir le micro longtemps. Il sera remplacé par un autre souvenir, une autre perception, une autre émotion liée à la même sous-personnalité ou à une autre et ainsi de suite.

En regardant notre amphithéâtre, nous comprenons vite qu'il est le lieu d'un conflit. Les multiples personnages le composant sont en lutte constante pour s'emparer du micro, afin de le garder le plus longtemps possible.

C'est pour cela que nous faisons des lapsus ou des confusions. Par exemple, en lisant un journal, nous surimposons un mot à un autre. Quelques minutes après avoir vu l'affiche de la jeune femme en robe rouge, nous lisons les petites annonces. Il est question d'une récompense pour retrouver le chien "Rex", et à la place nous lisons le mot "Sexe".

Nous comprenons ainsi que la nature de cet amphithéâtre est d'être un champ de bataille où tous les coups sont permis, que des alliances s'y forment afin qu'un groupe ou un autre ait accès au micro, les trahisons sont constantes, de ce magma se dégagent des groupes plus puissants qui sont nos fameuses sous-personnalités.

Elles sont fluctuantes, changeantes. Ces différents moi qui nous composent varient en puissance, mais leur noyau est toujours construit de la même façon. Il est constitué de souffrances refoulées, puis surcompensées. L'ensemble de ces différents moi constitue notre identité psychologique.

De la même manière que les différents ministères d'un gouvernement sont en compétition pour obtenir des budgets, les différentes sous-personnalités sont en compétition pour avoir accès au conscient.

Une fois que la nature de ce terrain d'affrontement, qui nous constitue, est comprise, nous nous disons: oui, nous fonctionnons bien ainsi; les structures inconscientes dirigent notre vie mais que faire ?

Si nous sommes capables de raisonner, nous voyons très vite que la seule chose à faire est de développer l'observation de nous-même.

Ce premier chapitre vous a donné deux clefs qui vous serviront jusqu'à la fin de votre voyage et quatre cartes expliquant votre conditionnement. Vous ne pouvez avancer sur le chemin de la connaissance de vous-même, ce qui veut dire sur le chemin de votre déconditionnement, que si vous comprenez la nature des éléments qui vous conditionnent. Vous ne devez jamais oublier qu'une carte, aussi précise soit-elle, n'est qu'une représentation. Elle indique la route à prendre, mais elle n'est jamais la route.

PREAMBULE AU TRAVAIL PSYCHOLOGIQUE

En pratiquant les techniques décrites dans ce livre, vous commencez l'exploration de vous-même. Tout de suite vous aurez des résultats, et en quelques mois votre vie changera. Plus vous travaillerez, plus vous maîtriserez ces techniques, plus le chercheur en vous grandira.

Vous avez maintenant deux clés, vous apprendrez à les utiliser afin de voir le coté mécanique de votre fonctionnement, ainsi que quatre cartes expliquant votre conditionnement. Pour avancer sur le chemin de la connaissance de vous-même, vous devez apprendre à vous situer en vous servant de vos cartes. Celle qui vous montre le rapport entre la peur et la culpabilité. Celle qui vous permet de voir ce qui est le moindre mal pour vous, celle qui vous explique comment les différents aspects de vous se sont constitués et celle qui vous indique quel aspect de vous est au pouvoir.

L'élément fondamental avec lequel vous allez travailler est la peur. Votre structure psychologique s'est constituée pour la gérer. Vous avez deux types de peur, une peur animale que vous partagez avec les autres mammifères. C'est la peur que vous rencontrez quand votre intégrité physique est en danger. Mais le plus souvent vous êtes possédé par une autre peur, une peur illusoire génératrice l'anxiété.

Vous apprendrez à observer que cette peur est liée à la culpabilité, vous reconnaitrez ce qu'elle a créé dans votre vie, puis utilisant les bons outils vous allez apprendre à la voir, puis à la démanteler, et enfin à la lâcher. Rappelez-vous que monter en conscience met votre vieille identité en risque, et qu'en conséquence elle résistera. Quand vous oubliez un mot ou une phrase essentielle et que cela vous interpelle, c'est que vous êtes en train de progresser. Ce mécanisme de blocage est clairement décrit dans la préface du docteur Collins.

CHAPITRE II

PREMIER D - LA DISTANCIATION
Ou comment développer l'observation de vous-même

Les motivations qui vont vous pousser à travailler sur vous viennent généralement d'une réflexion approfondie, d'une crise ou d'un échec. Avec un minimum d'honnêteté intellectuelle, vous pouvez voir comment vous avez abîmé votre vie, ainsi que celle de vos proches.

Si vous êtes capable de voir que cela vient de vous, de vos choix, vous comprenez qu'à l'intérieur de vous des structures différentes oeuvrent à des stratégies opposées. Quand vous réussissez quelque chose, vous êtes toujours relativement unifié. Mais la plupart du temps vous voulez ceci ou cela, mais vous faîtes le contraire : je veux être en bonne santé mais je mange mal, je ne fais pas de sport, je bois ou je fume. Je veux être aimé mais je me rends insupportable. Je veux être riche mais mes choix inconscients perdants me bloquent. Vous êtes divisé, vous êtes un champ de désirs contradictoires.

Il y a en vous des structures différentes, qui, de par leurs stratégies opposées, bloquent, sabotent ou ralentissent votre parcours personnel. Le reconnaître vous permettra de rassembler suffisamment de volonté pour changer votre vie. Vous devinez qu'il y a une logique qui maintient votre conscience prisonnière de vos divisions. C'est seulement en développant votre faculté d'observation que vous allez comprendre cette logique, et que votre niveau de conscience va pouvoir monter. Ce pouvoir d'observation, ce développement d'un observateur est appelé la distanciation.

La Distanciation est une technique visant à établir un témoin à l'intérieur de vous-même. Ce témoin vous fera avancer dans la connaissance de ce qui vous constitue, car sans l'observation de vos pensées et de vos émotions, comment pourriez-vous comprendre la nature des moteurs psychologiques qui vous animent ?

Lorsque vous n'êtes pas noyé dans vos pensées, vous le savez, mais quand vous êtes noyé dans vos pensées, vous ne le savez pas. Par exemple, vous lisez un livre, puis soudain vous devez remonter dix ou quinze lignes plus haut. Vos yeux ont lu le texte, mais votre conscience a été emportée, par vos pensées, hors du texte. Vous avez continué à lire sans réaliser que vous n'étiez plus dans le texte.

Il est intéressant d'observer le phénomène suivant : quand votre attention n'est pas noyée dans vos pensées, elle bascule instantanément vers une sensation corporelle.

Prenez un instant pour vous concentrer sur votre respiration. Voyez comme cela vous connecte à votre sensation corporelle et voyez qu'immédiatement le rythme des pensées s'atténuent. Dès que vous divisez votre attention, la fréquence de vos pensées diminue.

Votre système d'identification fonctionne, comme nous l'avons expliqué plus tôt, avec des points d'appui. Vous faîtes cela tout le temps et à tous les niveaux, entretenant votre ego, entretenant le mécanisme sujet-objet, entretenant la dualité. Vous vous projetez d'un point à un autre, incapable de vous tenir tranquille. Vous ne vivez pas dans le monde réel, mais dans un monde constitué de vos projections, issues de vos expériences, issues de votre mémoire. Vous ne vivez pas la vie, vous vivez une expérience vécue à travers le filtre de vos perceptions et de vos habitudes mentales.

Par exemple, vous rendez souvent visite à quelqu'un qui est derrière son bureau. Au-dessus de lui, il y a un tableau. Vous revenez quelques temps après dans ce bureau. Le tableau a été enlevé. Vous ne voyez pas le mur, vous voyez l'absence du tableau. Votre ego a utilisé un élément de votre mémoire pour créer une identification, pour prendre un point d'appui.

Si vous voulez comprendre la logique qui anime vos pensées et vos émotions, vous allez devoir créer un point d'appui, en dehors de vos pensées et de vos émotions. Votre conscience n'étant plus noyée dans vos identifications mentales, vous allez pouvoir les observer, puis, de là, comprendre les mécanismes qui les animent.

LA PRATIQUE DE LA DISTANCIATION

La pratique de la Distanciation consiste à diviser votre attention entre, d'une part, vos pensées et vos émotions et, d'autre part, vos perceptions sensorielles.

La clé de la pratique est de voir que, dès que vous n'êtes pas noyé dans vos pensées, votre attention bascule instantanément vers une perception sensorielle. Vous allez apprendre à utiliser ces perceptions sensorielles afin de créer un observateur de vous même.

Vous pouvez constater que votre attention se focalise naturellement sur un sens, mais a du mal à en embrasser deux ou trois simultanément. Ce qu'il faut faire, c'est ouvrir votre capacité de perception afin de transformer plusieurs champs sensoriels en un seul. Prenez conscience d'un champ: la vision. Ouvrez votre perception d'avantage. Rajoutez l'audition. Vous avez unifié vision et audition en un seul champ. Elargissez encore plus votre champ de perception. Ajoutez la sensation du poids de votre corps. Vous avez maintenant unifié vision, audition, sensation du poids de votre corps en un champ plus large.

Quand vous êtes en train d'unifier la vision, l'audition, la sensation du poids de votre corps en un seul champ de perception, vous allez constater que votre système d'identification est perturbé. Vous allez vous voir passer très vite de vision à audition, d'audition à sensation du poids de votre corps, de sensation du poids de votre corps à vision, etc… Vous comprenez qu'il y a en vous un aspect mécanique, qui est en recherche permanente de points d'appui ou d'identifications. Vous êtes un peu comme une télévision que l'on ferait passer très vite d'une chaîne à une autre. Vous comprenez que la logique qui vous fait passer très vite d'un sens à un autre, quand vous voulez les unifier en un seul champ de perception, est la même que celle qui va vous faire voir l'absence du tableau, au lieu de vous faire voir le mur, derrière le bureau. Ce mécanisme d'identification ou de points d'appui est la nature même de votre entité psychologique.

Après quelques instants de persévérance vous allez pouvoir voir, entendre, et sentir votre corps en même temps. Cet exercice en lui-même va, bien sûr, constituer un nouveau point d'appui, une nouvelle identification. Mais à partir de ce nouveau point d'appui, vous n'êtes plus noyé dans vos pensées, vos émotions, autrement dit dans votre activité mentale.

Vous pouvez au début, si vous avez trop de mal à unifier deux ou trois champs de perception simultanément, rester juste conscient du poids de votre corps sur la chaise, ou de votre inspiration et de votre expiration, pendant que le film mental se déroule devant vous. L'important est de diviser votre attention entre un ou si possible plusieurs champs de perceptions sensorielles, et le film mental de vos pensées, de vos émotions. Faites durer les moments où vous êtes conscient de vos pensées, de vos émotions le plus longtemps possible.

La Distanciation est un exercice d'observation de vos identifications. Avec un peu de pratique on y arrive très bien. La seule chose importante est de ne pas vous perdre dans le flot qui coule en vous. Exercez-vous à maintenir votre attention sur deux ou trois champs sensoriels, que vous avez unifiés, afin de ne pas vous laisser emporter par vos pensées et vos émotions. Ne réagissez absolument pas à ce qui se présente. Lucidité et absence de réaction définissent votre nouvelle position. De là, regardez passer le désir, la colère, la peur, sans intervenir, tout comme vous regardez la générosité, la bienveillance, la gentillesse, sans approuver ni condamner, et, surtout, sans tirer de conclusions.

Avec un peu de persévérance, vous réussissez maintenant à garder un témoin de vous-même présent pendant que les autres aspects vont et viennent devant le conscient.

Vous ressentez comment cet observateur de vous-même est attiré par le mouvement mental. Mais en gardant votre attention divisée, vous restez conscient en amont du mouvement mental.

Vous voyez le déroulement des pensées et des émotions se remettre en marche. Mais néanmoins, vous n'êtes pas totalement identifié à ce déroulement.

La pensée, les émotions défilent devant vous. Vous avez réussi à élargir le champ de vos perceptions. Vous avez réussi à maintenir votre attention divisée.

Votre ego ayant créé un autre point d'appui, une autre identification - les perceptions sensorielles qu'il doit maintenir unifiées et sur lesquelles maintenant il se fixe - la fréquence de vos pensées et de vos émotions diminue mécaniquement. Vous les voyez plus facilement en mouvement. Vous en êtes d'avantage conscient.

> **Pensant moins, vous désamorcez l'anxiété, la Distanciation vous en délivre.**

Rappelez-vous de l'amphithéâtre dans lequel les différentes sous-personnalités sont en conflit constant afin d'avoir accès au micro. Vous devez maintenant dresser une partie de vous-même, une partie de votre ego, à rester en amont de l'amphithéâtre, dans un silence vigilant-conscient, tout en regardant l'agitation en aval.

Ce dressage devient une attention particulière qui n'entraîne plus de réaction. Cette attention à votre inattention devient le véhicule vous permettant de voyager à l'intérieur de vous-même, au sein de tous les conditionnements issus de votre passé.

L'important à ce stade n'est pas la durée pendant laquelle la Distanciation se maintient. L'important, c'est le nombre de fois, par heure, par jour, où vous vous souvenez de vous mettre en Distanciation.

Au début vous vous retrouverez dix, quinze fois par jour en amont de vos pensées, de vos émotions. Puis, cent, deux cents, trois cents fois jusqu'à ce que ce nouveau comportement devienne une position qui se stabilise de plus en plus. Vous pouvez penser que deux cents, trois cents fois par jour cela est énorme. Mais combien de pensées, d'émotions avez-vous par jour ? Plus de cinquante mille. Cette attention non réactive, basée sur une sensation physique, est la Distanciation. Elle offre un confort, une quiétude inconnue auparavant.

Cette quiétude, ce confort, cette sécurité relative, vont vous permettre de voir en vous-même des choses que vous n'auriez jamais accepté de voir autrement. Vous commencez à vous voir différemment, comme la première fois où vous vous êtes vu dans un miroir à trois faces, découvrant vos profils. Comme la première fois où vous avez entendu votre voix enregistrée, ou quand vous vous êtes vu filmé. Tant que vous ne voyez pas en vous-même des choses que vous n'aviez jamais vues avant, le travail n'a pas commencé.

Revenez à l'image de l'amphithéâtre.

Vous comprenez maintenant l'importance de dresser une petite partie de vous-même à être le témoin du fourmillement des sous-personnalités vous constituant.

Il s'agit vraiment d'un dressage, car mécaniquement toutes les composantes de l'amphithéâtre se dirigent vers le micro ou le conscient. Là, seulement, ces parties de vous-même, vos sous-personnalités, peuvent acquérir l'énergie qui les renforcera en captant votre attention, car chaque élément du manifesté cherche sa croissance, que ce soit sur un plan physique, psychologique ou psychique.

Pourquoi avez-vous tant de mal à perdre une mauvaise habitude ? Tout simplement parce que l'énergie investie dans cette habitude est plus importante que la partie de vous qui a le désir de la perdre.

Un aspect de vous-même doit être dressé à ne jamais saisir le micro. Cela est la Distanciation. Cet aspect n'est pas une sous-personnalité liée à votre histoire. C'est une attention neutre reposant sur l'unification de deux ou trois perceptions sensorielles. A travers cette pratique vous avez vidé une petite partie de votre amphithéâtre, qui est devenu votre nouveau centre. Votre regard neutre, non impliqué, ne peut venir que de cette partie-là. Vous avez, tout en haut de votre amphithéâtre, créé un témoin. Ce témoin doit occuper un point neutre. Il doit apprendre à regarder les personnages de l'amphithéâtre se battre, s'allier, se trahir pour prendre le micro, sans juger, sans projeter, sans jamais conclure. Car s'il le faisait, il tiendrait lui-même le micro : étant en identification il ne verrait plus rien. Il ne serait plus le témoin.

Cette absence de jugement et de projection est la Distanciation.

La Distanciation a porté différents noms. Le Bouddha l'appelle l'instauration de l'attention, Jésus dans l'Evangile de Thomas dit « *Soyez comme des passants* », le Vedanta parle de la position du témoin, Shantideva de la garde de l'esprit et Gurdjieff du rappel de soi.

Sans cette position, il est absolument impossible d'avancer dans la mise en ordre de soi-même.

Vous avez compris que le mental, dans ses basses couches, est constitué de peur et de culpabilité. La peur et la culpabilité seront refoulées : elles sont compensées par le désir. Dès qu'un désir est satisfait, après un court moment il est remplacé par un autre. Si ce n'est pas le cas, l'anxiété, très souvent, réapparaitra à la surface.

Le mouvement et l'agitation sont la nature même du mental. Il s'est construit sur les émotions réprimées du passé : pensées, sensations, émotions se mêlent, s'entremêlent et s'auto alimentent, constituant la personne. Si vous voulez comprendre le cyclone mental de vos désirs, de votre émotionnel, ce tourbillon mécanique de vos pensées, vous devez apprendre à créer un œil au centre de ce cyclone intérieur, puis à le retrouver quand vous le perdez. Chaque moment passé dans l'œil, en dehors de vos automatismes, de vos habitudes, l'agrandit, vous ouvre à une meilleure qualité de vie, vous rend plus vivant.

C'est uniquement par une observation totalement neutre que la mise en ordre de vous-même peut commencer. La clé est de regarder ses pensées et ses émotions comme on regarde les passants dans la rue, ou comme les passagers d'un train regardent le paysage défiler.

Le regard est neutre, non impliqué, comme celui d'un vieil homme sage regardant des enfants jouer dans une cour de récréation. Il y a des gentils, des intelligents, des brutes, des cruels. Il les regarde tous avec la même distance bienveillante.

> « Il faut que mon esprit soit bien surveillé, bien gardé.
> Hormis l'exercice de la garde de l'esprit, que valent tous les autres ? »
>
> Shantiveda.

L'exercice de la garde de l'esprit, l'instauration de l'attention, la position du témoin, le rappel de soi ont été prescrits au cours des siècles par les Maîtres de la philosophie non-duelle. Il ne peut y avoir de progrès dans la connaissance de soi, et par conséquent de changement dans vos vies, si vous ne développez pas un outil d'observation qui va vous permettre d'abord par la Distanciation, puis par le Discernement, comme nous allons le voir, de mettre à jour les structures inconscientes qui vous animent.

EN RÉSUMÉ

La Distanciation est une technique puissante. Elle devra être pratiquée encore et encore. Une fois en place, elle sera une source de satisfaction immense car il n'y a pas de plus grand plaisir que de voyager à la rencontre de soi-même.

La distanciation vous amène à créer un témoin de vous-même,

- Qui prendra conscience du mécanisme de l'identification

- Qui verra le rythme et l'impact de vos dysfonctionnements

CHAPITRE III

DEUXIEME D - LE DISCERNEMENT
Ou comment approfondir la connaissance de vous-même

Le premier D, la Distanciation, vous permet de vous observer, le deuxième, le Discernement va vous apprendre à creuser et à démanteler vos strates psychologiques. Les deux fonctionnent de pair, en les utilisant conjointement vous allez développer une nouvelle compréhension des mécanismes qui vous dirigent. Alors votre vie change parce que votre conscience n'étant plus noyée dans vos vieux automatismes, vous pouvez faire de meilleurs choix.

COMPRENDRE LE JEU DES SOUS PERSONNALITES

La Distanciation vous a permis de voir l'agitation mentale et souvent physique qui vous anime, et de prendre conscience de la lutte des sous-personnalités pour avoir accès au micro.

Ayant une certaine pratique de la Distanciation, vous comprenez mieux ce que sont les sous-personnalités. Parmi elles, vous pouvez trouver le dominant, le séducteur, le fils (ou la fille) rebelle ou soumis(e), le provocateur, celui qui s'affiche bon et aidant, l'arriviste sans scrupule, celui qui est au-dessus de tout ça, le plaintif, l'éternel optimiste, etc.…

Elles viennent et reviennent sur le plan conscient, régulant, organisant et souvent maltraitant vos vies. Elles s'associent entre elles mécaniquement, déclenchant les mêmes comportements.

Prenons l'exemple de Pierre, un homme d'affaires sur le point de signer un contrat. Un aspect de lui même, l'insatiable, enclenche une attitude dangereuse, qui met en péril ce projet sur lequel une autre sous-personnalité, le stratège, a longuement travaillé. L'éternel optimiste devra intervenir pour le re-stabiliser. Puis le séducteur utilisera son magnétisme, pour reprendre le contrôle de la situation.

Vous avez besoin de comprendre que pendant qu'une de ces sous-personnalités est au pouvoir, les autres continuent d'agir en dehors du plan conscient. Il est important de voir qu'en dessous du plan conscient, ces sous-personnalités s'allient afin de s'exprimer. Elles sont liées par vos schémas d'associations de pensées habituelles et sont à l'affût de l'opportunité qui leur permettra de prendre le micro afin de contrôler la situation. Cette opportunité se manifeste par un désir puissant, tel qu' une forte volonté de réussite ou une passion amoureuse, ou bien par des émotions auxquelles vous êtes accoutumées, ou que vous avez réprimées, telles que la peur, la colère ou la jalousie. Tout cela va entraîner des réactions en chaîne de comportement négatif.

Pour illustrer ceci, prenons l'exemple d'Anna, une jeune femme qui a grandi dans une famille où son père avait des liaisons et sa mère victime de cette situation était dépressive. Anna tombe amoureuse et épouse un homme beau, séduisant mais volage. Elle découvre plus tard qu'il est devenu l'amant de sa meilleure amie. Après une terrible dispute, elle perd perd son mari et son amie et fait une dépression. Nous comprenons que cette situation a été induite par des sous-personnalités apparemment positives, la romantique, la sous-personnalité valorisée par un homme beau et séduisant, pendant que, dans l'ombre, la dévalorisée, la victime, la dépressive attendaient en silence l'opportunité de prendre le micro. A la minute où l'opportunité est apparue, c'est-à-dire quand elle a découvert son infortune, la dévalorisée, la victime, la dépressive, alliées pour la circonstance avec la sous personnalité colérique, attrapent le micro et enclenchent une réaction en chaîne, d'abord une violente dispute, amenant à la rupture, puis à la fin du mariage, puis à la dépression. Comme toujours, derrière la victime, la culpabilité réprimée se tient mais reste cachée. Si Anna avait été capable de pratiquer la Distanciation et le Discernement, elle aurait eu la possibilité de ne pas passer le restant de sa vie en dépression comme sa mère, nourrissant des reproches vis-à-vis de son ex-mari. Elle aurait pu voir qu'elle avait créé cette situation.

LA PRATIQUE DU DISCERNEMENT

Le Discernement consiste à approfondir l'introspection de façon à démanteler les causes à l'origine de votre comportement. La pratique implique d'abord d'identifier la partie de vous qui est au pouvoir, celle qui agit au niveau conscient. Vous allez vous poser les questions, **« qui dit ça ? qui veut ça ? »**, puis progressivement, en vous posant ces questions encore et encore, vous verrez la logique des alliances qui vous constituent ; pourquoi vous vous mettez en risque majeur ; pourquoi vous vous mettez en déséquilibre ; pourquoi vous répétez encore et encore les mêmes schémas de comportement. Combien de fois va-t-il falloir recréer une situation similaire avant d'identifier la culpabilité qui active vos sous-personnalités et qui, en vous propulsant contre les mêmes murs, empêche votre niveau de conscience de monter ?

Vous voyez ce qui pour vous a été le choix du moindre mal, comment ce choix a enclenché les scénarios répétitifs de votre vie. Mais, le plus souvent, vous évitez de voir la culpabilité en utilisant le programme « aller vers l'agréable et éviter le désagréable » ce qui vous fait dire « cela ne m'arrivera plus » ou « je ne recommencerai pas ». L'illustration de cela étant la promesse caricaturale de l'ivrogne, du drogué ou du joueur de ne plus recommencer. Puis, d'une façon similaire, votre conditionnement de base vous rattrape en vous faisant répéter ce que vous vouliez apparemment éviter.

Vous commencez à comprendre vos motivations inconscientes, contraires à celles que vous affichez consciemment. Par exemple, vous tenez à une relation importante, affective ou professionnelle, et pourtant systématiquement vous la sabotez. Vous devinez à quel point la culpabilité vous possède. Votre compréhension de la structure mécanique dont vous êtes fait grandit. Cette compréhension ouvre votre armure. Vous entrevoyez votre enfant vulnérable. Il est la connexion avec votre nature profonde. S'il se sent suffisamment en sécurité, et s'il arrive à transparaître à travers les masques que vous portez, il peut créer un rapport très intime avec une autre personne. L'amour vient du lâcher-prise de l'armure. C'est votre vulnérabilité qui permet une relation d'amour et d'intimité. C'est cette même vulnérabilité qui, protégée par vos sous-personnalités agressives, met un terme à cette intimité quand vous vous sentez en risque. L'intimité et l'amour ne peuvent s'épanouir que s'il y a peu ou pas d'armure. Mais la plupart du temps l'enfant vulnérable se terre sous les strates protectrices qu'il a bâties pour se défendre.

SE VOIR TEL QUE L'ON EST

En appliquant la Distanciation et le Discernement, à un moment vous voyez votre fonctionnement tel qu'il est, et vous ne pouvez qu'en être sincèrement désolé. Vous comprenez, par exemple, que vous vous êtes attaché à une relation qui est devenue négative, et que vous ne voulez pas éprouver les émotions liées à la rupture. Le maintien de la relation est le choix du moindre mal.

Vous voyez alors combien vous vous aimez peu, pourquoi vous avez fait des choix perdants qui étaient le moindre mal pour entretenir votre ombre.

> « La seule façon de changer est de se voir tel que l'on est et d'en être profondément désolé. »

La désolation vous propulse en arrière, tel un zoom reculant brusquement qui élargit votre champ de vision. A la lumière de ce recul, la logique de peur et de culpabilité qui liait vos sous-personnalités, ces fragments de vous-même, est vue et momentanément désassemblée.

C'est uniquement si vous atteignez cette désolation que vous pouvez commencer à changer, car les nœuds mentaux sont dans l'émotionnel, pas dans l'intellect.

Vous avez alors des ressentis physiques : autour du plexus solaire, dans l'abdomen ou dans les épaules.

Vous sentez une énergie nouvelle démanteler votre vieille structure émotionnelle, comme une banquise se fragmente sous l'effet de l'élévation de la température.

SE VOIR TEL QUE L'ON EST, POURQUOI ?

La distinction entre la pensée et l'émotion est maintenant bien comprise neuro-anatomiquement. Une glande spécialisée au milieu du cerveau, l'hypothalamus, fonctionne comme relais entre pensées et émotions. Les pensées sont produites par les connections neuronales au sein du cortex cérébral (la matière grise) qui est développé chez les mammifères, particulièrement chez les humains. Les connections électrochimiques arrivent à l'hypothalamus qui envoie alors des signaux aux autres parties du cerveau, ainsi qu'au corps. L'hypothalamus est lié directement au système limbique, où les émotions sont ressenties, ainsi qu'au système nerveux autonome.

Quand un état de peur vous possède, c'est l'hypothalamus qui rassemble les informations véhiculées par vos pensées, et qui envoie les signaux électro-chimiques qui généreront des émotions bloquant la gorge, l'estomac, les intestins ou les jambes. Cela vous fait clairement comprendre que la Distanciation est capable d'intervenir avant que l'hypothalamus ne produise sa réponse réflexe et que vous ne soyez emporté par le flux émotionnel. Cela explique pourquoi les Maîtres des différentes traditions, sous un nom ou un autre, recommandent la pratique de la Distanciation. Sans cette pratique, il est impossible de passer la barrière des leurres émotionnels. Vous êtes maintenant capable d'être désolé de vous voir tel que vous êtes, sans être emporté par l'émotion inhérente à cette désolation, la fonction de cette émotion étant de bloquer le processus d'introspection.

La désolation procure une qualité de recul qui vous permet de voir plus profondément comment fonctionne votre ego, cette vision accélère son démantèlement.

L'EGO EST UN SYSTEME DE DEFENSE

Votre ego est une armure. Vous êtes un système de défense qui se protège en permanence. Quand ce système se sent en risque, il crée des points d'appuis, tels que le mensonge, la colère, la superstition ou toutes sortes de compensations. Vous produisez des identifications pour maintenir votre logique. Quand celle-ci est en risque vous utilisez des leurres.

Vous commencez à comprendre à quel point vous êtes soumis à des programmes automatiques, à quel point votre capacité de choisir est limitée.

Prenez l'exemple de Georges, qui a été abandonné par sa mère à l'âge de cinq ans. Une fois adulte, il est devenu alcoolique. Dès qu'il se convainc que sa femme risque de l'abandonner, il devient violent. Un jour, dans un moment de lucidité, il a une prise de conscience qui lui permet de se voir tel qu'il est devenu, et d'en être profondément désolé. Il arrête de boire et implore le pardon de sa femme. Dorénavant il se consacre à ceux qui ont un problème d'alcoolisme.

Un an plus tard, Georges passe tellement de temps à aider brillamment les autres, qu'il reçoit de nombreux éloges. Sa femme alors se sent délaissée et finit par le quitter. Son sentiment d'abandon revient tellement fort qu'il se remet à boire.

Vous comprenez comment sa prise de conscience initiale, l'ayant rendu sobre, a mis en risque sa logique intérieure construite sur la peur de l'abandon qui se cachait derrière l'alcoolisme. Si Georges avait pratiqué la Distanciation et le Discernement, il aurait vu que, derrière sa fragilité compensée par l'alcool, il y avait la peur de l'abandon qui était activée par une couche de culpabilité sous-jacente. Au lieu de cela, il s'est identifié au leurre d'aider les autres au-delà du raisonnable, et la reconnaissance qui lui a été témoignée a renforcé ce leurre. Finalement l'abandon, sous-tendu par la culpabilité d'origine, a obtenu ce qu'il voulait apparemment éviter.

LE MOI DIRECTIONNEL

La seule et unique façon de ne pas se faire attraper par les leurres est de développer un moi directionnel, un aspect de vous-même qui va devenir chercheur. Ce chercheur est une identification nouvelle, un aspect de vous-même totalement neuf. Il est issu de la partie de vous qui ne juge pas, qui ne tire pas de conclusions. Il est issu de la Distanciation. S'il tirait des conclusions, il viendrait de votre corps émotionnel souffrant, de votre ombre, c'est à dire de toutes les vieilles identifications qui ont conditionné votre vie jusqu'à maintenant. Ce qui définit le chercheur c'est qu'il veut voir en vous ce que vous ne voulez pas voir.

Ce chercheur va cultiver une véritable interrogation.

Ce chercheur va devenir votre thérapeute, votre meilleur ami.

Les outils de ce chercheur seront la Distanciation et le Discernement.

La pratique du Discernement dépend de votre capacité de recul et simultanément de votre capacité à creuser les couches vous constituant.

L'attitude juste quand une pensée, une émotion, se présentent est de se dire : **« Qui dit ça ? Qui veut ça ? Qui ressent cela ? »**

En rentrant dans cette pratique d'interpellation constante, vous allez comprendre sur le vif ce que sont vos sous-personnalités, ce que sont ces différents aspects de vous-même.

Pour avancer dans cette pratique, il vous faudra vous interroger le plus souvent possible : « Qui dit ça ? Qui veut ça ? Qui ressent cela ? » Cela doit être une pratique constante.

Ayant identifié vos sous-personnalités dominantes, les principaux aspects de vous-même qui sont toujours à l'œuvre, vous compléterez votre interrogation en disant : **« Qui dit ça ? Pourquoi ? Pour renforcer quoi ? Qui veut ça ? Pourquoi ? Pour renforcer quoi ? Pour protéger quoi ? »**

En voulant savoir, en étant interrogatif, vous allez débusquer la strate, la sous-personnalité qui se tient derrière celle qui se présente. Vous allez commencer à désassembler les structures inconscientes qui vous constituent. Vous allez démanteler votre armure. En vous posant ces questions : « Qui veut ça ? Pourquoi ? Qui dit ça ? Qui décide ça ? Pour renforcer quoi ? **Dans quel sens ce choix est-il le choix du moindre mal ? Le moindre mal pour**

renforcer ou défendre quel aspect de moi ? » Vous allez reconnaître l'énergie de votre mère, de votre père, de toutes les autorités qui vous ont éduqué, influencé, manipulé. Cette énergie est là, cachée dans les strates de votre psyché. Elle porte les culpabilités de vos ancêtres, de tous ceux qui ont exercé un pouvoir sur vous.

A nouveau, prenons un exemple qui peut vous éclairer. Suzanne, quarante cinq ans, est seule à la maison. Elle regarde la télévision. Elle est prise d'une forte envie de glace. Au lieu de succomber à son envie et d'ouvrir le réfrigérateur, elle maintient une bonne qualité de Distanciation et s'observe. Elle s'aperçoit que la sensation qu'elle ressent à l'estomac est la même que lorsqu'elle a peur. Elle se demande : « Qui a peur ? Et pourquoi ? » Elle réalise qu'elle est toute seule à la maison, en train de regarder un film romantique, ce qui l'amène à faire face à son célibat et à sa solitude. Elle entend la voix de sa mère la prévenant qu'elle ne fera rien de sa vie si elle ne trouve pas un bon mari. Elle se rappelle aussi que sa mère, dans ses moments de tristesse, la réconfortait en la faisant manger. Elle prend conscience de sa tristesse, mais au lieu de la rationaliser, elle continue à se demander : « Qui est triste ? Et pourquoi ? » Derrière la peur et la tristesse, elle voit qu'il y a une partie d'elle qui ne croit pas mériter le bonheur. Suzanne vient de faire sa première tentative de contact avec sa culpabilité d'origine, qui se comporte comme un réacteur nucléaire générant de l'énergie pour tout le reste. Un réacteur est protégé par différentes enceintes de sécurité, chacune a eu pour fonction de protéger Suzanne de la précédente.

Sans cette introspection Suzanne serait restée coincée dans sa compensation alimentaire, et n'aurait pas ressenti la peur. La peur, bien sûr, était le choix du moindre mal pour la protéger de la tristesse. Si elle était restée bloquée dans la tristesse, peut-être aurait-elle consulté un médecin qui lui aurait donné un antidépresseur. Prenant cette option, il lui aurait été impossible de descendre et de contacter la culpabilité qui se tient derrière.

Quand vous vous voyez vraiment, bien sûr vous en êtes désolé. A ce moment-là, le chercheur que vous avez créé accentue le recul, accélère le démantèlement des strates, ce qui renforce votre conscience. La désolation a élargi le champ de votre compréhension. Rappelez-vous, vous ne devez pas vous identifier à la désolation plus de quelques secondes, si vous restez trop longtemps avec elle, vous pourriez vous enfermer, tournant et retournant cette désolation qui s'entretiendra en se nourrissant de vos émotions refoulées.

Rappelez-vous que l'ego essayera toujours de ne pas lâcher les identifications dont il est fait. Il doit maintenir la dualité, la relation sujet-objet.

Il a des programmes qui le protègent : « aller vers l'agréable et éviter le désagréable » est le programme qui agit au niveau conscient. Faire face à la désolation est toujours désagréable. C'est pourquoi vous devez renforcer votre qualité d'observation, la Distanciation, et aiguiser votre capacité à creuser, le Discernement, afin de voir ce que vous ne voulez pas voir en vous-même.

Plus vous travaillez sur vous, plus vous développez une sensibilité particulière. Lorsque vous êtes désolé de ce que vous voyez en vous même, cela accélère votre recul, ce qui vous fait perdre une partie de vos défenses. Cela vous permet de sentir une énergie subtile qui circule dans votre corps. Cette énergie produit une sensation tactile que vous sentez généralement à la périphérie du visage et des mains, puis cette sensation évolue librement dans le corps. Vous voyez alors que le mental et le corps sont énergétiquement liés. Le mental agit sur le corps, le corps répond au mental. Vous en déduisez que le mental a aussi une réalité physique.

Ces prises de conscience renforcent votre Distanciation, la rendant plus physique, plus régulière, la connectant à de nouvelles sensations corporelles. Quand ces sensations sont là, la Distanciation est présente. Quand elles ne sont plus là, vous êtes reparti en identification. Quand votre Distanciation est plus établie, le Discernement agit plus profondément, pénétrant des couches dont vous n'étiez pas conscient auparavant.

Vous avez bien compris maintenant que quand une sous-personnalité, un aspect de vous-même, apparaît au niveau conscient, cette sous-personnalité est manipulée par une autre partie de vous-même, juste derrière, dans l'inconscient. Quand vous devez prendre une décision, vous devez vous demander dans quel sens cette décision est le choix du moindre mal ? Et le moindre mal pour renforcer quelle partie de vous ? Comprendre cette logique et la défaire est le Discernement. C'est en démantelant vos structures inconscientes, que vous élèverez votre niveau de conscience, et que vous vous stabiliserez au-dessus de votre ombre.

> « Un homme a en lui des peaux nombreuses recouvrant les profondeurs de son cœur. L'homme connaît tant de choses. Il ne se connaît pas lui-même. Ah ! Trente ou quarante peaux ou cuirs tout à fait semblables à ceux d'un bœuf ou d'un ours recouvrent l'âme. Pénétrez donc dans votre fondement et apprenez-y à vous connaître. »
>
> Maître Eckhart. XIVème siècle.

Pénétrer votre fondement, c'est creuser vos strates, c'est démanteler ce qui empêche votre embryon psychique de grandir. Le développement de l'âme sera abordé dans la deuxième section du chapitre suivant, mais rappelez-vous qu'une grande partie du travail est d'abord psychologique. Vous vous devez d'ouvrir un espace en vous-même afin de permettre la croissance de votre être psychique. Mais, mécaniquement, votre structure psychologique résistera afin de maintenir ses identifications ou ses points d'appuis.

Vous êtes constitué de strates semblables à des couches de sédiments. Chaque couche protège la précédente comme dans votre amphithéâtre où le public d'un rang fait écran à celui d'un autre. Ce sont vos défenses protégeant votre logique intérieure. Quand celle-ci est en risque, elle utilise des leurres. Ils se manifestent sous la forme d'émotions puissantes telles que la colère, parfois la rage ou le désespoir, afin de distraire votre attention. Ils peuvent également prendre la forme d'un brouillard mental qui apparaît lorsque des mots, des phrases, mettent en risque votre logique inconsciente, vous les faisant oublier instantanément. Ce brouillard mental sera également à l'origine de la diminution brutale de votre rapidité d'association, ou du remplacement d'un mot par un autre, afin de bloquer l'introspection. Quand vous travaillerez sur vos rêves, il apparaîtra pour les effacer.

Vous comprenez maintenant que la structure égotique, face au chercheur, fonctionne un peu comme un immeuble moderne face à un incendie. D'abord de l'eau par le plafond pour l'éteindre, puis des portes coupe-feu pour isoler le danger.

Vous voyez à quel point, et avec quelle intensité, les leurres vous possèdent et comment vous vous court-circuitez. Ce sont de magnifiques occasions de mieux comprendre votre système de défense. La seule façon de changer est de se voir tel que l'on est et de l'accepter. C'est l'acceptation qui enclenche le lâcher-prise. Le cœur de l'expérience de la vie est l'acceptation du moment présent.

> « Dites toujours "oui" au moment présent. »
>
> Eckhart Tolle.

Pratiquer la Distanciation, c'est accepter le présent. Pratiquer le Discernement, c'est creuser afin de mettre à jour vos vieilles strates de conditionnement C'est la combinaison des deux qui met à jour vos automatismes.

La découverte du mouvement mécanique et répétitif de la structure mentale est indispensable. C'est le fait de voir combien vous vivez peu qui, petit à petit, va vous rendre plus vivant.

Vous vous rendez compte que plus vous vous éloignez de ce qui est réaction automatique, plus cela vous connecte à la vie. A ce stade, il vous faut faire bien attention de maintenir la Distanciation, car les ruses de la population de l'amphithéâtre sont sans fin. Les sous-personnalités ont leur intelligence mécanique propre, et se protègent par un système de leurres en s'alliant entre elles. Une énergie de peur, en dessous du niveau conscient, va faire sortir la colère. Une énergie de dévaluation de vous-même pourra faire ressortir la jalousie. C'est comme cela que votre vieux corps émotionnel se maintient. C'est seulement quand votre conscience est stabilisée dans un silence vigilant que les leurres n'adhèrent plus sur l'écran mental. L'acceptation de la peur vous libère de la colère. L'acceptation de la dévaluation de vous-même vous libère de la jalousie. Quand vous reconnaissez la strate du dessous, celle du dessus se démantèle, elle perd de sa puissance.

La pratique de la Distanciation et du Discernement vous amène à une meilleure compréhension de ce qui vous conditionne. Vous comprenez que vos conditionnements ne sont pas seulement imprimés dans votre cerveau, mais également dans tout ce qui vous constitue, du système nerveux à la cellule. Ces conditionnements, familiaux, communautaires, sont imprimés dans la totalité de vous-même. Ils sont entretenus par des points d'appui, vos systèmes de croyances, qui vont du racisme au respect absolu de l'autre, de la culture des armes à feu au pacifisme militant. Votre identification à ces systèmes de croyance constitue vos différentes sous-personnalités.

Vous devez mieux comprendre comment fonctionnent les sous-personnalités. Elles sont constituées de mécanismes répétitifs associant avec cohésion perceptions, pensées et émotions. Pour la jalousie, par exemple, un regard déclenche une association de pensées. Cette association de pensées parcourt les mêmes connexions neuronales, puis atteint l'hypothalamus qui enclenche un flux émotionnel. Ce flux vous emporte et vous fait reproduire les mêmes situations.

Ce schéma est valable pour toute sous-personnalité à l'origine de comportements répétitifs. Vous êtes accroché à la répétition de ces situations comme un drogué à sa drogue. Voyez que ce n'est pas la situation qui vous accroche réellement, c'est la décharge émotionnelle liée à elle. Le comprendre, puis voir sur le vif la nature des mécanismes qui vous animent, fera naître un moi directionnel de plus en plus puissant échappant ainsi à l'aspect automatique de votre fonctionnement. Alors seulement votre vie peut commencer à changer. Une fois votre moi directionnel bien établi, en amont de vos dysfonctionnements, vous avez le pouvoir de ne pas reproduire les vieux comportements, qui, néanmoins, pendant un temps, ne manqueront pas de se représenter. Vous devez vous rappeler que le moi directionnel est fait de la compréhension de ce qui vous bloque, de vos dysfonctionnements. Vous êtes monté en niveau de conscience. Vous êtes passé d'une illusion de libre arbitre à un certain libre arbitre. Vous avez le sentiment d'être plus aux commandes de votre vie.

Entretenir cette conscience vigilante doit être une préoccupation constante. Vous commencez à pressentir que la chape de sommeil vous recouvrant peut être brisée. Un aspect de votre amphithéâtre a muté. Vous êtes plus conscient, plus vivant, plus joyeux.

EN RÉSUMÉ

La Distanciation et le Discernement vous montrent comment l'armure que vous avez construite vous empêche de vivre, comment la culpabilité, la peur, vous limitent. Votre conscient passant maintenant au-dessus d'elles, vous vous ouvrez davantage à l'amour. Vous dégagez également un espace en vous-même qui sera le berceau de votre âme.

- Pratiquer le Discernement, c'est maintenir un recul tout en vous questionnant afin d'identifier les différents aspects de vous même.

- Pratiquer le Discernement, c'est maintenir un recul tout en creusant ces aspects afin de découvrir ceux qui se tiennent derrière.

- Pratiquer le Discernement, c'est remonter vers les causes premières de votre comportement.

CHAPITRE IV

PREMIERE PARTIE

TROISIEME D - LA DESIDENTIFICATION
Votre évolution psychologique ou comment lâcher vos points d'appuis

La Désidentification est le résultat d'une bonne pratique de la Distanciation et du Discernement. Elle vient d'une compréhension profonde de vos mécanismes d'identification. Elle est produite par le travail psychologique. L'analyse de vos rêves vous aidera considérablement. Une pratique régulière du silence, ainsi que la lecture des mystiques et des philosophes, qui ont exploré les niveaux supérieurs de conscience, stimuleront le chercheur en vous. C'est cet ensemble de pratiques qui permettra de lâcher ce qui vous bloque.

LA DYNAMIQUE DE VOTRE MONTEE EN CONSCIENCE ET LES OBSTACLES QUE VOUS RENCONTREREZ

Vous voyez clairement que vous êtes constamment identifié aux mêmes sous-personnalités. Elles vous font reproduire plus ou moins les mêmes scénarios dans votre vie familiale, amoureuse ou financière. Alors, à travers une connaissance plus profonde de la logique qui les anime, vous pouvez vous désidentifier progressivement de certaines de ces sous-personnalités. Plus vous vous désidentifiez de ce qui entretient vos peurs, votre dévaluation de vous-même, votre culpabilité, à l'origine de vos dysfonctionnements, plus vous créez un nouvel aspect de vous-même, un moi directionnel capable de lâcher les choix inconscients perdants et d'aller vers des choix conscients gagnants. Les interférences sont moins nombreuses. Vous commencez à faire de meilleurs choix, au lieu d'être projeté dans les mêmes directions par ce qui n'est pas résolu à l'intérieur de vous. Vous n'avez plus besoin de vous heurter aux mêmes murs car vous avez commencé à démanteler les mécanismes internes qui recréaient ces situations. En conséquence, les conflits s'apaisent.

La qualité de votre Distanciation étant meilleure, dans l'action votre moi directionnel est de moins en moins parasité par les vieux aspects de vous-même. Votre attitude vis-à-vis de l'extérieur commence à changer. Il est très important de comprendre que tant que votre attitude vis-à-vis de l'extérieur ne change pas, rien n'est fait.

Très souvent vous vous rendez compte qu'il n'y a rien à faire, juste être présent et laisser la partie adéquate de vous-même prendre le pouvoir, pour régler la situation qui se présente. Malheureusement, vous manipulez souvent la situation à votre désavantage, car vous la percevez au travers de vos prismes, faits d'attirances et de répulsions, de peurs, d'anxiété, de fuites dans les compensations.

Vous maintenez depuis toujours un conflit inconscient entre ce que vous croyez être et ce que vous êtes, entre votre surface et votre fond. Cela vous aveugle et vous fait consommer une énorme quantité d'énergie. Il n'y a pas de plus grand menteur que celui qui affirme qu'il ne ment jamais. Il n'y a pas de plus grand escroc que celui qui répète qu'il est honnête. Quand vous affirmez consciemment une chose d'une façon répétitive, vous pouvez être sûr qu'inconsciemment vous portez la structure inverse. Quand vous vous redites que tout va bien aller, il est très évident qu'enfoui en vous-même vous portez un aspect persuadé du contraire. Ces structures refoulées brouillent votre vision de la réalité. Elles sont des points d'appui, des identifications, dont il va falloir vous dégager progressivement.

Vous réalisez maintenant que votre vieille mécanique d'identification, de points d'appui enfouis, basés sur des émotions anciennes refoulées, engendre une anxiété chronique. C'est elle qui vous projette dans le futur, elle vous immerge dans un monde déconnecté de la réalité.

Vous réalisez que cette anxiété alimente la peur et la culpabilité qui sont à la base de votre ego.

Vous devez voir comment l'anxiété stimule l'incertitude, qui elle-même entretient le dilemme entre ce qui est positif et ce qui est négatif, le pour et le contre, les choix que vous faites et ceux que vous remettez à plus tard.

Vous commencez à voir plus profondément comment vous alimentez ce processus qui est le choix du moindre mal pour entretenir votre ego.

Vous commencez aussi à comprendre le mécanisme de la pensée. L'expérience nourrit la mémoire. La mémoire consciente produira le savoir. La logique de la mémoire inconsciente produira des pensées et des émotions qui vous pousseront à reproduire les mêmes schémas de comportement. C'est un mécanisme qui s'auto entretient indéfiniment.

Prenant conscience plus profondément de ce mécanisme, vous vous en désidentifiez davantage.

Par moment, vous voyez clairement que la pensée est extérieure à vous, et que vous êtes le jouet de ces projections-identifications, issues de votre passé, qui mènent la danse.

Alors, sachant qu'il convient d'agir selon des situations toujours changeantes, vous vous projetez de moins en moins. Si vous êtes capable de dire oui à ce qui est, c'est que votre peur a diminué. L'énergie disponible devient plus importante, votre créativité, votre pouvoir magnétique, vos différentes qualités font surface et sont renforcées.

Chaque situation commence à devenir un jeu et donc une source de plaisir.

C'est la situation qui fait sortir de vous la sous-personnalité apte à la régler. Vous êtes de moins en moins verrouillés dans les aspects de vous inadéquats aux situations que vous rencontrez. La vie devient plus facile. De temps en temps, des structures de peur ou d'anxiété réapparaissent, mais vous les voyez pour ce qu'elles sont, c'est-à-dire de vieux schémas servant à maintenir en place votre culpabilité d'origine.

Il est important que vous vous rappeliez que là où il y a peur, derrière il y a culpabilité. La peur est la partie visible de l'iceberg, apparaissant dans le conscient. La partie immergée dans l'inconscient est la culpabilité. La peur nourrit la culpabilité. La culpabilité lie la peur aux situations que vous rencontrez.

Souvenez-vous de la devise de Bayard, chevalier de François 1er :

« Sans peur et sans reproche. »

Autrement dit sans peur parce que sans culpabilité.

La peur est le principal ennemi de l'homme. Vous voyez qu'elle conditionne votre perception du monde, créée par vos projections, par vos surimpositions. Mais dans une certaine mesure elle vous est utile, car elle vous montre où vous devez creuser, où vous devez vous comprendre, où vous devez vous aimer.

Vous comprenez mieux, maintenant, comment vos mécanismes de peur et de culpabilité attirent ce qui les renforce. Soyez conscient que cela est redoutable, parfois mortel.

> « Si tu es atteint d'une maladie mortelle, change de ville, change de nom. »
> La Kabbale.

Vos vieilles identifications sont à l'origine de ce que vous vivez ; en modifiant les causes à l'origine de certaines d'entre elles, vous désamorcez la culpabilité. En installant un autre programme qui a accès aux causes premières, vous changez mécaniquement les effets.

Voilà pourquoi Jésus, après avoir guéri, disait : « Ne pêche plus » afin de ne pas nourrir les culpabilités inconscientes qui avaient créé cette situation.

La vie est au présent, le passé est mort, le futur est en gestation.
La culpabilité, la peur sont liées au passé.
L'anxiété est liée au futur.
L'anxiété produit un futur conditionné par le passé.
Nous nous en délivrons progressivement.
La vraie vie est au présent.
La vraie vie est en amont du mental.

> On demande à Jésus : « Permets-moi d'aller ensevelir mon père. »
> Jésus répond : « Suis-moi, et laisse les morts ensevelir les morts. »
> Mathieu, 8-22.

Lecteur, êtes-vous vivant ? Un peu, beaucoup, ou pas du tout ?
Réfléchissez. Posez-vous vraiment cette question.

Rappelez-vous d'un lieu, d'un hôtel, d'une maison, où vous avez vécu une histoire heureuse, ou malheureuse. Quelques temps après, vous revenez dans ce lieu. Regardez comment votre ego enveloppe la situation, se drapant des émotions satisfaites ou insatisfaites du passé. Il se surimpose à tout, il court-circuite le présent

Comprendre, un peu plus, la mécanique mentale qui vous possède, vous permet de voir qu'il y a vraiment peu de vie en vous.

Le mécanisme d'identification cherchera ce qui le renforce en permanence. Dans la rue une femme enceinte verra des femmes enceintes, un militaire verra des militaires, l'acheteur d'un modèle de voiture verra le même modèle. La nature du mental est de se fixer, de prendre des points d'appui.

Le mental est une non-entité qui cherche à renforcer son existence illusoire d'une façon permanente. Il ne peut ni voir ni accepter ce qui est. Il projette autre chose en se servant de la mémoire. Mais si vous arrivez à le mettre face à lui-même, il disparaît.

Parfois vous ressentez ce sentiment d'universalité face à un magnifique coucher de soleil, en regardant les yeux d'un bébé, ou une œuvre d'art, en écoutant un concert symphonique, ou en étant unifié dans une occupation qui vous absorbe entièrement. Alors, l'énergie de la vie traverse certaines de vos couches, et, pendant quelques instants, vous vous sentez en connexion avec une autre dimension.

La Désidentification est le processus qui vous permet de passer du mécanique au dynamique. Se désidentifier veut dire injecter de la vie dans sa vie. Une partie de vous est plus vivante, mais les autres n'ont pas encore été transformées. Vous vous voyez de plus en plus tel que vous êtes, vous arrivez à en être désolé sans vous identifier à l'émotion liée à cette désolation. Cela accélère votre évolution. Parfois, c'est très désagréable, car au lieu de lâcher, vous vous défendez. Vous ressentez les résistances de votre corps émotionnel, ces résistances sont des leurres qui ont pour fonction de distraire votre conscient, afin de bloquer votre progression. Ils sont là, ils seront toujours là, ils sont le système de sauvegarde de votre ego. Ils sont là pour bloquer la distanciation.

Plus vous monterez en conscience, plus les leurres seront actifs. A ce stade, vous pouvez les classer en trois catégories.

Premièrement, dès que vous jugez, dès que vous tirez une conclusion, vous voilà identifié à votre jugement, à votre conclusion. Il est très évident que la position de Distanciation n'a pas été maintenue.

Deuxièmement, quand vous vous identifiez à une émotion irrationnelle - irrationnelle, naturellement, par rapport à la situation - envie de pleurer irrationnelle, colère irrationnelle, toute émotion faisant irruption afin de bloquer votre processus d'introspection. La Distanciation et le Discernement ne sont plus actifs.

Troisièmement, l'arrivée d'un brouillard mental vous faisant oublier ce que vous venez d'entendre ou de comprendre, ou bien vous mettant soudainement dans une torpeur somnolente, ou effaçant le rêve dont vous venez de vous rappeler.

Vous comprenez que quand l'ego se sent en risque, il se sert de leurres, mais il s'en sert mécaniquement : c'est là son point faible. A travers la Distanciation vous avez créé une intelligence nouvelle, une intelligence moins réactive, moins mécanique. C'est elle qui repère les leurres. Dès qu'ils sont reconnus en tant que tels, non seulement ils perdent leurs pouvoirs mais surtout ils vous montrent là où vous devez creuser.

> Trois catégories de leurres protègent mécaniquement l'ego. Ils ont pour fonction de bloquer la montée en conscience en interrompant l'introspection.
>
> - **Juger, tirer une conclusion**
> - **Emotions irrationnelles**
> - **Brouillard mental**

Plus vous évoluez, plus le niveau du moindre mal que vous avez établi sera en risque. Votre ombre, faite de vos culpabilités et de vos peurs réprimées, essaiera de saboter votre montée en conscience en vous faisant redescendre. Mais cela ne dure jamais longtemps, car la vie prend soin de vous. Elle se cherche à travers vous. La vie va vers la conscience, l'évolution en témoigne. Plus vous vous élèverez au dessus de vos dysfonctionnements, moins vous êtes en position de rechuter. Vous comprenez que lorsque vous chutez, c'est pour préparez la remontée suivante.

Vous commencez à vous rendre compte que les situations que vous traversez sont les plus appropriées pour accélérer votre évolution, que les conflits que vous vivez à l'extérieur ne sont que les reflets de vos déséquilibres intérieurs.

Le monde extérieur vous donne l'occasion de vous observer. Le monde extérieur vous donne une chance de vous interroger. Le monde extérieur vous donne une opportunité de vous transformer.

De la même façon, votre monde inconscient vous guide à travers vos rêves. Apprenez votre propre langage symbolique, et vous comprendrez qu'il y a, au fond de vous, une intelligence qui vous répète inlassablement dans quelle situation vous êtes, sur quel aspect de vous-même vous devriez vous concentrer et comment votre ombre vous immobilise. Lisez et relisez le chapitre sur les rêves que vous trouverez à la fin de la deuxième section de ce livre, ouvrez votre laboratoire onirique, devenez le scientifique de vous-même. Très rapidement vous serez étonné de découvrir que tout en vous a été conçu pour accélérer votre évolution, pour accélérer votre montée en conscience.

EQUILIBRER VOS COTES MASCULINS ET FEMININS, ET AMELIORER VOS RELATIONS DE COUPLE

Les relations de couple, affectives comme sexuelles, sont un miroir qui vous renvoie à votre masculinité, à votre féminité. C'est pour vous l'occasion d'harmoniser vos côtés masculin et féminin (animus/anima, ying/yang).

Votre côté masculin est l'aspect qui vous permet d'agir. Il s'agit de vos qualités rationnelles, issues de votre cerveau gauche. Votre côté féminin représente votre aspect créatif, intuitif, issu de votre cerveau droit. Si vous êtes un homme, vous devez développer et équilibrer votre côté féminin, pour le mettre au service de votre identité masculine. Si vous êtes une femme, naturellement, c'est l'inverse.

Trois sources de sagesse venant de différentes traditions mettent l'accent sur la nécessité d'équilibrer le masculin et le féminin.

> « Il convient qu'un homme soit mâle et femelle toujours, afin que sa foi demeure stable et pour que la présence ne le quitte jamais. »
>
> Le Zohar.

> « Celui qui se reconnaît comme mâle mais se comporte comme une femelle, il est le centre du monde. La vertu constante ne le quitte jamais, il redevient petit enfant. »
>
> Lao Tseu.

> Jésus dit : « lorsque vous faites le deux un et faites l'intérieur comme l'extérieur, et l'extérieur comme l'intérieur, et le supérieur comme l'inférieur afin de faire le mâle et la femelle une seule et même chose, alors vous entrerez au Royaume. »
>
> Jésus : Evangile de Thomas.

Ces Maîtres nous font bien comprendre la nécessité de la pratique, afin d'équilibrer nos énergies masculines et féminines. Les interférences entre ces deux pôles - s'ils ne sont pas équilibrés - seront multiples, aussi bien dans la construction de votre identité, que dans la défense de l'image de vous-même, et par conséquent dans les relations que vous entretenez avec les personnes de votre sexe ainsi qu'avec celles du sexe opposé. Ces interférences créeront et recréeront les mêmes conflits, qui seront autant d'identifications maintenant en place l'ego, l'entité personnelle, empêchant ainsi la montée en conscience et ultimement l'Eveil. Une pratique intensive de la Distanciation et du Discernement démantèlera les interférences, ce qui diminuera la plupart des conflits.

La vie de couple est un miroir très efficace. Vous n'êtes attiré par un autre que si cet autre porte en lui des aspects de vous-même, c'est à dire certaines de vos sous-personnalités. Ces sous personnalités sont généralement enfouies, parce que non acceptées, ou parce qu'elles n'ont pas eu l'occasion de se développer. L'autre est alors le moyen de leur expression. C'est pour cela que vous admirez, chez l'autre, les qualités que vous n'avez pas développées.

Tomber amoureux consiste souvent à projeter une partie de vos sous-personnalités inconscientes sur l'autre. Puis, après un temps, quand l'énergie de ces sous-personnalités s'est exprimée, apparaît la vulnérabilité refoulée. Elle fait émerger les ancrages inconscients (père / fils ou fille, mère / fille ou fils). La relation évolue alors généralement dans une zone de conflits qui vous renvoie à ce qui émotionnellement n'est pas réglé. Comprenant cela, vous cessez de reprocher à l'autre des caractéristiques qui sont les vôtres.

En démantelant vos anciens conflits, vous vous éviterez la souffrance occasionnée par la répétition d'un scénario, qui se reproduira inévitablement si les causes premières l'ayant créé ne sont pas désamorcées.

Vous devez vous rappeler que le problème n'est jamais l'autre. C'est vous qui avez accepté ou attiré cette personne dans votre vie. Votre logique inconsciente sait avec quel type d'énergie elle se connecte. Au fond de vous-même vous savez, plus ou moins à l'avance, ce qui va se passer. Vous le voyez chez les autres, quand ils répètent les mêmes schémas, mais très mal chez vous. Vous avez tous eu une amie (ou un ami), qui est tombé amoureuse de la mauvaise personne. Vous avez essayé de le lui dire mais elle ne vous a pas écouté. Après six mois, un an, deux ans, la vie de cette amie est devenue impossible.

Il est évident que la logique inconsciente qui l'a poussée dans cette situation savait très bien avec quel type d'énergie elle allait se connecter. Ce que vous êtes capable de voir concernant votre amie, il s'agit maintenant de le voir à temps pour vous. Pour cela, vous avez besoin de maintenir une bonne Distanciation et d'avoir un moi directionnel suffisamment construit pour vous désidentifier d'un schéma malheureux perdant s'il se présente.

Vos progrès s'accélèrent. Vous comprenez mieux l'effet miroir de votre environnement.

Vous voyez que si quelqu'un à qui vous reprochez quelque chose de particulier - mensonge, malhonnêteté, inconsistance, etc.… - reste dans votre entourage, c'est que vous portez encore ces structures, enfouies quelque part en vous-même.

> « Ôte d'abord la poutre de ton œil, et alors tu y verras pour ôter la paille de l'œil de ton frère. »
>
> Jésus Christ. (Matt. 7.3)

Conscient de ce que vous avez réprimé, vous abandonnez la critique négative des autres pour une autocritique positive. L'autocritique positive est synonyme d'honnêteté intellectuelle, ce n'est pas un jugement c'est une constatation. Vous voyez les choses en vous-même telles qu'elles sont, sans leur surimposer une notion de bien ou de mal. Vous les acceptez. C'est seulement ainsi que vous vous en désidentifiez, ou que vous les lâchez.

Par ces lâcher-prises, vous ressentez une nouvelle énergie bouger au travers de votre corps, qui s'allège. Un espace plus vaquant, plus tactile, s'ouvre. Vous élevez votre niveau de conscience. C'est en vous changeant que vous permettrez à l'autre d'évoluer. Souvent ensuite, naturellement, votre relation retrouve une fraîcheur qu'elle avait perdue.

COMMENT REALISER VOS ASPIRATIONS

Quelle que soit la position dans laquelle la vie vous a mis, une certaine stabilité économique est une base indispensable si vous voulez avoir la liberté d'avancer dans la connaissance de vous-même. Si cette base n'est pas relativement stable, c'est que vos systèmes de culpabilité sont encore actifs, et que la logique de vos choix perdants est toujours opérationnelle. Il sera alors difficile de progresser dans la connaissance de vous-même, car l'énergie disponible sera plus limitée.

Pour réussir votre vie, rassemblez-vous et posez-vous la Question : « Qu'est-ce que je veux vraiment ? »

Il est nécessaire de définir clairement vos objectifs. Sans moi directionnel, rien n'est possible. Des parents équilibrés, qui vous donnent une bonne éducation, vous permettent généralement de développer un moi directionnel. S'il n'est pas construit, une pratique intensive des deux premiers D vous aidera à en fabriquer un. Le moi directionnel est la partie de vous-même qui prend les décisions, pointant vers vos objectifs en fonction des situations rencontrées. Si vous n'avez pas, ou peu, de moi directionnel, les situations seront vues à travers les prismes de différentes sous-personnalités, ayant des objectifs opposés, qui surimposeront alors l'anxiété, le doute, une agitation excessive, ou un optimisme irrationnel, et cela sans rapport avec la réalité de la situation. C'est la vision de la réalité telle qu'elle est, et non telle que vous la projetez, qui vous amène à la réussite.

A ce stade, vous avez compris et intégré une grande partie de vos mécanismes psychologiques. Comme vous avez démantelé certaines de vos structures inconscientes, elles dirigent de moins en moins votre vie. Vous savez maintenant que le conscient est le point d'où partent les ordres. L'inconscient les exécute, comme il peut, en fonction de la charge de peur et de culpabilité qu'il porte.

Vous avez compris que la pensée est une énergie et qu'elle a une réalité physique. Cela peut être une énergie créatrice positive si elle est consciemment contrôlée.

> **Le conscient décide, l'inconscient exécute. Il vous suffit d'être aligné.**

Prenez un exemple : vous êtes à A et voulez aller à Z. Gardez Z à l'esprit, visualisez-le, maintenez-le au présent. Vous passerez peut-être par C, E, Y et W. Vous ne pouvez pas savoir à l'avance par où vous allez passer, car le propre des situations est de muter en permanence. C'est souvent la peur et l'anxiété qui vous enferment dans une stratégie perdante. Maintenez Z au présent. Lâchez prise. Il n'y a rien à faire sauf si cela vous est imposé par la situation. Si cela ne vous est pas imposé, ne faites rien. Attendez que ça vienne. Restez rassemblé. Gardez Z au présent afin qu'il se matérialise.

Garder Z au présent implique la création d'une partie de vous qui ne doute pas. La pensée positive, dont on parle aujourd'hui énormément, ne marche que si vous êtes relativement unifié. Si consciemment une fraction de vous ne doute pas, mais que dans soixante-dix à quatre-vingt pour cent de votre inconscient vos peurs et vos culpabilités sont à l'œuvre, cela ne marchera jamais. Pour manifester les choses, vous devez être unifié dans la plus grande partie de vous-même. C'est comme cela que vous récolterez les fruits de la pratique du Discernement, en creusant, et en démantelant, vous vous désidentifiez de la masse de culpabilité résiduelle.

Etre unifié c'est avoir la foi. La foi n'est opérationnelle que si vous chevauchez votre ombre.

La foi n'est rien d'autre que la conviction absolue de la réalité des choses dont on n'a pas encore l'évidence manifestée.

> « La foi consciente est liberté.
> La foi émotionnelle est esclavage.
> La foi mécanique est stupidité. »
>
> Gurdjieff.

Les choses existent d'abord sur un plan virtuel, puis sur un plan potentiel, et enfin elles se manifestent.

Pour expliquer comment le virtuel se manifeste, prenons un exemple qui parlera à tout le monde : l'élection du Président Obama. Des films comme Deep Impact ou des séries comme 24 heures chrono ont virtualisé l'élection d'un président noir. Cette virtualité a pris forme quand Barack Obama a commencé à penser régulièrement à cette fonction. Cela est devenu potentiel quand le sénateur Obama s'est lancé dans la course à la Maison Blanche. Sa force mentale, unifiée à cette potentialité se développant, a manifesté une élection que beaucoup jugeaient improbable.

Quoi que vous vouliez réaliser, vous devez amener la chose du virtuel au potentiel, puis au manifesté, sans les interférences de la peur et de l'anxiété. Plus vous développez une qualité de présence à vous-même, plus vous êtes conscient, plus vous êtes unifié, plus votre pouvoir de manifester ce que vous voulez est fort.

A travers la pratique de la Distanciation vous êtes parvenu à développer un ego de conscience, un témoin. Cette partie de vous qui ne juge pas, qui ne tire pas de conclusions, de plus en plus stable, attire dans l'instant, sans votre intervention, la sous-personnalité adéquate en fonction de la situation traversée. Vous commencez à chevaucher votre ombre. Votre pouvoir magnétique, votre capacité de conviction se renforcent.

Maintenant vous savez dire oui, maintenant vous savez dire non, car vous avez parfaitement identifié les parties de vous qui avaient tellement de mal à dire non. Vous avez relié ces parties aux systèmes de peur, de dévaluation de vous même, de culpabilité qui se tiennent derrière le conscient. Ces systèmes sont toujours là, ils seront toujours là, mais ils vous attrapent de moins en moins, car vous ne refoulez plus les différentes énergies de colère, de peur, de jalousie, de honte, de culpabilité. En les observant, en les discernant, elles ont perdu une partie de leur pouvoir. Au travers de la pratique du Discernement, vous êtes parvenu à développer un moi directionnel de plus en plus puissant, qui reste fixé sur ses objectifs. Il se laisse de moins en moins attraper par les parties de vous encore liées à la peur et à la culpabilité. Rappelez-vous que le moi directionnel sera toujours renforcé par la compréhension de votre ombre, par la maîtrise de vos dysfonctionnements.

Parce que vous avez modifié votre structure intérieure, votre attitude vis-à-vis de l'extérieur a changé. Etant plus cohérent avec vous-même, vous l'êtes davantage avec les autres. Parce que vous vous aimez mieux, vous ne vous sabordez plus. Comme vous ne vous faites plus de tort, vous n'attirez plus les relations négatives. Votre mental devient un outil de plus en plus performant.

Vous réglez vos problèmes tout simplement parce que votre niveau de conscience est au dessus de l'étage où vous les avez créés. Vous êtes en train de passer d'une logique de choix inconscients perdants, à une logique de choix conscients gagnants. Vous êtes devenu le créateur conscient de votre vie. Vous n'êtes plus projeté vers un futur issu d'émotions stratifiées du passé.

Etant maintenant capable de voir où vous ne vous aimez pas, vous commencez à vous aimer davantage. La compréhension démantèle l'armure de peur qui empêche l'amour de s'exprimer. L'amour véritable jaillit simultanément à la compréhension. Pour ouvrir son cœur il faut avoir démantelé ses peurs. Alors seulement vous pouvez vraiment aimer les autres.

> Pour laisser derrière vous les choix inconscient perdants, et aller vers des choix conscients gagnants, rappelez-vous de vous demander vingt fois par jour : « cette partie de moi est-elle gagnante ou est-elle perdante ? »

L'attitude juste amenant à la Désidentification est toujours de pratiquer la Distanciation et le Discernement, c'est-à-dire de se maintenir à l'arrière-plan du mental, tout en laissant les différentes sous-personnalités bouger librement sans votre intervention. En pratiquant le Discernement, vous savez à quelle sous-personnalité la plupart des pensées, des émotions qui se présentent, se rattachent. Vous savez si ces sous-personnalités sont liées à la peur et à la culpabilité, ou à votre moi directionnel les chevauchant. Plus vous vous désidentifiez de ce qui vient de l'ombre, plus le chercheur en vous acquiert de l'énergie, et moins vous avez de chaos à gérer dans votre vie affective et professionnelle.

Maintenant votre moi directionnel cherche, et met en avant, ce qui est bon en vous. Les dépressions, les phases de descente sont de plus en plus courtes.

PREAMBULE AU DEVELOPPEMENT PSYCHIQUE

Vous abordez maintenant une autre carte : celle du développement de votre âme. N'oubliez jamais que la compréhension intellectuelle est le point de départ. Ici, il s'agit d'avancer sur la route de votre évolution. Beaucoup de personnes développent une compréhension intellectuelle et en restent là. Ils s'en servent afin de bloquer la souffrance émotionnelle liée à l'introspection. Par une bonne pratique de la Distanciation, vous avez créé en vous un espace libéré des grandes souffrances. Par la Distanciation, couplée au Discernement, vous l'agrandissez constamment, il s'agit du terrain du développement de votre âme.

Si vous rajoutez une pratique régulière du silence, au moins trente minutes par jour, au bout de quelques mois vous aurez des sensations physiques témoignant de l'accélération du processus de cristallisation de votre corps psychique, au sein de votre corps physique. La plupart des informations dont vous avez besoin sont contenues dans ce livre : lisez, relisez, mais surtout cherchez, pratiquez, expérimentez, la paix et la joie sont au bout du chemin.

DEUXIEME PARTIE

LA DESIDENTIFICATION
Votre évolution psychique ou comment développer votre âme

Vous n'êtes plus chenille, pas encore papillon. L'état de chrysalide est parfois inconfortable, mais absolument nécessaire.

Vous êtes à présent conscient que les limites que vous rencontrez dans le monde, sont celles que vous avez créées dans vos systèmes de croyance, dans votre mental. Votre mémoire les entretient par l'habitude.

> « Pour faire cette traversée, il faut tout d'abord renoncer à tout ce qui, en cette vie, nous paraît une bénédiction, mais qui est en réalité habitude. »
>
> Gurdjief

La Désidentification est un lâcher-prise graduel de vos habitudes. Vous avez vu que votre environnement change parce que vous changez. Maintenant votre vie s'ouvre à de nouvelles possibilités. Vous avez vérifié que c'est l'intérieur qui conditionne l'extérieur. C'est cet intérieur qu'il va falloir comprendre, agrandir, approfondir. Ce sera lui le berceau de votre âme.

Vous comprenez mieux les mécanismes de l'identification, ou ce qui entretient votre ego. La vision s'identifie à l'objet vu. L'audition à l'objet entendu. Le toucher à l'objet touché. Le goût à l'objet goûté. L'olfaction à l'objet senti, le mental à l'objet pensé. Utilisant les sens, la pensée et l'émotion, l'ego identifié au corps et au mental a pris la place de votre véritable nature et a bloqué le développement de votre âme.

Cette mécanique d'identification est votre identité psychologique. Elle est composée de multiples personnages qui, quand ils sont au micro, disent tous « je ». Il y a un court intervalle entre le départ d'un personnage et la prise du micro par le suivant mais, généralement, l'identification vous lie au temps et cet intervalle entre deux pensées, entre deux identifications, échappe au conscient. Il y a une illusion d'un « je » continu.

Les sous-personnalités s'appuient sur cette illusion pour se faire prendre pour la totalité de vous-même. La fraction se fait passer pour l'ensemble.

Par une pratique de plus en plus constante de la Distanciation et du Discernement, vous allez progressivement vous désidentifier de cette illusion d'un « je » continu, qui vous lie au temps.

> « Les gens comme nous qui croient en la physique savent que la distinction entre passé, présent et futur n'est qu'une illusion bornée et opiniâtre. »
>
> Albert Einstein.

> « Le passé et le futur n'existent que par toi-même.
> Ils sont une même chose. Toi seul pense qu'ils sont deux. »
>
> Djalal Al-Din Rumi. XIIIème siècle.

> « Toi seul fais le temps. Tes sens en sont la mesure. Que cesse l'inquiétude et s'en est fait du temps. »
>
> Angelus Silesius. XVII ème siècle.

A travers la Distanciation, couplée à la capacité de creuser en vous-même, les lâcher-prises sont plus fréquents. Une sensation de présence à vous-même, libre de la pensée, libre de l'inquiétude, libre de la mémoire, se développe. En déstructurant votre vieux corps émotionnel, vous avez ouvert un nouvel espace au sein duquel un être psychique, une âme, qui n'est pas liée au temps psychologique, commence à se cristalliser, à croître.

Vous sentez une autre qualité de vie naître en vous. Vous voyez qu'à force de vous tenir en amont de votre mental, vous avez ouvert de nouveaux espaces en vous-même. Vous en avez les ressentis physiques, d'abord dans la sensation tactile, ce frémissement parcourant votre peau, puis par d'autres sensations, entre les deux yeux, au sommet et à l'arrière du crâne. Au sein de ces espaces, vous cristallisez une énergie nouvelle qui vous rend plus vivant, qui augmente votre champ d'action. Cette vie psychique qui se développe en vous, vous permettra un accès à une autre qualité de vie, à d'autres dimensions qui ne sont pas liées à la pensée, qui ne sont pas liées à la mémoire.

A travers les différents lâcher-prises que vous avez vécus, vous avez vu que la conscience et le corps physique sont énergétiquement liés. Vous ressentez la conscience comme une énergie.

La physique moderne a démontré que la matière est énergie.

> « La matière et l'énergie sont identiques. »
>
> Albert Einstein.

Aujourd'hui les dieux, les puissances invisibles, les mythes de vos ancêtres, paraissent correspondre à une infinité de champs : magnétique, électromagnétique, électrochimique, quantique.

On peut penser que les miracles, ou phénomènes physiques non expliqués, correspondent à un ordre naturel où conscience, matière et énergie s'interpénètrent.

La conscience est énergie. La matière est énergie.

L'attitude juste dans la vie n'est-elle pas d'être comme un scientifique dans son laboratoire ? Vous avez tous un laboratoire portable physique et mental. Expérimentez donc ! Créez un laboratoire psychique en pratiquant le silence régulièrement. Pour accéder au niveau supérieur de votre évolution, vous ne pouvez avancer qu'à la lumière de votre propre expérience.

Vous comprenez de mieux en mieux que la pensée est la mémoire. Vous devinez que la mémoire vous court-circuite de la vie.

Sachant que la vie est au présent, vous commencez à lâcher la pensée et à comprendre que :

> « C'est par le non-agir que tout se fait. »
> Lao Tseu. Vème siècle avant Jésus Christ.

Le secret de la vie tient à faire jaillir l'action de la non-action. C'est vrai de l'attitude juste qui vous fait sortir d'une situation apparemment impossible. C'est également vrai d'une position de Distanciation stable, qui va permettre la cristallisation d'une énergie nouvelle, dans les espaces que vous avez dégagés en vous-même.

Par le développement de votre ego de conscience, de votre témoin, en pratiquant le silence, morceau par morceau, fil par fil, molécule par molécule, une partie de votre amphithéâtre est rentrée dans un processus de transformation. Une partie des sous-personnalités le composant est devenue plus fluide, plus translucide, plus subtile. Elles se sont connectées à une autre qualité d'existence, à un autre niveau de conscience. Elles ont perdu leur identité relative. Elles sont devenues pure énergie et, très naturellement, se sont unifiées. Elles sont le résultat d'une vraie volonté, d'un vrai effort conscient qui les a cristallisées. Le chercheur en vous, au travers de la Distanciation, a fabriqué un ego de conscience, de là un être psychique, ou une âme.

> « Heureux celui qui a une âme. Heureux celui qui n'en a pas. Malheur et souffrance à celui qui n'en a que le germe. »
> Gurdjieff.

Jésus nous dit quelque chose de similaire dans l'évangile de Thomas :

> « A celui qui a dans sa main,
> On donnera.
> Et à celui qui n'a pas,
> Même le peu qu'il a,
> On le prendra. »

Il le répète dans la parabole des talents :

> « A trois serviteurs un maître donne des talents. Deux les multiplient. Le dernier rend le talent qu'on lui a donné. Le maître dit : 'Enlevez lui son talent et donnez le à celui qui a les dix talents car celui qui a, quel qu'il soit, on lui donnera avec surabondance : mais celui qui n'a pas, même ce qu'il a lui sera enlevé ! Quant au serviteur inutile, jetez-le dans les ténèbres extérieures. Là seront les pleurs et les grincements de dents. »
>
> Matthieu 25/14 à 30.

Luc 19.26-27 : dans la parabole des mines nous dit la même chose.

Le prophète également :

> « Parmi vous, il en est qui seront auprès de Dieu repris,
> D'autres ramenés au plus vil des âges.
> Au point d'en être, après avoir su, dépourvus de savoir. »
>
> (Coran – XXII.5)

Et :

> « L'âme est une des œuvres de Dieu mais ils n'ont reçu de la science qu'une quantité infime. »
>
> (Coran – Hadith)

Ces Maîtres sont très clairs. L'âme, ou l'être psychique, n'est généralement pas en vous. Ce qui est en vous, c'est la graine, le potentiel de la faire grandir. Dix milles œufs de saumon pondus en amont d'une rivière donneront trois ans après trois ou quatre saumons. Des milliers de glands tombent d'un grand chêne, un seul produira un arbre. Dix millions de sauterelles subissent l'insecticide, vingt à trente survivent et leurs descendants, génétiquement modifiés, seront moins sensibles à l'insecticide.

Tout est lié à l'évolution. Il y a sept milliards d'êtres humains. Un certain nombre deviendra psychiquement vivant, un certain nombre deviendra Eveillé. L'homme n'échappe pas à la règle commune. Ou bien il accède au niveau suivant de son évolution, ou bien les éléments épars le constituant se dissolvent dans l'inconscient collectif. Sur ce point les Maîtres sont très précis.

L'être psychique est issu d'une matrice, formée du corps physique et de l'ego de conscience. L'ego de conscience, issu de la Distanciation, est la partie qui laisse s'exprimer tous les différents aspects de vous. Quand vous êtes en identification avec vos pensées, votre émotionnel, vous n'êtes pas en connexion avec la vie. Vous êtes en circuit fermé à l'intérieur de vous-même, de votre mémoire. Votre entité psychologique se fabrique en permanence des points d'appui, en ressassant votre problématique, ou en la fuyant dans des activités compensatoires, addictives, telles que l'alcool, la drogue, le sexe, souvent dommageables à votre équilibre et à votre santé.

> « L'âme supérieure aime la vie, l'âme inférieure recherche la mort.»
> Lu Tsou. Le secret de la fleur d'or. VIII siècle.

L'attitude juste est d'être en ouverture dans le ressenti de la sensation corporelle, afin de voir le déroulement de la pensée, de l'émotionnel.

La pratique de la Distanciation a élargi les points d'appui, vous êtes conscients qu'ils sont sensoriels et mentaux à la fois. Quand le mental se ralentit vous vous ouvrez à une dimension supérieure, alors la sensation tactile se déploie. Vous ressentez de nouvelles sensations physiques car, petit à petit, de votre ego de conscience un être psychique se crée. Comme, chez l'enfant de douze ans, progressivement l'adolescent apparaît. A un moment, vous commencez à ressentir, à travers votre corps, l'espace entre deux pensées, car la perception du corps s'est modifiée.

Tout ce que vous avez à faire, c'est d'accompagner la croissance de cet être psychique en jugeant moins, en tirant moins de conclusions, en goûtant le bien-être d'un meilleur silence mental, c'est à dire en stabilisant une bonne qualité de Distanciation et en pratiquant le silence au moins une demi-heure par jour.

LA PRATIQUE DU SILENCE

S'assoir en silence est une partie essentielle de votre pratique. C'est là que s'opère la transmutation de vos structures refoulées en énergie de conscience et de lumière. L'important est d'être discipliné. Vous tenir à une demi-heure par jour paraît être le minimum. Prenez conscience du temps que vous consacrez à vos différentes activités, si vous n'avez pas la volonté d'investir une fraction de ce temps dans votre évolution, cela ne peut pas marcher. L'important, comme toujours, est d'être pratique. Vous êtes le scientifique de vos états de conscience supérieurs, travaillant à l'intérieur de votre laboratoire psychique. L'expérience que vous allez acquérir déterminera le rythme de votre croissance. Il s'agit de construire votre corps de lumière et de conscience sur les débris de votre ombre. Vous maintenir en amont de la pensée en améliorant la distanciation est la méthode. Les différentes techniques de méditation n'ont jamais eu d'autre but que d'immobiliser le mental en le fixant.

Ne vous laissez pas distraire par les leurres qui vont essayer d'interrompre votre pratique. N'oubliez jamais que monter en conscience met votre vieille logique en risque. Vous aurez des pensées et des désirs irrationnels, comme des envies de manger alors que vous n'avez pas faim ou des images sexuelles qui n'ont rien à faire là. Rappelez-vous alors d'observer les leurres, demandez-vous juste d'où ils viennent, vous verrez qu'ils viennent de l'ombre, qu'ils sont mécaniques et n'ont aucune intelligence. Cela n'a aucune importance que vous pratiquiez assis ou couché, tant que votre niveau de lucidité est bon. Avec un peu d'expérience, vous verrez que garder les yeux ouverts ou fermés ne change rien.

Surtout, quand vous commencerez à avoir des perceptions psychiques, oubliez les, autrement vous en ferez des points d'appui qui ralentiront votre croissance.

Un jour vous aurez une expérience psychique qui arrivera au bon moment, quand vous ne l'attendez pas. Cette conscience nouvelle va naître en vous. C'est votre attention à voir que vous n'êtes pas vos pensées, qui est son terreau. Le développement de l'âme, de l'être psychique est une voie progressive. Plus vous élevez votre niveau de conscience, plus votre être psychique grandit.

Imaginez un marais salant, un espace où l'eau de mer s'évapore progressivement permettant la cristallisation du sel. Quand le soleil brille, la cristallisation s'amorce, puis s'accélère. La nuit venue, elle se ralentit puis s'arrête. De la même manière quand votre conscience se maintient en amont de vos pensées, de vos émotions, de votre mémoire, le processus de cristallisation de votre âme s'amorce, puis s'accélère. D'une façon similaire quand vous êtes identifié à votre nuit, c'est à dire à vos pensées, à vos émotions, à votre mémoire, à votre ombre, vous êtes alors entièrement soumis à des fonctionnements mécaniques reproduisant les vieux schémas de comportement. Alors la cristallisation de votre âme s'arrête.

Dès que vous vous maintenez en amont du mental, le processus de l'évolution s'exprime à travers vous. Plus vous en prenez conscience, plus cela s'accélère. Plus vous êtes vivant.

En résumé, la cristallisation de l'âme est progressive. Par la pratique de la Distanciation, votre ego de conscience s'est renforcé. Le Discernement a déstructuré les vieilles strates psychologiques de votre corps émotionnel. Au sein de l'espace que vous avez ouvert dans le corps émotionnel, vous avez lâché le temps psychologique. En conséquence, vous canalisez et cristallisez maintenant une autre énergie.

Démanteler votre structure dense, votre ombre, puis la transmuter en une énergie de lumière est le moyen de développer votre âme.

« La méthode des anciens pour sortir du monde consistait à fondre parfaitement les scories du principe obscur pour retourner au créateur.»
Lu Tsou. Le secret de la fleur d'or. VIIIème siècle.

Votre niveau de conscience ayant monté, un certain silence mental s'est établi. Dans la symbolique hindouiste, les dieux sont au-dessus de leur véhicule. C'est Ganesh, le dieu éléphant, sur son rat, Shiva sur son bœuf. En terme taôiste, vous chevauchez le tigre. Une nouvelle conscience s'est cristallisée au dessus de votre ombre. Vous êtes vivant sur un autre plan. Ayant formé un être psychique, votre peur de la mort a diminué. Vous savez que vous naviguez sur le Titanic, vous savez ce qui va se passer, mais vous savez que vous avez déjà une place dans un canot donc vous avez moins peur.

Dès que vous vous éloignez de la peur, votre ego mute, votre conscience monte. Elle devient plus subtile. Elle s'ouvre à de nouveaux champs d'expériences. Vous avez compris que les pensées ont une fréquence d'énergie. L'âme a juste une fréquence énergétique plus élevée. Plus vous montez, plus vous êtes apte à être aidé, car la vie, le manifesté, cherche la conscience.

Mais la construction de l'être psychique, ou de l'âme, n'est que l'étape suivante de votre croissance. Le but c'est l'Eveil, qui lui, est abrupt, tout comme l'instant de la naissance et celui de la mort. Il est l'accélérateur ultime de l'évolution de votre âme.

C'est pourquoi, en chemin, vous devez continuer à pratiquer le Discernement : « Qui dit ça ? Pourquoi ? Qui veut ça ? Pourquoi ? » Tout en intensifiant votre pratique métaphysique, c'est à dire la lecture des maîtres classiques, qui stimule votre interrogation, votre goût pour l'abstraction. Si vous rentrez dans ces questions avec un esprit neuf sans rien attendre, vous êtes dans la bonne pratique. C'est elle qui activera tous les processus.

EN RÉSUMÉ

La Désidentification est l'étape suivante de votre évolution. A cet étage vous créez un moi directionnel puissant, qui échappe aux choix destructeurs, liés aux peurs et aux culpabilités refoulées. Vos choix sont meilleurs, votre vie s'améliore. C'est à cet étage que vous ouvrez des brèches dans le temps psychologique. Alors la vie de l'âme, la vie de l'être psychique, se cristallise et poursuit sa croissance. Vous sachant vivant sur un autre plan que le plan physique, vos peurs diminuent.

La Désidentification vous permet de :

- Construire un moi directionnel puissant

- Construire un être psychique, une âme

PREAMBULE A L'APPROCHE METAPHYSIQUE

Vous arrivez maintenant à la partie métaphysique de cet enseignement. Il s'agit d'avoir un accès là où il n'y a pas d'accès. Pour passer la porte qui ne peut s'ouvrir pour vous, car du côté où vous vous trouvez il n'y a pas de poignée, vous allez devoir aiguiser le sabre de votre intelligence sur la pierre de l'interrogation métaphysique. Simultanément, le travail psychologique, qui consiste à voir en vous-même ce que vous ne voulez pas voir, devra être poursuivi. C'est la combinaison des deux qui, au moment où vous vous y attendrez le moins, révélera votre véritable nature.

CHAPITRE V

QUATRIEME D - LA DISCRIMINATION
Ou comment trancher vos ultimes identifications

La pratique de la Distanciation et du Discernement est maintenant une chose établie. En vous identifiant moins à leurs causes premières, la plupart de vos conflits extérieurs s'apaisent. La vie devient plus joyeuse, tout simplement parce que vous êtes plus en adéquation avec elle. Vous arrivez maintenant au quatrième D, la Discrimination, le plus important, car c'est lui la clé de la liberté.

Vous ne connaissez que le Deux, la dualité, que ce soit dans l'état de veille ou dans l'état de rêve.

Vous vivez d'une façon permanente dans la division, dans la dualité. Vous êtes toujours verrouillé dans un rapport sujet – objet entretenu par l'identification. Votre « Je » s'identifie à son objet. « Je » s'identifie à la vision, « Je » s'identifie à l'audition, « Je » s'identifie à la pensée, « Je » s'identifie à l'émotion. Ce « Je » devra être au centre de votre interrogation.

Les philosophes, les sages, les saints ont tous énoncé le Un, la Vérité, la Réalité, l'Absolu, la conscience divine, Dieu, comme étant l'unité ultime.

Le Un est l'étage ultime de la conscience. Les pensées, les concepts, tout ce que vous percevez appartient à l'étage du Deux. Votre problème est de changer de dimension, de faire un saut quantique, de passer du Deux au Un.

Vous allez maintenant vous servir de deux concepts élaborés par la philosophie indienne : la Discrimination, cœur de l'interrogation métaphysique, et la Lîla.

La Lîla est un jeu de cache-cache cosmique.

Le Un – l'Absolu – la conscience divine – Dieu, ne peut pas se connaître. Pour qu'il y ait connaissance, il faut un sujet, il faut un objet, il faut un connaisseur et un connu, il faut le Deux. Au premier moment, là où naissent l'espace et le temps, là où naît l'univers, lors du Big Bang, ce Un se fragmente. Il devient deux, il devient multiple. Dès cet instant, le Deux poursuivra son chemin pour retrouver son origine, l'Unité. La vie aspire à la conscience. Cette conscience est devenue lumière, galaxies, soleils, planètes, puis minérale, végétale, animale, humaine. Cette dynamique évolutionniste est ce que l'Hindouisme appelle la Lîla.

L'humain s'ouvre à l'intelligence. L'intelligence s'ouvre à la faculté d'abstraction. La faculté d'abstraction amène à l'interrogation métaphysique, à la Discrimination.

Vous ne pouvez pas saisir ce que vous êtes – la conscience divine, l'unité, l'Absolu. Mais vous pouvez saisir ce que vous n'êtes pas – vos pensées, vos émotions, vos sensations corporelles, tout ce qui s'inscrit sur l'écran conscient. Toutes ces identifications entretiennent le mécanisme de la dualité, entretiennent votre identité apparente. La pratique consiste à continuer à appliquer la Distanciation et le Discernement : « Qui pense cela ? Qui dit cela ? Qui veut cela ? Qui ressent cela ? » Mais maintenant vous vous posez ces questions en étant plus unifié. L'énergie des questions est plus aiguisée. Elles vous font bouger de plus en plus profondément. Puis une question cruciale jaillit : « Qui perçoit cela ? Qui est cette entité qui perçoit ? » Là vous discriminez. Quand tout ce que vous n'êtes pas a été démantelé, reste ce que vous êtes : l'Absolu.

C'est à ce stade du travail que vous vous retrouverez en train de discriminer entre ce que vous êtes et ce que vous n'êtes pas. Si vous êtes suffisamment unifié, par l'introspection liée au discernement et par l'interrogation métaphysique, votre conscience n'a plus la possibilité de s'identifier à aucun de ses fragments. Elle ne peut plus prendre aucun point d'appui, aucune identification. Alors, votre mécanique réflexe sujet-objet s'écroule. Votre conscience passe à l'étage au-dessus. Dieu, l'Absolu, la Réalité, appelez cela comme vous voulez, naît en vous.

A l'instant où son cerveau est vidé de l'entité psychologique, qui n'a pu trouver aucun point d'appui, ni ouvrir aucune connexion neuronale, vous mourez à votre vieux moi et renaissez à la vie. Ce n'est plus vous qui vivez votre vie, c'est la vie qui vit en vous. En cet instant, tout, absolument tout, est différent. Vous faites un avec la vie. La peur et l'anxiété sont définitivement mortes. Vous êtes l'ultime observateur.

> «Tout d'abord, la forme est perçue, et c'est l'œil qui perçoit. A son tour, l'œil est perçu. Le mental est maintenant le sujet percevant. Le mental et ses modifications passent enfin dans la catégorie des objets perçus. C'est le spectateur qui en dernier ressort perçoit réellement et ce spectateur nul ne saurait le percevoir.»
>
> Shankara. XIème siècle.

Vous avez bien compris maintenant que si l'entité psychologique, l'entité personnelle, dans ses couches superficielles, recherche l'agréable et fuit le désagréable, dans ses couches les plus profondes, elle n'est que volonté de se maintenir par ses points d'appui. Pour cela, elle créera des identifications telles que le conflit, la dépression, la grande souffrance, la maladie, qui feront aussi bien l'affaire pour ne pas lâcher, que l'excitation liée à une expérience nouvelle, stimulante et enrichissante.

Le centre de l'entité psychologique est un magma de vieilles douleurs. Ce centre a une intelligence mécanique. Il est en recherche permanente de sécurité. Créer une identification lui est indispensable. Pour exister, il se surimpose aux événements présents, les considérant parfois comme ennuyeux ou pénibles, alors qu'ils ne le sont nullement. L'ego n'est qu'un désir permanent d'être. Au fond de lui-même il sait qu'il n'est pas, au fond de lui-même il sait qu'il peut être détruit. Il ne doit absolument pas être reconnu comme étant différent de ce que vous êtes vraiment. Pour cela il cherche en permanence à distraire votre vigilance. Presque toujours il y parvient en se servant de la pensée et des émotions. Rassemblez-le avec détermination comme un chien de berger regroupe les moutons. Interrogez-le, puis traquez-le de l'intérieur avec un intellect de plus en plus acéré. Poussez-le face à lui-même, là où il n'est pas.

Qui est-il ? Qui est-il vraiment ? Qui est ce « je » ? Quelle est sa nature ? Sur quoi s'appuie-t-il ? Comment s'entretient-il ?

Vous sentez maintenant une intelligence aiguisée s'éveiller en vous. Cette intelligence est reliée à une sensation physique électrique.

Vous vous posez toujours les mêmes questions, mais plus elles percent vos couches, plus vous ressentez leur intensité, plus vous vous sentez pénétré par l'interrogation: elle tourne autour de « Je » et de ses points d'appui.

> « Le filet de l'identification de soi avec le corps t'a emprisonné assez longtemps. Avec l'épée de la connaissance -Je suis intelligence- tranche cette illusion et sois heureux. »
>
> Ashtavatra Gita, entre VIIIe et VIe siècles avant JC.

Le mental n'a pas la connaissance directe de la vie. La connaissance directe de la vie lui est extérieure. Le « Je » n'appréhende la vie qu'à travers les concepts et les formes perçues par les sens. La recherche met le « Je » en risque. Plus la recherche avance, plus les sous-personnalités, dont la charge émotionnelle n'a pas été démantelée, s'introduisent de force dans le présent. Vous voyez qu'elles se surimposent à la situation et que, en conséquence, le présent n'est jamais vraiment vécu.

Cela vous renvoie à ces interrogations : « Qui est ce « Je » ? Que vit-il ou ne vit-il pas ? Que perçoit-il ou ne perçoit-il pas ? »

L'interrogation intérieure peut être si forte qu'elle fait trembler votre structure sur ses bases. Vous ressentez les fondations de votre amphithéâtre se désagréger. Vous pressentez que la mutation des sous-personnalités le composant peut atteindre un point de masse critique où tout bascule.

Vous sortez de votre vieille croyance: pensée égale conscience - je pense donc, je suis-. Vous rencontrez des moments où vous intégrez, avec fulgurance, une compréhension précise de vos mécanismes: l'expérience durant toute votre vie a nourri votre mémoire consciente, produisant le savoir. La peur a alimenté votre ombre, votre mémoire inconsciente produisant les compensations répétitives. L'alliance des deux stimule la pensée, qui enclenche les mêmes expérience.

Vous comprenez que tout ce que vous pensez, dîtes, faites, alimente le mécanisme de la pensée, entretient l'idée de vous-même. Qui est ce vous-même ? Ultimement y a-t-il un vous-même? Là vous discriminez !

Mais alors... Qui est ce « Je » ? Que veut-il ? Le corps veut durer. L'ego ne veut pas lâcher ses identifications. L'âme veut évoluer. Votre véritable nature ne veut rien. Elle est !

EN RÉSUMÉ

La Discrimination est une lame tellement aiguisée qu'elle tranche les derniers nœuds de votre conditionnement. Là seulement, la vie se révèle à elle-même.

CHAPITRE VI

L'EVEIL
Ou comment sortir de ce monde vivant

Rien ne conduit à l'Eveil si ce n'est la dissolution de l'ego.

> «Nous ne possédons pas un ego,
> Nous sommes possédés par l'idée qu'il y en a un. »
>
> Wei Wu Wei.

Si vous avez suffisamment pratiqué les deux premiers D, la gangue de l'ego est fissurée, fragmentée. Le troisième D a ouvert un espace de croissance en vous-même. Maintenant la Discrimination peut trouver un point de rupture.

Il est très important de comprendre que l'éveil est un processus physique. Vos pensées imprègnent votre trame neuronale. L'éveil consiste à vider brutalement cette trame neuronale de vos images, opinions, concepts, raisonnements, de la totalité de vos identifications constituant votre identité psychologique.

Un jour, une crise psychologique rassemblera les différents aspects de vous-même. Cela ne peut se réaliser que si votre être est totalement rassemblé, totalement unifié. Cette crise vous propulsera dans une question essentielle, telle que : « D'où vient cet univers ? Quelle est la nature du réel ? Qui suis-je ? »

L'Eveil est un court-circuit neuronal enclenché par la bonne question. Ce n'est pas la réponse mais la question qui est essentielle. L'énergie induite par la question ne pouvant pas trouver de réponse, revient vers le questionneur et le dissout. L'Eveil apparaît quand le mécanisme d'identification ne peut plus trouver un point d'appui. Quand le sujet ne peut plus s'appuyer sur un objet, il disparaît. L'éveil est le résultat de l'auto sabordage de l'ego amorcé par l'interrogation métaphysique.

A un moment, un moment de grâce, une crise, petite ou grande, fera sortir un aspect de vous que vous ne connaissiez pas. Face à cet aspect, vous allez vous poser la Question: « Qui suis-je vraiment ? Qui est ce Je » ?

C'est alors que vous discriminez !

Si, à ce moment, vous intensifiez votre interrogation, vous verrez que « Je » n'est qu'une pensée. En réfléchissant, vous réalisez que la pensée vient de la mémoire. D'où vient la mémoire ? De l'identification à l'expérience, bien sûr; j'ai vécu ceci... j'ai appris cela... D'où vient l'expérience ? Il est évident qu'elle vient de l'identification aux perceptions. Si j'ai vécu ceci ou cela c'est bien parce que je l'ai perçu. La question tourne maintenant autour de la perception. Qui perçoit ? Soudainement vous réalisez que tout ce que vous connaissez, tout ce que vous connaîtrez, relève de ce qui est perçu, de la nature du perçu.

Alors la question ultime jaillit. « Le perçu peut-il percevoir ? » Dès que vous aurez l'esprit suffisamment aiguisé, vous verrez que tout comme une pensée ne peut pas penser, une perception ne peut pas percevoir.

> « Toute perception implique dualité, mais si rien n'est perçu, on accède au réel dans la non-dualité. »
>
> Vimalakirti autour du Ve-VIe siècle.

Vous saisissez qu'en se surimposant à la perception d'origine, le mécanisme de l'identification vous sépare irrémédiablement de cette perception, du présent.

Le sabre de la Discrimination vient de trancher les multiples têtes de l'hydre mythologique. La somme de toutes vos identifications s'est écroulée. Alors, vous vous retrouvez sans aucun point d'appui ! Aucun ! Le vide !

Vous voyez maintenant qu'il n'y a personne, et qu'il n'y a jamais eu personne, pour percevoir quoi que se soit.

A cette seconde, lâchant prise, vous intégrez votre vraie nature car vous êtes passé, comme l'ont énoncé les mystiques, par l'absence de vous-même, le vide, la vacuité des bouddhistes, la mort du vieil homme des chrétiens, l'extinction des soufis.

Le résultat est que vous êtes libre, vous êtes sorti de l'illusion, vous avez transcendé le monde.

Alors tout, absolument tout, est différent. Ce n'est plus vous qui vivez votre vie, c'est la vie qui vit en vous et se reconnaît en tant que telle.

En cet instant vous avez vidé votre cerveau de l'entité psychologique le possédant. Votre amphithéâtre est vide.

Vous-même, votre conscience réflexe, votre conscience sujet-objet a disparu. Vous êtes hors de la dualité. Vous êtes un avec toutes choses. Vous êtes la conscience de la vie.

> « Savoir et non-savoir, celui qui les connaît tous deux ensemble, après avoir franchi la mort par le non-savoir, il atteint la non-mort par le savoir. »
>
> Isa Upanishad. Entre VIIIème et Vème siècle avant JC.

C'est le fait d'intégrer le non-être qui vous permet d'être.

En cet instant vous reconnaissez cet état comme l'état où vous êtes depuis toujours. Vous êtes sorti du temps. Vous avez intégré une autre dimension.

La peur est morte. L'anxiété est morte. Vous utilisez toujours la mémoire, mais la mémoire ne peut plus vous utiliser. Vous pensez seulement si c'est nécessaire. La vie est devenue intensément joyeuse, radieuse. Plus jamais vous ne pourrez dire :   « Je pense donc je suis ».

Car vous êtes passé à
« Je suis parce que je perçois. »

Poussant votre interrogation davantage, vous voyez maintenant que :

« Je ne perçois pas donc je ne suis pas. »

Et n'étant absolument pas, vous êtes libre.

> « Si tu pouvais t'anéantir toi-même, ne serait-ce qu'un instant, tout ce qui réside dans le mystère incréé de toi-même t'appartiendrait en propre. »
>
> Maître Eckhart. XIVème siècle.

Vous avez réussi l'exploit rare de vous libérer de votre vivant. Vous vous éveillez à la joie d'être, sans objet.

Le sujet et l'objet se sont perdus. Il n'y a plus d'objet perçu et de sujet percevant. Les deux ont disparu dans la perception et cette perception est infinie, pleine, dynamique. Vous êtes la perception de l'absolu se goûtant lui-même dans la joie d'être.

L'hindouisme parle des deux fois nés. Vous êtes né à nouveau. Vous avez retrouvé la spontanéité de l'enfant. Il ne sera jamais plus vulnérable.

> « Pour entrer dans le royaume, redevenez des enfants. »
>
> Jésus Christ. Matt. 18. 3.

Cet enfant sait qu'il ne peut plus rien lui arriver. Il se sait être un. Il sait qu'il est la conscience de la vie.

> « Mon père et moi sommes un. »
>
> Jésus Christ.

Seule cette conscience peut vraiment aimer, car sa nature est amour.

Cela est à la portée de tout le monde. Cet état est votre nature intime. Pour l'intégrer, il suffit de pratiquer.

L'Eveil est la perte brutale de votre conditionnement. Seul cet état est libre de peur. Vous êtes le tout se redécouvrant lui-même. Si vous vous reconnaissez comme étant toutes choses en essence, de quoi pourriez-vous avoir peur ? Vous êtes la vie se goûtant elle-même.

A l'instant où vous comprenez qu'il n'y a jamais eu de « vous » qui soit entré dans ce monde, vous en sortez vivant.

CHAPITRE VII

L'EVEIL : UN DERNIER AVERTISSEMENT
Ou comment faire face à vos ultimes leurres

Si, quand pris par la question qui va trancher votre ego ou l'illusion de vous même, vous voyez l'Archange, Dieu ou le Diable sous quelque forme que ce soit, rappelez-vous bien de la phrase de Lin-Chi, vieux Maître Tch'an :

« Si tu rencontres le Bouddha, tue-le ! »

En d'autres termes, aspiré par un total lâcher-prise, votre ego, dans une ultime tentative de maintien de lui-même, cherchera un dernier point d'appui, une dernière identification pour se maintenir dans la dynamique sujet-objet. Il créera une forme lumineuse - le Diable, une Divinité, le Bouddha – qui surgira devant vous. C'est le dernier piège, la dernière illusion, d'où la phrase du vieux Maître Tch'an. Rappelez-vous la tentation de Jésus par le diable dans le désert, pendant ses quarante jours, ou Mara et son armée de démons apparaissant devant le Bouddha, juste avant son Eveil. C'est toujours le même mécanisme, c'est toujours la même histoire.

L'Eveil, c'est amener une illusion à voir qu'elle est une illusion. Evidemment, de son point de vue, elle fera tout ce qu'elle peut pour éviter cela. L'entité psychosomatique pourrait créer des expériences mystiques, divines ou diaboliques, en fonction de son système de croyance, pour maintenir la dualité. De nombreux mystiques, de différentes traditions, ont été soumis à ces ultimes leurres. Ce qui va vous permettre de passer au delà, n'est lié qu'à la qualité de votre Distanciation.

CHAPITRE VIII

ESSAYONS DE POUSSER LA PORTE

> « L'homme 'sans affaires' est celui qui a laissé fusionner la surface et le fond jusqu'à ce que ses affects s'épuisent dans une totale absence de points d'appui. »
>
> Houang Po. IXème siècle.

L'Eveil, ou la rencontre avec ce que nous appelons Dieu, n'est rien d'autre que le fait de fusionner conscient et inconscient, jusqu'au lâcher-prise total.

> « La forme n'est que vide. Le vide n'est que forme. »
>
> Le Sutra du Cœur. Bouddha.

Le sas de l'éveil est le vide.

> « Il n'y a aucune réalité à trouver et cela porte le nom d'éveil suprême. »
>
> Sutra du Diamant. Bouddha.

Toute pratique, toute idée de la réalité, créera un point d'appui, une identification, et empêchera l'Eveil. Mais sans pratique, il est impossible d'avancer.

* * *

Maintenant, pour en finir une bonne fois pour toutes, prenons la phrase de Houang-Po. Malaxons-la, triturons-la, pénétrons-la. Transformons-la en un bâton de dynamite et allumons la mèche.

Laissez-moi vous rappeler que « le perçu ne peut percevoir ».

A propos, connaissez-vous autre chose que le perçu ?

* * *

Si cela n'a pas suffi, méditons cette injonction :

« Ne réponds pas au perçu ! »

Réfléchissez : faites-vous autre chose que de répondre au perçu ?

PREAMBULE AUX QUESTIONS-RÉPONSES

En parcourant les questions-réponses qui vont suivre votre compréhension de cet enseignement va grandir. En arrivant à ce point du livre, vous avez bien vu que, jusqu'à la fin, votre ego produira des leurres, afin de maintenir ses positions. Jusqu'au bout, il sera dans sa logique de maintien d'identifications.

Le travail est d'abord psychologique: votre maîtrise de la Distanciation et du Discernement, ainsi que votre capacité à décrypter votre langage onirique. Les techniques à utiliser sont précisément décrites plus loin dans le chapitre sur les rêves.

Le travail est également psychique, la pratique est décrite dans le chapitre sur l'âme.

Il est aussi métaphysique, quand vous vous interpellez, avec des questions essentielles. Monter en conscience, c'est établir une nouvelle compréhension qui devra être abandonnée pour la suivante, comme un alpiniste qui, quand il monte une paroi, doit lâcher sa prise pour s'appuyer sur une nouvelle, afin de poursuivre son ascension. Les quatre « D » sont à la fois une voie progressive et une voie abrupte. Progressive, car vous élevez votre niveau de conscience au dessus de votre ombre, constituée de vos peurs et de votre culpabilité, et vous ressentez le développement de votre âme. C'est aussi une voie abrupte, car une fois au sommet il vous faudra sauter dans le vide... le vide est le sas de l'Eveil, mais le vide n'est vide que du point de vue de l'ego; du point de vue de l'Eveil tout est plein, resplendissant de l'énergie de l'univers.

DEUXIÈME PARTIE

QUESTIONS ET REPONSES

UNE APPROCHE PSYCHOLOGIQUE

Question : Comment faire pour travailler sur soi quand on est absorbé par la vie quotidienne ?

Réponse : Vous devez développer quatre qualités que vous avez déjà: la lucidité, la discipline, le courage, l'honnêteté intellectuelle.

La lucidité c'est très facile, n'importe qui peut avoir une bonne qualité de lucidité. Il suffit de ne pas boire trop d'alcool, de ne pas manger en trop grande quantité, de prendre l'habitude de quitter la table en ayant encore légèrement faim, et naturellement d'éviter les drogues. Vous maintiendrez votre lucidité, vous vivrez plus longtemps, en meilleure santé. Respectez ces règles et vous garderez votre lucidité.

Avoir une vraie volonté de changement. Seule cette volonté vous donnera la discipline et sans un minimum de discipline vous n'avancerez pas.

Ensuite il vous faudra du courage, le courage de voir en vous-même ce que vous ne voulez pas voir. Car travailler sur soi, c'est évidemment vouloir voir ce que l'on refuse de voir en soi-même. Alors seulement vous démantèlerez votre vieille logique, à l'origine de votre vie présente. Rappelez-vous que l'Eveil c'est amener l'ego à voir qu'il n'est pas. Donc on peut dire que du début à la fin, travailler sur soi c'est vouloir voir en soi même ce que l'on ne veut pas voir, et pour cela il faut du courage et de la volonté.

La quatrième qualité c'est l'honnêteté intellectuelle. Si vous n'êtes pas honnête intellectuellement vous refuserez de voir vos dysfonctionnements issus de vos peurs, issues de votre ombre. Plus vous travaillerez sur vous, plus vos dysfonctionnements diminueront, plus votre vie quotidienne sera joyeuse, gagnante, plus votre chercheur grandira utilisant l'expérience qu il a acquise.

Question : Pratiquement comment faire ?

Réponse : Rappelez-vous juste de pratiquer la Distanciation et le Discernement le plus souvent possible tout en vivant tout ce qui se présente. Notez vos rêves, interprétez-les en apprenant votre langage symbolique. Pratiquez la méditation l'estomac vide c'est à dire trois ou quatre heures après avoir mangé. Pratiquez trente minutes par jour. Si ce n'est pas possible, faites-le tous les deux jours. Mais surtout tenez-vous à ce que vous avez décidé. Lisez de la métaphysique ce qui stimulera votre interrogation, au moins soixante minutes par semaine. Deux fois trente minutes paraissent être un minimum. Vous passez du temps dans les salles de gymnastique pour entretenir votre corps. Vous pouvez investir le même temps pour ouvrir en vous de nouvelles connections neuronales. C'est le minimum pour mettre de la vie dans votre vie, ce n'est vraiment pas difficile et cela vous procurera un énorme plaisir.

Question : Donc il me faut de la volonté !

Réponse : Oui de la volonté et du bon sens. Vous n'avez, pour vous comprendre, que vos pensées, vos émotions, vos sensations corporelles et vos rêves. Pour avancer psychologiquement vous devez créer un témoin, en vous servant de vos sensations corporelles afin de diviser votre attention. Vous devez aussi interroger la logique derrière vos pensées, vos émotions, afin de la démanteler. Faisant cela vous changerez vos choix, vous changerez votre vie. Intensifiant votre pratique, vous créerez un espace au sein de votre ombre, au sein de ce qui est refoulé. Changer votre ombre en lumière, c'est votre ticket de sortie de ce monde. Si vous voulez vraiment faire partie de cette élite, il va vous falloir être méthodique et discipliné. Imaginez que vous êtes un pilote d'avion aux commandes de son appareil. Que fait un pilote ? Il passe une bonne partie de son temps à faire des check-lists pour être sûr qu'il n'a rien oublié. Si vous voulez piloter votre montée en conscience, vous allez devoir apprendre à faire vos check-lists: « est-ce que ma Distanciation est active, est-ce que je ressens les sensations subtiles liées à sa pratique, est-ce que je me sers de mon Discernement, est-ce que je me pose la question quelle partie de moi pense cela, ressent cela, quelle est la logique qui m'anime? Mon travail onirique: est-ce que je me rappelle de mes rêves, est-ce que je pense à les noter, est-ce que je les interprète correctement ? Est-ce que je pratique le silence 30 minutes par jour, l'estomac vide ? Est-ce que j'entretiens mes interrogations en lisant de la métaphysique ?... »

Rappelez-vous que si une partie de vous aspire à l'ascendance, une autre partie fera tout pour vous garder au sol.

Question : Comment méditer ?

Réponse : Vous vous asseyez en silence, l'estomac vide afin de garder une bonne lucidité, restez le plus vide de pensée possible et quand elles vous emportent, rassemblez-vous et essayez de comprendre la signification de la seule chose dont vous soyez sûr: « Je suis ». Puis lâchez, et retrouvez l'état vide de pensée.

Question : Quelle différence faites-vous entre la méditation et la Distanciation ?

Réponse : La méditation est un terme général pointant vers le silence mental. La Distanciation est une technique qui permet d'observer le mental dans toutes les situations. Le mental s'entretient en renouvelant sans cesse ses points d'appui. Ce processus est sans fin. La technique de la Distanciation consiste à diviser votre attention, de façon à donner au mental, ou à l'ego, un point d'appui sensoriel, autre que les pensées et les émotions. Puis, de ce nouveau point d'appui vous pouvez voir le mental fonctionner. Si vous ne le voyez pas en fonctionnement, vous ne pouvez pas faire connaissance avec lui.

Question : Parlez-nous de cette technique ?

Réponse : Vous avez besoin d'unifier plusieurs champs sensoriels: vision, audition, sensation du toucher. Dans le processus de cette unification, vous vous voyez très vite passer successivement d'un champ de perception à un autre : vision/audition, audition/sensation, sensation/vision. C'est comme si vous passiez très rapidement d'une chaîne à une autre en regardant la télévision. Puis le zapping s'arrête, ces trois champs s'unifient en un seul. Si vous réfléchissez quant à la nature du zapping, vous comprenez que c'est votre ego qui cherche à maintenir en mode automatique ses points d'appui. Maintenant vous avez unifié deux ou trois champs en un seul. De là, vous regardez le mouvement mental, mais vous n'êtes plus pleinement identifié à lui, car vous avez créé délibérément un autre point d'appui en unifiant vos sensations corporelles. En conséquence, la pensée se déroule devant vous. Vous pouvez en être le témoin. Vous avez donné une occupation à votre ego en créant une identification nouvelle, en conséquence le rythme de vos pensées se ralentit.

Question : Je vois ce que vous voulez dire, mais si je fais cela mes pensées ne me paraissent pas très claires, pas très limpides.

Réponse : C'est une question de pratique. Vous devez comprendre ce qu'est votre ego, comment votre processus mental fonctionne, comment il se maintient toujours par des points d'appui. L'absence de clarté, le brouillard, la peur, le désir, sont des points d'appui de la structure personnelle. L'important, c'est la pratique. Restez conscient tout en divisant l'attention. Cela vous amènera à voir le côté non-vivant de la structure mentale. Pour commencer, soyez juste conscient de votre inspiration et de votre expiration, pendant que les pensées, les émotions défilent devant vous.

Question : Pourriez-vous définir la Distanciation ?

Réponse : C'est avoir le contrôle de son attention. Observez-vous ! Pendant que je parlais, combien de fois votre esprit est-il parti ailleurs ? Combien de temps avez-vous réussi à être vraiment à l'écoute, à être attentif ? Développer la faculté d'attention à vous-même et à la vie qui se déroule, est la Distanciation. Elle vous permet de rester consciemment derrière vos pensées, vos émotions, de les voir défiler devant vous sans intervenir. Elle vous permet de voir les différentes situations avec une lucidité inconnue jusque là. Sans développer cette qualité, comment voulez-vous faire connaissance avec vous-même ?

Question : Mais alors le Discernement ?

Réponse : Sans Distanciation, pas de Discernement. Les deux fonctionnent ensemble. Sans recul vis-à-vis de l'activité mentale, il est impossible de la comprendre. Le Discernement nous montre pourquoi nous faisons des lapsus, pourquoi lisant un journal nous surimposons un mot à un autre. Pourquoi nos différentes sous-personnalités, nos différents moi sont en conflit. « Je veux être riche mais je prends de mauvaises décisions ». « J'aime cet homme ou cette femme mais je sabote ma relation ». La pratique du Discernement implique, aussi souvent que possible, de creuser en nous-même en se posant la Question : « Qui dit ça ? Pourquoi ? Qui veut ça ? Pourquoi ? » Si nous rentrons dans cette pratique, nous voyons que derrière la timidité, la peur d'échouer, le mensonge, nous trouvons toujours la dévalorisation de nous-même, puis la culpabilité. Alors nous comprenons comment, mécaniquement, nous sommes propulsés dans des situations que nous voulions apparemment éviter.

Question : Intellectuellement j'ai compris cela il y a longtemps, mais pas grand-chose ne change en moi.

Réponse : Les nœuds mentaux sont dans le corps émotionnel, pas dans l'intellect. Vous avez souvent surdéveloppé votre intellect pour ne pas faire face à la souffrance émotionnelle. Vous voir tel que vous êtes implique bien sûr une souffrance, mais elle ne doit pas durer plus de quelques secondes. Si elle dure plus longtemps, c'est que vous en faites un nouveau point d'appui qui, s'alliant avec d'autres émotions réprimées, peut vous faire passer dix ans sur le divan d'un thérapeute à tourner et retourner de vieilles souffrances.

Question : J'ai été en thérapie pendant des années, qu'en pensez-vous ?

Réponse : C'est une démarche positive car vous décidez d'avancer sur la route de la connaissance de vous-même. Mais si vous rentrez dans la pratique de la Distanciation et du Discernement, vous vous apercevrez très vite que vous créez un moi directionnel de chercheur, qui vous aidera à faire ce travail d'introspection en permanence.

Question : Quels sont les risques du travail sur soi ?

Réponse : Multiples, car vous perdez un conditionnement qui a été, jusqu'à présent, le moindre mal pour maintenir votre cohésion.

Question : Cela peut-il être dangereux ?

Réponse : Cher monsieur, la vie est mortelle mais elle l'est encore plus si vous ne mettez pas de vie dans votre vie. N'oubliez pas que l'idée est de sortir vivant de ce monde. La vérité est pour celui qui accepte de prendre des risques. Cela veut dire : lâcher vos points d'appui, vos systèmes de croyance, tout ce qui constitue votre conditionnement. Toute démarche de connaissance de soi est un déconditionnement. Le problème, c'est que l'ego va essayer de se reconditionner en se servant de la démarche. C'est vrai de la démarche religieuse. C'est pour cela que certains mystiques comme Lin-Tchi ou Maître Eckhart nous disent de nous débarrasser de Dieu. C'est vrai de la démarche psychanalytique car, après un certain temps, le patient se construit un moi analytique, qui voit tout à travers des prismes qui privilégient un intellect froid au détriment de l'émotion. L'ego est une illusion qui est en recherche permanente de nouveaux points d'appui. Il fera tout pour les garder. Lui seul est dangereux.

Question : Parlez-nous du Discernement

Réponse : Quand vous n'êtes plus noyé dans vos sous-personnalités, vous les voyez fonctionner. Vous avez la possibilité de démanteler la logique qui vous amène à l'auto-condamnation, à l'auto-justification, qui n'amène aucune compréhension de vous-même. Vous savez que vous auto-condamner, vous auto-justifier, ne vous permet pas de descendre suffisamment profondément en vous-même, là où vous pourriez vous voir tel que vous êtes, et en être sincèrement désolé. C'est seulement en atteignant cet étage que les leurres perdent de leur puissance. La compréhension ne vient pas d'une critique ou d'un jugement. Elle vient d'une introspection rigoureuse. « Qui dit ça ? Qui veut ça ? Quelle est la logique qui me dirige ? Est-ce une logique gagnante ? Par rapport à quoi ce choix est-il le choix du moindre mal ? Le moindre mal pour alimenter quoi ? » Bien évidemment, cette introspection aiguisée repose sur un état silencieux d'observation, la Distanciation. Cette observation silencieuse vous montre le jeu des pensées, puis comment ces pensées forment des groupes et des sous-groupes, c'est à dire vos sous-personnalités. L'introspection démantèlera votre rapport à la peur et à la culpabilité qui vous conditionnent. Ce déconditionnement est le fruit du Discernement. Il vous permettra de développer une nouvelle qualité de perception de vous-même.

Question : Comment atteindre cette qualité de perception ?

Réponse : La pratique de la Distanciation, couplée au Discernement, est la base du travail. Les structures émotionnelles refoulées, surcompensées, ces vieilles douleurs, tout ce qui forme le corps émotionnel, est mis à jour. Petit à petit, l'énergie consciente déstructure les schémas émotionnels. De cette déstructuration, si vous pratiquez régulièrement le silence, l'estomac vide, se developpera progressivement un corps psychique, une âme, l'étage supérieur de l'évolution présente de l'homme. Vous en aurez l'évidence à travers toute une gamme de nouvelles perceptions plus subtiles, notamment une sensation perçue entre les yeux accompagnée d'une sensation tactile électrique se développant graduellement dans le corps.

Question : Pratiquement comment faire ?

Réponse : L'attention à ce qui se présente est la clé. Construisez, petit à petit, cet aspect de vous-même qui ne juge pas, qui ne tire pas de conclusion, c'est à dire un témoin, un ego de conscience. Cela va vous permettre de voir ce que vous ne vouliez pas voir en vous-même. Quand ces strates émotionnelles apparaissent, laissez les souvenirs douloureux remonter à la surface. Laissez la sensation physique des émotions refoulées surgir. Pour construire un corps psychique, vous devez d'abord déstructurer le corps émotionnel. Le Discernement est l'outil permettant cela. Plus votre niveau de conscience monte, plus les processus s'accélèrent. Vous perdez une peau de douleur qui a une réalité physique. Cette peau résiste et se protège par des leurres, des jaillissements émotionnels sans rapport avec la situation ou un brouillard mental bloquant la compréhension. Mais ces leurres sont mécaniques. L'attention non mécanique, que vous avez créée en vous-même, saura les repérer. Sur les débris de ce vieux corps émotionnel, petit à petit, le corps psychique se construit.

Question : J'ai lu votre livre, vous citez beaucoup de Maîtres. Les autres enseignants ne font généralement pas cela. Pourquoi le faîtes-vous ?

Réponse : C'est pour vous faire comprendre qu'il n'y a qu'une seule voie. Que cette voie a été enseignée pendant des millénaires par les éveillés, que cet enseignement n'est pas lié à l'instructeur, qu'il est universel. Si vous avez cette conviction, cela vous aidera à ne pas tomber dans des systèmes aberrants.

Question : Vous voulez dire les religions ?

Réponse : Pas du tout si vous vous en tenez aux mystiques qui, à l'origine ou au sein des religions, ont exploré, puis enseigné le saut qui mène du « Deux » au « Un », de la dualité à la non-dualité. Mais si vous utilisez les échafaudages théologiques, fabriqués par des générations de religieux, pour donner des sécurités à votre ego, vous ne fabriquez que des points d'appui.

Ils entretiennent vos peurs et vos culpabilités à travers toute une série de concepts tels que : le jugement dernier, le purgatoire, le paradis, l'enfer, et que sais-je. Ces croyances maintiendront vos divisions, vos conflits inconscients. Beaucoup de gens sont attachés à ces systèmes, afin de maintenir leur logique d'identification.

Question : Mais si on ne peut pas distinguer le bien du mal, peut-il y avoir une société ?

Réponse : Ne fais pas aux autres ce que tu ne voudrais pas que l'on te fasse est un bon début pour entretenir la cohésion sociale.

Question : Et ensuite ?

Réponse : « Faire aux autres ce que l'on voudrait qu'ils nous fassent ». Puis, petit à petit, on comprend qu'aucune action n'est bonne ou mauvaise en soi. Toute action doit être adaptée aux circonstances, mais l'ego, en entretenant l'idée du bien et du mal, nous empêche d'être en adéquation avec les situations.

Question : L'observation d'un code de conduite religieux ne nous aide-t-il pas ?

Réponse : Oui, si l'attitude de base est de faire aux autres ce que l'on voudrait qu'ils nous fassent, et que l'on utilise les obligations et interdits des juifs, des musulmans ou des brahmanes, non pas comme un système renforçant les culpabilités inconscientes, mais comme un système qui vous rappelle de vous observer, c'est à dire une forme de Distanciation. Malheureusement, dans ces systèmes établis, il y a peu de religieux qui ont cette compréhension. Créer une relation personnelle avec Dieu n'est pas le chemin le plus court. Du point de vue du rêve de votre vie, le Dieu du rêve fait partie du rêve. Il entretient le rêve. Réveillez-vous !

Question : Que pensez-vous du péché ?

Réponse : Le seul péché, c'est l'oubli de vous-même, de votre véritable nature. Cela n'a rien à voir avec la notion du mal que l'on vous a inculquée. Si vous entretenez une lutte contre le péché, vous créez des conflits internes sans fin, qui ne feront que renforcer vos culpabilités qui, naturellement, vous feront commettre plus de mal à vous-même ainsi qu'aux autres.

UNE APPROCHE METAPHYSIQUE

Question : Au fond, l'Eveil, c'est sortir du temps ?

Réponse : Le temps psychologique est le passé. Issue de ce passé, issue de la mémoire, votre identité se projette continuellement dans un futur illusoire et cherche désespérément la sécurité. Le présent est la porte de l'Eveil. Pour la franchir, il faut voir, avec la totalité de son être, que le présent ne peut jamais être vécu.

Question : Comment, le présent ne peut jamais être vécu ?

Réponse : L'identification à la perception présente le court-circuite. Vous surimposez le passé, ou sa forme reconditionnée, le futur, au présent. Comprenez la machine à fabriquer les identifications. Réfléchissez ! Tout ce que vous connaissez est ce qui est perçu. Le perçu peut-il percevoir ?

Question : Cela me trouble !

Réponse : Restez avec ce trouble. Approfondissez-le. Voyez que vous n'existez absolument pas en tant que continuité. Vous êtes uniquement au cœur du présent. Là se trouve votre vraie nature.

Question : Comment trouver ma vraie nature ?

Réponse : Sans juger, sans conclure, car toute conclusion se fait aux dépens de la perception. Votre vraie nature est dans le percept, pas dans le concept.

Question : Comment trouver Dieu ?

Réponse : Dieu ! laissez-le vous trouver. Dieu n'est rien d'autre que la vie consciente d'elle-même, libérée de tout conditionnement. Tout ce que vous pouvez faire, c'est créer un petit peu de conscience en vous-même et, muni de cette conscience, explorer votre inconscient, faire face à vos conflits et à vos peurs, démanteler votre conditionnement. Prenez conscience de cette tragédie qui vous empêche de suivre le courant de la vie qui se renouvelle à chaque instant.

Vous vous attachez à l'existence par des points d'appui manipulés par vos vieilles douleurs, voyez combien vous consommez d'énergie pour maintenir cette armure. Quand, par la Distanciation et le Discernement, vous vous Désidentifiez, une nouvelle énergie devient disponible. Elle se cristallise dans le nouvel espace que vous avez ouvert. Vous vous sentez alors devenir plus vivant. Les souffrances, les conflits diminuent. Puis à un moment : « Qui suis-je ? Qui perçoit ? » Vous possèdent totalement. Vous basculez dans « Je ne suis pas ». Votre ego conscient est enfin contraint de lâcher. Alors vous

vous éveillez, vous êtes la vie se découvrant elle-même, libre de tout conditionnement. Il n'y a plus de peur, le sentiment d'être se déploie. C'est cela la béatitude de faire un avec toutes choses. Vous en avez déjà le pressentiment. Vous appelez cela des moments magiques ou des moments de grâce. Aidez le faux à disparaître. Liquidez vos identifications. A un moment le vrai apparaîtra de lui-même. Vous avez juste à cesser de faire, cela se fera tout seul.

Question : Donc il n'y a rien à faire ?

Réponse : Il n'y a rien à faire, car c'est toujours un ego qui fait. Mais dans votre rêve, quand vous rêvez que vous rêvez, vous êtes plus proche du réveil. Si vous développez une culture des mystiques, une culture des éveillés, une culture vraiment religieuse, vous créerez des points d'appui, mais ce sont des points d'appui qui pointent vers l'absence de points d'appui. Lisez les mystiques, non pas comme une connaissance que vous allez acquérir, mais comme une ouverture vers un champ d'expérience qui n'est autre que vous-même. Cela doit être quelque chose qui arrive à l'intérieur de vous. Restez avec la question. Goûtez cet état où il n'y a pas de possibilité de réponse, où votre structure perd ses identifications. Puis sentez cette énergie qui vous connecte à une autre qualité d'existence, mais surtout sans tirer de conclusion. Cela se fera tout seul. Tout le manifesté pointe vers cela.

Question : Qui s'éveille ?

Réponse : Personne ! Car c'est au moment où la personne disparaît que l'Eveil apparaît.

Question : Pourquoi les différentes traditions pointent-elles vers la dissolution du moi, amenant à l'illumination ?

Réponse : Tout simplement parce que c'est le destin de l'homme, tout comme c'est le destin d'une graine, un jour, de devenir un arbre. Nous sommes destinés à évoluer vers d'autres dimensions. Pour cela nous devons mourir à nous même, à notre entité psychologique.

Question : Comment atteindre l'illumination ?

Réponse : Soyez conscient de vous-même, sans vous attacher à aucune pensée, un jour votre vraie nature se révélera.

Question : Techniquement comment cela se passe-t-il ?

Réponse : Un jour, sans vous y attendre, vous êtes vraiment dans la question : « Qui suis-je ? » à un moment vous êtes renvoyé vers la totalité de votre être. La question: « Qui perçoit ? » ou « Qu'est ce que la perception ? » apparaît. Alors vous vous rendez compte que tout ce que vous connaissez, tout ce que vous connaîtrez, est de la nature du perçu. La question, maintenant, est : « Le perçu peut-il percevoir ? » L'Eveil se produit quand l'énergie portée par la question fusionne avec un point de concentration de l'être. Cette énergie, ne pouvant se saisir sur une réponse ou un point d'appui, revient vers le questionneur et le dissout. La fin de l'ego est un court-circuit neuronal généralisé qui explose la dynamique sujet-objet. Tout cela est une question de masse critique, n'est-ce pas ?

Question : J'ai remarqué que beaucoup d'enseignants se positionnent du point de vue de l'Eveil pour délivrer leur message. Pourquoi partez-vous du point de vue de l'ego ?

Réponse : Si vous ne connaissez pas l'Australie, ce n'est pas si je vous en parle que vous allez la découvrir, c'est si je vous motive à faire ce voyage. Beaucoup d'enseignants ont parlé de l'état où ils étaient. Mais cela est-il vraiment efficace pour l'élève ? Du point de vue de cet état d'unité, ils avaient probablement raison. Mais si, en les écoutant, vous en faites une construction intellectuelle, elle deviendra une identification de plus, et vous resterez sur place. Vous développerez une connaissance intellectuelle de la non-dualité; vous lirez des textes non duels; vous ferez grandir un moi féru de non-dualité, en vous imaginant être au sommet de la spiritualité; vous vous identifierez à l'enseignant que vous avez choisi, et, dans votre pratique, vous vous bloquerez dans ce que le bouddhiste T'Chan appelle: la vacuité cotonneuse, une voie où il y a un certain confort, moins de douleur, et où l'esprit n'est pas très aiguisé, c'est à dire une impasse. Le vrai travail est psychologique et métaphysique. Vous ne disposez pour avancer que de vos pensées, vos émotions, vos sensations corporelles et vos rêves. Il s'agit de creuser les strates de votre ombre, d'analyser vos rêves, et en même temps de pousser l'interrogation métaphysique, c'est à dire de vous bousculer avec des questions qui vous font trembler sur vos bases. Vous avez un peu de conscient, beaucoup d'inconscient. Prenez les Quatre D, ce sont de bons outils. Commencez à creuser. Quand vous ne trouverez plus rien, ce sera fait. Votre ego fera tout pour ne pas en arriver là. Dressez une partie de lui, c'est la seule chose que vous pouvez faire. Creusez en vous-même, vous élèverez votre niveau de conscience. Elever votre niveau de conscience, c'est élever le niveau du moindre mal, c'est élever le niveau de votre illusion. Puis un jour, à travers l'interrogation métaphysique, votre ego s'auto piégera. Vous serez libre, vous réaliserez que vous avez toujours été libre.

Question : Comment trouver la liberté ?

Réponse : Pour vous libérer de votre ego, pour mettre un terme à votre enfermement, l'interrogation métaphysique est la voie la plus rapide. Quand tout votre être est rassemblé dans l'interrogation, quand tout ce que vous êtes ne peut plus trouver aucun point d'appui en dehors de la question: « Qui suis-je ? Qui perçoit ? »...vous faites face au fait que vous n'êtes absolument pas. Si vous pénétrez cette absence, non pas intellectuellement mais totalement, dans cette absence vous trouvez la présence. Cette présence est le miroir, vide de vous-même, que vous êtes devenu: ce miroir alors reflète la vie. Vous vous éveillez sachant que vous êtes la vie. La peur est morte, le désir est mort, la pensée est là. Vous pouvez l'utiliser mais elle ne vous utilise plus. La vieille machine à fabriquer les identifications est morte. Vous êtes libre. La liberté est votre état naturel. Elle est éternelle. Seul votre enfermement a un commencement et une fin.

Question : J'aspire à l'Eveil. C'est pour cela que je viens vous voir.

Réponse : Vous êtes déjà le tout. Vous voulez le tout. C'est impossible : vous ne pouvez trouver ce que vous êtes déjà.

Question : Je n'arrive pas à percer ce mur.

Réponse : Etudiez-le. Comment s'est-il construit ? De quoi est-il fait ? Attaquez-le sous des angles toujours neufs. Aiguisez le mental. C'est le seul outil dont vous disposez. A un moment, il sera tellement aiguisé qu'il se tranchera lui-même. Ayez confiance en la vie. Elle vous aime inconditionnellement. Elle se cherche à travers vous. Vous êtes, pour elle, le seul moyen de se connaître. Vous êtes là pour ça.

Question : Dans vos explications, vous utilisez souvent des concepts similaires. Pourquoi ?

Réponse : Pour vous faire comprendre que les concepts ne sont que des points d'appui. Pour que vous ne vous attachiez vraiment à aucun.

Question : La vie contemplative m'attire, pensez-vous que je devrais aller dans un monastère ?

Réponse : Je ne vous le conseille vraiment pas. Le chercheur, dans le monde, est confronté à ses dysfonctionnements. L'extérieur lui donne des coups amorcés par son intérieur. Cela a une chance de le réveiller. Le moine, si son aspiration n'est pas totale, sombrera vite dans ce que le Tchan appelle la vacuité cotonneuse, un leurre majeur sur la voie, comme je vous l'ai déjà dit. C'est la raison qui fait que pendant des siècles, et aujourd'hui encore, dans certains monastères au Japon, on donne toujours des coups de bâtons. A l'origine, c'était la méthode d'un éveillé qui devait les donner à bon escient. Puis, bien sûr, c'est devenu une pratique mécanique. Le monde est un miroir parfait. Il a le défaut d'agiter le mental, mais dès que vous aurez un moi directionnel de chercheur, vous vous apercevrez que vous progressez beaucoup plus vite dans le monde.

Question : Pourquoi les différentes traditions recommandent-elles de pratiquer la méditation ?

Réponse : Vous devez pratiquer le silence pour deux raisons. Par cette pratique vous accélérez l'évolution de votre corps psychique, de votre âme. Simultanément, en accédant à une autre dimension, vous vous donnez la possibilité de développer une créativité, une intelligence d'un autre ordre, ce que les bouddhistes appellent la bodhi.

Question : Comment m'ouvrir davantage à la compassion ?

Réponse : En arrivant à vous voir tel que vous êtes et à en être profondément désolé. Si vous voyez votre fermeture, votre manque de compassion pour les autres, et pour vous-même, si vous voyez vraiment cela, les murailles que vous avez construites commencent à tomber. Vous laissez tomber ce système de justification que vous avez construit pour légitimer vos erreurs, vos aberrations. Alors, et alors seulement, vous pouvez connaître le début de la compassion.

Question : Vous dites toujours que la culpabilité est liée au fondement de la personne. Pourriez-vous en parler ?

Réponse : Vous ne pouvez d'abord pas la voir, car la tâche de l'inconscient est de la cacher. Elle se protège par tout un système de leurres, mais si vous apprenez à vous observer et à regarder les autres, vous verrez ses effets. La culpabilité génère la dévalorisation de vous-même. C'est pour cela que la plupart d'entre-vous dépense une énergie colossale pour plaire à autrui. La culpabilité colore les situations présentes, vous les considérez souvent comme douloureuses ou inquiétantes alors qu'elles ne le sont absolument pas. Cette culpabilité s'entretient aussi par la dispersion, la peur, le conflit. Ce sont des points d'appui royaux permettant à l'ego de ne pas lâcher ses identifications. Les religions l'ont entretenue pendant des siècles, des millénaires, à travers des systèmes culpabilisants d'obéissance à des lois pseudo-divines, et des rituels, comme le « mea culpa » qui consiste à répéter à chaque office catholique « c'est ma faute, c'est ma faute, c'est ma très grande faute ».

Elle a été portée par vos ancêtres, puis par vos parents, qui vous ont transmis, enfant : « Il ne faut pas faire ceci ou cela car c'est mal » alors que la seule loi est « fais aux autres ce que tu voudrais qu'ils te fassent ». Cette seule loi, bien enseignée, suffit à garder une société humaine en bonne santé. Cette culpabilité vous pouvez en voir les effets, quand quelqu'un survit à un groupe décimé, que ce soit sur le champ de bataille, à la sortie des camps de concentration ou après le 11 septembre. Tout le monde se souvient de ce pompier qui a dit : « Mes camarades sont morts, je me sens tellement coupable d'être vivant. »

La douleur rencontrée lors de la naissance amorce la première peur, qui est la strate fondatrice de l'ego. La culpabilité parait être le concept le plus approprié pour définir ses effets dans notre vie. Elle est notre première identification inconsciente majeure, et comme toute identification, elle cherche à se maintenir. Elle se nourrit de la peur, qui se nourrit du conflit: « J'attaque l'autre avant qu'il ne m'attaque ». Ses racines sont dans l'inconscient collectif et familial, mais sa graine s'est plantée lors de votre naissance, lors de votre première identification à la douleur, dont vous n'avez pas le souvenir conscient. Vous pouvez voir la culpabilité chez l'enfant de deux à trois ans, quand un événement désagréable se produit autour de lui. Il n'est pas responsable de cet événement, mais mécaniquement il fait le lien et en prend la responsabilité. Plus tard la culpabilité sera plus difficile à identifier car l'inconscient l'aura camouflée. Elle se cache derrière vos peurs. Interrogez vos peurs, vous la trouverez ! Rappelez-vous de toujours renforcer votre ego de conscience par la Distanciation. Pratiquez le Discernement et démantelez vos strates de culpabilité.

Question : Pourquoi voulons-nous toujours plus ?

Réponse : Pour renforcer l'identification bien-sûr. La nature de l'ego est de ne pas lâcher, en conséquence les identifications ont besoin d'être renforcées tout le temps. C'est la raison pour laquelle les mystiques ont souvent enseigné la voie de l'ascèse. Mais naturellement si cette ascèse devient une identification, ou un point d'appui, elle ne mène nulle part. C'est pour cela que Houang Po devant une assemblée de moines qui ont cherché toute leur vie , dit que rien ne vaut l'abandon de toute recherche. Lâchez l'identification est le cœur de la pratique des « quatre D. »

Question : Donc l'ego produira toujours des identifications ?

Réponse : Plus l'ego sera en risque, c'est à dire en risque de perdre ses identifications, plus il produira des leurres afin de se maintenir. Le point faible de l'ego est d' être mécanique, il n'est pas vraiment intelligent dans son système de défense, il n'est que réactivité. A travers la Distanciation vous avez créé une intelligence moins mécanique, moins réactive, une intelligence d'un autre ordre. C'est elle qui reconnaîtra les leurres. Dès qu'il sont reconnus comme tels ils perdent leurs pouvoirs. Nous pouvons classer les leurres en quatre catégories. Quand vous êtes identifié à un jugement, à une conclusion, votre intellect crée un point d'appui. C'est la première catégorie, la plus difficile à reconnaître, car la plupart du temps nous sommes en identification avec notre pensée.

Les deuxième et troisième catégories sont les émotions irrationnelles et le brouillard mental. Elles ont pour fonction de bloquer l'introspection. Vous vous posez des questions, vous pratiquez le Discernement, « qui dit ça ? Qui pense ça ? Pour protéger quel aspect de moi ? » Si une colère ou une envie de pleurer se présentent, se sont des émotions irrationnelles. Ou bien vous avez une compréhension claire, aiguisée et soudainement vous l'avez oubliée. Le brouillard mental a effacé la compréhension. De la même manière qu'un poulpe utilise un nuage d'encre pour se protéger d'un prédateur, l'ego utilise le brouillard mental pour se protéger de l'interrogation, ou de la réponse qui le met en risque.

La quatrième catégorie de leurres peut se manifester avant une brusque montée en conscience ou avant l'Eveil. Il s'agira d'un événement psychotique, qui souvent prendra la forme d'une vision mystique, divine ou diabolique. Le système de croyance du chercheur manifestera cette vision afin de créer une ultime identification, une dernière illusion, pour le maintenir dans la dualité. Si notre Distanciation est bien établie, nous voyons que le système de défense de l'ego est stupide, que son intelligence est purement mécanique, car c'est le fait d'identifier ces ultimes leurres qui va nous permettre d'éguiser notre interrogation, de nous rassembler, et de lâcher totalement nos dernières identifications. En résumé, les leurres sont là pour protéger l'ego, mais paradoxalement, dès qu'ils sont reconnus comme tels, ils contribuent aux lâcher-prises. Nous devons nous rappeler que plus nous nous élevons, plus mécaniquement, notre ombre, nos vieilles peurs, nos vieilles culpabilités essaieront de nous récupérer. Notre meilleure sauvegarde est la qualité de notre vigilance, de notre Distanciation. Nous chevauchons le tigre, mais souvenons-nous qu'il voudra toujours nous mettre à bas pour nous dévorer.

Question : Comment faire quand je suis bloqué par le brouillard mental?

Réponse : D'abord en prendre conscience, puis amener et garder l'aspect de vous, qui n'est pas pris par lui. Votre chercheur se reconnectera, et vous pourrez poursuivre votre introspection pour identifier puis démanteler ce qui vous bloque, derrière le brouillard mental.

Question : En période de crise que faire ?

Réponse : Observez les leurres - c'est-à-dire cette colère, ces larmes, cette souffrance, cette folie - et cela sans réagir, vous accélérez la déstructuration des strates du vieux corps émotionnel. Vous en avez le ressenti physique. Très naturellement, votre moi directionnel se renforce. Si, dans ces moments intenses, le chercheur que vous avez développé est assez puissant, ces chocs peuvent vous rassembler, parfois violemment, dans « Qui suis-je ? Qui perçoit ? » Les crises sont de très bonnes occasions de s'éveiller car l'Eveil est la crise ultime de l'ego.

Question : Parlez-nous un peu plus du chercheur ?

Réponse : Si vous êtes un chercheur, vous avez fait grandir un moi parmi tous vos autres 'mois', parmi toutes vos autres sous-personnalités. Vous l'avez nourri d'introspection, de silence et d'interrogations métaphysiques. La lecture des Maîtres classiques a aiguisé le mental. Vous avez développé le goût de vous bousculer avec des questions qui n'ont pas forcément de réponse. Considérez que vous avez introduit un virus redoutable dans votre disque dur mental. A l'occasion d'une crise, petite ou grande, ce virus rassemblera brusquement la totalité du programme de vos identifications et la Discrimination enclenchera l'effacement. Alors vous serez libre !

Question : Pourquoi ne parle-t-on pas plus de Discrimination en occident ?

Réponse : Pour une raison très simple. L'occident s'est interdit la Discrimination quand il a confondu pensée et conscience - je pense, donc je suis - car il est impossible de discriminer entre deux choses de même nature !

Partons du principe que l'entité psychologique a une masse, que la jalousie, la colère, la peur sont non seulement des énergies, mais aussi des densités, des poids.

En montant en conscience, nous nous libérons des poids les plus lourds, que nous remplaçons par la cristallisation d'une énergie, d'une masse plus légère, le corps psychique, l'âme, ce qui nous ouvre à d'autres plans, à d'autres fréquences. L'Absolu - le divin, la conscience ultime - n'est pas un poids, une masse, un espace : c'est la totalité de ce qui est. A un moment la conscience personnelle, encore identifiée à sa masse résiduelle, réfléchit à sa nature. Sa réflexion discriminante l'amène à voir qu'elle n'est pas cette masse résiduelle à laquelle elle adhère encore. Evidemment dès que la conscience se désidentifie du corps et du mental, elle se révèle à elle-même, elle réalise qu'elle a toujours été le tout. C'est pourquoi les philosophies orientales parlent souvent du manifesté comme d'une illusion.

Question : Vous dites que la Discrimination nous pousse dans nos retranchements.

Réponse : C'est l'interrogation métaphysique qui nous pousse dans nos retranchements, qui nous rassemble. Imaginez une partie d'échecs. L'interrogation mène la partie mais c'est la Discrimination qui nous met mat !

Question : C'est là que l'on sort de l'illusion ?

Réponse : A la seconde où vous en sortez, vous comprenez que vous n'y êtes jamais entré. Ce n'est qu'une illusion du point de vue de vos identifications qui la maintiennent ! Du point de vue du réel, tout est réel.

Question : Parlez nous de l'illusion ?

Réponse : A partir du corps ou des sens, du savoir ou de la mémoire, l'identification aux perceptions crée l'illusion, formant le moi, créant la souffrance. La perception est filtrée par notre entité psychologique, ou la somme de nos identifications. En d'autres termes, nous ne percevons que ce que nous croyons possible. Si, aujourd'hui, tellement de gens ont fait l'expérience de marcher sur des braises brûlantes sans se brûler, c'est qu'avant de se lancer, ils s'étaient convaincus que c'était possible. C'est notre mémoire, alliée à nos perceptions, qui crée notre monde.

Question : Pourriez-vous définir votre enseignement en une phrase ?

Réponse : Certainement. Entraînez-vous à être votre propre enseignant en améliorant constamment la qualité de votre Distanciation et posez vous la question: qu'est-ce que l'identification ?

L'ENSEIGNANT

Question : Comment choisir un enseignant ?
Réponse : Avoir un enseignant est indispensable. Il connaît sa véritable nature, il a reconnu le chemin qui y mène, il a répertorié les obstacles à surmonter. Cherchez-le, testez-le. Si c'est un bon enseignant, il ne vous demandera pas de croire en lui, il vous montrera les bonnes techniques pour avancer dans la connaissance de vous-même. Plus vous les validerez, plus votre confiance en lui grandira. Il ne sera jamais directif quant à votre vie, car il sait que la vie en elle-même est parfaite, qu'elle cherche la conscience dont vous êtes la matière première, que les circonstances de vie que vous vous créez sont l'engrais indispensable à votre croissance. Il ne vous poussera que fort peu à les modifier. Il ne cherchera pas le pouvoir en vous imposant un système de croyance. Il sera juste un miroir vous faisant voir ce que vous ne voulez pas voir en vous-même.

Question : Un enseignant a-t-il un ego ?
Réponse : Je connais l'état sans ego, c'est un état sans désir. S'il n'y a pas de désir, il n'y a pas de désir d'enseigner. Un enseignant ne peut pas être éveillé en permanence. Nous sommes tous là pour faire des progrès. C'est l'humilité qui doit nous guider. Rappelez-vous des propos du Dalaï Lama quand il déclare: « Moi aussi je dois faire des progrès spirituels. » Sans humilité, il ne peut y avoir de progrès. Sans humilité, il ne peut y avoir d'anéantissement efficace du moi, donc pas de connaissance véritable de soi. Sachez que si nous étions totalement achevés, nous ne serions pas sur ce plan là. Pour qu'il y ait un enseignant, il faut un ego qui ait envie d'enseigner. C'est pour expliquer cela que le bouddhisme a développé le concept des bodhisattvas. Des enseignants qui connaissent l'état d'Eveil, mais qui l'abandonnent pour enseigner.

Question : Quel problème l'ego peut-il poser à l'enseignant ?
Réponse : S'il enseigne, il a un ego qui a le désir d'enseigner. Quand il n'y a plus d'ego, il n'y a plus de désir: le monde psychologique, entretenu par le désir, s'arrête. Rappelez-vous que le fonctionnement de l'ego est lié à la peur et à la culpabilité. L'Eveil a été une mort pour lui. Après l'Eveil, il est possible que votre ego crée un moment dangereux, en fonction de la façon dont il se reconstituera en se servant de la culpabilité. Pour ne pas se retrou-

ver en risque de lâcher à nouveau, il peut enclencher des identifications puissantes et destructrices.

Posez-vous la question : pourquoi Jésus finit-il sur la croix ? Jésus aurait-il pu ne pas mourir s'il n'avait pas chassé les marchands du Temple ? Ce faisant, n'attaquait-il pas la société d'alors ? Pourquoi Socrate crée-t-il une situation qui l'amène à boire le poison ? N'est-ce pas à cause de son opposition permanente au "politiquement correct" d'Athènes. Pourquoi Hallaj est-il crucifié à Bagdad ? Pour avoir dit «Mon Je est Allah. Je suis Dieu,» commettant ainsi la provocation ultime vis à vis des intégristes de son époque. Pourquoi Marguerite Porète est-elle brûlée à Paris ? Pour avoir écrit et distribué un livre interdit par l'église. Pourquoi de nombreux mystiques meurent-ils d'une mort violente, si ce n'est à travers la culpabilité, fondement des choix perdants, qui sont le moindre mal pour maintenir la structure egotique, mise en risque par la montée en conscience. Interrogez-vous profondément. Utilisez ce que je vous dis pour creuser ce sujet.

Question : Parlez-nous des enseignants.

Réponse : Imaginez une ville produisant une pollution intense dans une plaine. Elle est entourée de hautes montagnes mais ses habitants ne les voient pas. Ils en ont tous entendu parler, mais comme ils ne sortent jamais de la ville, ils n'y pensent pratiquement pas. Un enseignant est un alpiniste qui devient un guide. Certains ont atteint le sommet, seul ou avec un guide. Puis ils sont redescendus et quelques uns emmèneront des élèves alpinistes dans la montagne. D'autres, les plus nombreux, ont lu des histoires d'ascension. Parfois ils sont sortis de la cité, ont vu les cimes et en parlent très bien. Ils peuvent venir d'une tradition établie par un grand alpiniste. Il leur arrive de réunir des foules dans la ville mais ils sont incapables de mener une cordée, n'ayant aucune expérience de la montagne. Leurs discours, néanmoins, attireront vers les hauteurs un certain nombre de leurs auditeurs. Puis viennent les charlatans de toutes sortes, enseignant ce qu'ils n'ont pas vécu, proposant l'utopie d'une montagne sans quitter la ville, où les efforts du dépassement de soi, du silence, de l'introspection, sont remplacés par la subordination à une règle collective, la croyance en la protection d'un alpiniste mort et le sentiment de faire partie d'un groupe d'élus.

Question : Durant les entretiens en vous regardant, je vois des phénomènes lumineux. Voulez-vous en parler ?

Réponse : Vous devez bien comprendre que l'Eveil ne fait rien, ne produit rien. Il est notre nature fondamentale. Mais du point de vue de notre illusion, il accélère le développement de notre âme. Un enseignant est quelqu'un qui, à travers l'Eveil, a dynamisé son évolution psychique. Ces phénomènes lumineux sont bien connus; ils apparaissent dans différents systèmes de croyances. Les peintures religieuses italienne, russe et grecque orthodoxe ainsi que les iconographies bouddhiste, taoïste ou soufi les traitent régulièrement. Cela nous montre juste que nous pouvons construire un corps d'énergie pour sortir de ce monde vivant. Cette énergie de lumière peut se manifester sur le plan physique, elle stimule les processus de transformation. Vous ne devez pas y accorder trop d'importance.

Question : Parlez-nous de cette énergie !

Réponse : Quand on a une âme constituée, on peut la montrer et s'en servir. Ce que vous voyez n'est jamais que l'énergie qui portera ma conscience, quand mon corps physique ne sera plus là. Dans les mondes psychiques, disons que la force de la présence est liée à la qualité de l'absence. Essayons une explication liée à la physique, voulez-vous ? Disons que de mon point de vue, il y a peu ou pas d'observateur, donc ce qui émane de moi ou de mon absence sont des ondes. De votre point de vue il y a un observateur, donc ce que vous voyez sont des particules. C'est à l'intersection des deux que se créent ces phénomènes ou cette énergie. Dans tous les cas il vaut toujours mieux une explication liée à la science, même imparfaite, qu'un système de croyance irrationnel qui serait difficile à lâcher. Si nous voulons avancer dans la connaissance de nous-même, nous nous devons d'avoir une démarche de scientifique, c'est-à-dire de ne croire que ce que nous expérimentons.

Question : Parfois en vous regardant, au milieu de cette lumière, je vois un autre visage.

Réponse : La lumière que vous voyez est issue des plans supérieurs. C'est une réalité relative. Ce que vous voyez en surimposition n'est que votre projection, utilisée pour bloquer les processus de transformation liés à cette énergie. Une fois de plus, c'est votre vieux système qui crée des identifications pour vous maintenir sur place. Plus vous montez en conscience, plus les leurres sont subtils. Laissez juste vivre cette énergie, sentez comment elle s'intègre en vous. Les phénomènes subtils sont juste un indicateur vous montrant que vous avancez sur le chemin Ne cherchez pas le merveilleux. Moins vous le cherchez, plus il se présentera.

Question : Comment reconnaître un vrai enseignant ?

Réponse : Malheureusement l'absolu n'a pas créé d'école. Il n'y a pas d'université et pas de diplôme. Les écoles, issues des systèmes de croyance, ont formé des hommes remarquables mais elles produisent aussi des hommes, qui répétant ce qu'on leur a appris, et s'attachant à leurs identifications pseudo-divines, lient les autres à leurs culpabilités. Ils attaquent ce qui met leurs croyances en risque, et recherchent le pouvoir en entretenant la peur. Nous pouvons les voir partout à l'œuvre. Aujourd'hui ils transforment leurs disciples en fanatiques de toutes sortes, parfois même en kamikazes, afin de préserver leurs systèmes de croyance. C'est au fond de votre cœur que vous pouvez soudainement, ou petit à petit, reconnaître celui ou celle qui va vous servir de guide vers les cimes de vous-même. Mais un véritable enseignant ne parlera que de ce qu'il a lui même expérimenté, et il manifestera l'énergie témoignant de ce qu'il enseigne.

Question : Quelle est cette énergie ?

Réponse : C'est l'énergie de la vie. Vous pouvez la voir et la sentir.

Question : Un enseignant peut-il nous amener à la vérité ?

Réponse : Un enseignant peut vous aider à monter, mais vous ne pouvez atteindre le sommet que seul. La vérité a une énergie propre. Elle ne peut être vraie que si vous l'avez trouvée vous-même. La vérité d'un autre n'est jamais la vérité.

Question : Que pensez-vous d'enseignants comme Eckhart Tolle ou Ken Wilber ?

Réponse : Eckhart Tolle a donné une compréhension de la non-dualité à des millions de personnes. C'est très positif. Son enseignement a élevé le niveau de conscience général. En pratiquant l'instant présent, qui n'est rien d'autre qu'une bonne qualité de Distanciation, vous devez apprendre à utiliser cette présence à vous-même, afin de trouver votre absence absolue.

Quant à Ken Wilber, il a produit un enseignement métaphysique de qualité, qui a forcément poussé certains à développer une compréhension nouvelle. Sa contribution a été d'aiguiser l'intellect de toute une génération de chercheurs.

Question : Je remarque que votre livre est dédié à trois enseignants. Pourriez-vous dire quelques mots à leurs sujets ?

Réponse : Ma chance a été d'avoir eu deux bons enseignants, ne cherchant pas le pouvoir, non-directifs quant à ma vie personnelle. L'un était un médecin, faisant partie de l'entourage de Gurdjieff pendant les dernières années de la vie de celui-ci à Paris. L'autre vient d'une tradition tibétaine. Ils sont des lumières sur mon chemin. Mais celui qui a aiguisé, par ses textes, le sabre de l'interrogation permettant l'Eveil, est Wei Wu Wei.

Question : Mais ce que vous enseignez, les « Quatre D », n'est-ce pas un système ?

Réponse : Tout système est un point d'appui. Mais la pratique de l'interrogation métaphysique, de la Discrimination, aiguisera le sabre qui un jour tranchera tout point d'appui. Les quatre D sont bien-sûr un système, mais c'est un système qui a le pouvoir de s'auto-détruire.

LE MENTAL

Question : Vous utilisez souvent les termes de moi directionnel, d'ego de conscience, de corps psychique. Pouvez-vous expliciter ?

Réponse : L'ego de conscience est votre témoin, le moi directionnel dirige votre vie. Une bonne famille, un père équilibré, une mère aimante, dans une société structurée, cela donne généralement un moi directionnel efficace, dans une ou plusieurs directions de sa vie: les affaires, la vie professionnelle, la vie sentimentale, la vie familiale. Une personne qui essaye d'appliquer: « Fais aux autres ce que tu veux que l'on te fasse » a déjà un moi directionnel. Si la vie est chaotique et que l'on doit gérer des situations telles que: « Je veux réussir dans les affaires, j'en ai les capacités, mais j'accumule les faillites. » « Je veux construire un couple, une famille, mais je cumule les échecs affectifs », il est clair qu'il y a peu ou pas de moi directionnel. Il faudra alors en créer un en passant par l'ego de conscience. L'ego de conscience est le résultat de l'observation silencieuse, de la Distanciation.

Le Discernement met à jour la compétition entre nos sous-personnalités, et leurs différents objectifs. Notre ego de conscience, la partie de nous qui ne juge pas, sait d'expérience qu'aucune sous-personnalité n'est bonne ou mauvaise en elle-même. Elles ne sont que des identifications autonomes, liées aux circonstances de la vie. La tâche de l'ego de conscience consiste à les laisser s'exprimer librement à travers lui. Ce faisant, il peut faire face à ce qui est profondément refoulé. En remontant à la lumière de la conscience, cet émotionnel refoulé se déstructure. La pratique du silence l'estomac vide, qui va de pair avec la déstructuration psychologique, vous permettra de développer un corps psychique, une âme qui accélèrera la transmutation de l'ombre.

Question : Que pensez-vous de l'ascèse ?

Réponse : Il peut être fascinant de voir ce qui se passe quand on lâche ses identifications, qui ne sont rien d'autre que des habitudes. La raison pour laquelle les mystiques - Bodhidharma sept ans devant un mur blanc, le Bouddha sous son arbre, Jésus dans le désert, Milarepa dans sa grotte, Siméon le Stylite sur sa colonne et bien d'autres - ont pratiqué l'ascèse, était d'accélérer la Désidentification. Le développement du corps psychique ou de l'âme est un effet de cette ascèse. Ceux qui ont obtenu l'Eveil, ceux qui ont trouvé le divin ou l'unité, ont souvent dit que l'ascèse, ou toute pratique était à proscrire. Il s'agissait bien entendu de lâcher l'ascèse en tant qu'identification. Vilamakirti nous dit : « Ne faites rien: installez-vous comme un homme malade, vos concepts erronés s'arrêtent et s'éteignent, et c'est alors l'éveil. » Lao Tseu nous dit « C'est par le non agir que tout se fait », et Jésus: « Redevenez des petits enfants. » L'accès à l'Eveil est sans porte. Il se produit quand l'ego a lâché tous ses points d'appui. Un système, une pratique, une ascèse est bien sûr un point d'appui. Et c'est pourquoi, en pratiquant les Quatre D, nous devons garder en mémoire que le jeu de la vie consiste à lâcher. Entraînez-vous juste à modifier vos habitudes et voyez ce qui se passe, vous n'avez pas besoin de vous torturer davantage !

Question : En quoi la création d'un moi directionnel peut-elle nous aider à nous éveiller ?

Réponse : Un moi directionnel diminuera l'intensité du désordre, propre à de multiples 'mois' en compétition. L'énergie utilisée pour gérer ce désordre devient disponible pour approfondir votre nature. Vous devez absolument l'utiliser de façon à développer votre interrogation métaphysique. C'est à dire avoir un minimum de discipline afin de consacrer au moins deux ou trois heures par semaine à la lecture des textes des maîtres classiques. Seulement ainsi, vous fabriquerez un aspect de vous féru de questions métaphysiques. Vous découvrirez que c'est un réel plaisir que de se bousculer avec des questions qui ouvrent de nouvelles connections neuronales. C'est la conjonction d'un moi directionnel de chercheur, arrivé à maturité, pratiquant l'introspection, et de l'énergie disponible le poussant à l'interrogation métaphysique, qui amènera le moi à voir qu'il n'est pas. Cette conjonction est la grâce.

Question : Quelle est votre définition de la grâce ?

Réponse : La grâce est un effet sans cause.

Question : Expliquez-moi !

Réponse : Cela revient à dire que c'est la réalité qui trouve le réel en nous. Pour que cela se fasse nous ne pouvons absolument rien faire, bien que cela se fasse par nous, et qu'il faille tout faire pour cela. La grâce jaillit quand vouloir absolument, et lâcher absolument, fusionnent.

Question : Pratiquement, comment renforcer mon moi directionnel ?

Réponse : En voyant combien vous en avez peu. En étant désolé de voir votre faiblesse et le peu d'amour que vous avez à donner. En voyant que vous faites vôtre les positions, les arguments des autres, des journaux, de la télévision. En voyant que vous pensez et agissez rarement par vous-même. En voyant que souvent vous recherchez la reconnaissance de personnes que vous n'estimez même pas.

Question : Cela me fait mal de voir cela.

Réponse : Il vaut mieux avoir mal un court moment - et de là prendre un recul qui va vous permettre de démanteler ce qui est à l'origine de ce que vous vivez - que de reproduire les mêmes scénarios. Sinon les mêmes causes étant toujours actives, vous reproduirez les mêmes effets, vous précipitant contre des murs similaires. Le vrai courage n'est pas d'affronter le monde extérieur, mais de faire face à ce que vous n'avez pas voulu voir en vous-même. Alors seulement, vous pouvez vous voir tel que vous êtes, et en être profondément désolé. Alors seulement, vous déblayez le terrain.

Votre moi directionnel est constitué de la compréhension de vos dysfonctionnements, liés à la peur et à la culpabilité. Quand vous avez un moi directionnel qui les chevauche, votre vie change.

Question : L'ego de l'homme est-il différent de l'ego de la femme ?

Réponse : Vous devez comprendre que chez un homme, la partie féminine, l'anima, doit être pleinement développée, et au service de son identité masculine. Chez une femme, c'est la partie masculine, l'animus, qui doit être pleinement développée et au service de son identité féminine. Si cela n'est pas, les dysfonctionnements, liés à l'interférence entre ces deux pôles, généreront des conflits qui maintiendront des points d'appui sans nombre. Regardez votre comportement, acceptez-le, comprenez-le, aimez-le car il a été le moindre mal pour vous. C'est dans l'acceptation et la compréhension du désordre, que l'ordre, petit à petit, survient. Il vient de l'absence de conflit intérieur. L'ordre est ce qui permet à la conscience de croître.

Imaginez une fusée avec un booster de chaque côté. Si la puissance des boosters n'est pas équilibrée, jamais la fusée ne mettra le satellite sur orbite. Vos énergies, masculine et féminine, sont des puissances qui doivent être équilibrées.

Question : Comment parvient-on à identifier les sous-personnalités qui nous composent tant que nous sommes identifiés à nos pensées ?

Réponse : En voyant, par le raisonnement, comment, dans notre vie, les mêmes causes ont produit les mêmes effets. Comment nous avons revécu plusieurs fois des scénarios similaires, nous pouvons comprendre quelles sous-personnalités ont produit quels effets.

Puis, avec la pratique de la Distanciation et du Discernement, qui nous amènent aux questions « Qui dit ça ? Pourquoi ? Qui veut ça ? Pourquoi ? » nous voyons ces sous-personnalités plus clairement. Nous voyons comment, quand elles sont en risque, elles utilisent la colère ou un brouillard mental annihilant le raisonnement. Avec plus de pratique, nous voyons qu'elles ont une vie autonome, qu'elles raisonnent, calculent et utilisent des leurres pour se maintenir au pouvoir. Nous voyons comment elles cherchent à maintenir la souffrance en place, comment cette souffrance est le moindre mal pour entretenir la culpabilité, la peur et la dévalorisation de soi-même tenant l'ensemble.

Question : Une fois que le moi directionnel s'est développé et que la Distanciation est établie, comment sait-il que c'est bien lui qui est au micro et pas une autre sous-personnalité ?

Réponse : Par la perception, votre évolution va de pair avec de nouvelles sensations subtiles qui ont leur écho dans le physique: la sensation tactile, ce frémissement électrique parcourant la peau, et une pression ressentie au sommet et à l'arrière du crâne, ainsi que dans l'espace intersourcilier. Quand ces sensations ne sont plus ressenties, c'est que vous êtes parti en identification, et que le moi directionnel n'est plus au pouvoir. C'est une bonne indication, c'est un voyant sur le tableau de bord de votre attention qui est éteint. Ces sensations nouvelles sont nées de l'ego de conscience, le témoin qui ne juge pas, qui ne prend pas le micro, qui est silence, observation neutre. Elles témoignent de la croissance de votre corps psychique. Le moi directionnel agit, prend les décisions, organise la vie. Quand les sensations subtiles, liées à la cristallisation du corps psychique, sont là et que, néanmoins, vous agissez face aux situations qui se présentent, cela veut dire que votre moi directionnel est plus fort, plus stable. Vous êtes moins dispersé. Vous êtes dans la bonne direction.

Question : Les textes disent, et vous le confirmez qu'il n'y a jamais eu de moi, et qu'une telle entité ne peut pas exister réellement. Pourquoi alors créer un moi directionnel ?

Réponse : Pour trois raisons. Premièrement, sur un plan psychologique, la création d'un moi directionnel diminuera les conflits engendrés par des 'mois' constamment en opposition. Les gens qui réussissent dans la vie ont tous un moi directionnel fort. Nul n'a de bon vent s'il ne sait où il va. La réussite de votre vie de couple, de votre vie professionnelle, réduira les conflits inconscients.

Deuxièmement, un moi directionnel de chercheur renforcera la qualité de votre travail, la pratique régulière du silence et le démantèlement des strates psychologiques. Cela accélérera la cristallisation du corps psychique. Expérimenter la vie de l'âme diminuera la peur fondamentale, qui est celle de la mort. Mais surtout, si toutes les parties vous constituant ne sont pas réunies - et elles ne peuvent vraiment se réunir que sous la conduite d'un moi directionnel de chercheur, identifié à l'interrogation métaphysique - vous ne pourrez pas vous rassembler. « Qui suis-je ? Qui perçoit ? Où est le réel ? » sont les bonnes questions. Rappelez-vous de l'histoire mythologique grecque de l'Hydre à multiples têtes. Si le héros ne les coupe pas toutes d'un coup, elles repoussent encore et encore. Symboliquement, il s'agit bien sûr de l'ego, et de ses points d'appui, ou de ses identifications. Seul un moi directionnel de chercheur, identifié à l'interrogation métaphysique, rassemblera toutes les parties de vous-même. Pour les couper, il faut qu'elles soient rassemblées. Alors seulement le sabre de la Discrimination peut toutes les trancher d'un coup.

Question : Nous nous référons toujours à « Je », qui est ce « Je » ?

Réponse : C'est le mécanisme de base de l'identification. C'est l'aspect de vous-même le plus proche de votre vraie nature. Quand « Je » n'est plus sous-tendu par aucun autre que lui-même, il se déploie, il est libre, il est tout.

Question : Comment en arriver là ?

Réponse : Par le sérieux, l'introspection, l'étude, la pratique du silence, la confiance absolue en la vie.

Question : Vous dites que si nous travaillons sur nous, nous élevons notre niveau de conscience. Pouvez-vous développer ?

Réponse : Tout ce que nous connaissons de la conscience est sa réflexion soit du sujet vers l'objet, comme quand une histoire d'amour nous possède complètement, soit de l'objet vers le sujet quand nous nous concentrons sur un problème ou que nous amorçons une interrogation métaphysique qui nous rassemble. Nous unifiant un peu plus, nous élevons alors momentanément notre niveau de conscience. Nous nous sentons plus vivant, puis, malheureusement, attirés par notre ombre, nous retombons dans un aspect cotonneux de nous-même, qui ne peut en aucun cas ouvrir la porte donnant sur l'absolu. Garder l'esprit aiguisé est le cœur de la pratique.

Question : Comment passer de la dualité, ou de ce que vous appelez la conscience sujet-objet, à l'absolu ?

Réponse : Appliquez une observation aiguisée de vos pensées et de émotions. Servez-vous de votre intelligence afin de comprendre ce qu'est la conscience sujet-objet, ce qu'est la conscience réflexe, ce qu'est le mécanisme de la dualité. Cette compréhension fera que le niveau de conscience s'élèvera petit à petit, puis brusquement d'un coup vers l'Eveil. C'est la Désidentification et la compréhension philosophique qui soudainement élèvent le niveau de conscience. Mais c'est seulement quand la conscience sujet-objet perd son lien avec le temps qu'elle se révèle absolue. Vous connaissez l'amorce de cela entre deux pensées. Vous recherchez cela inconsciemment quand vous pratiquez un sport à haut risque. Quand vous êtes dans une situation extrême, quand vous frôlez la mort, votre rapport au temps change, vous êtes alors connecté pour un instant à une autre dimension. N'est-ce pas pour vous approcher de la vie que vous recherchez les situations dangereuses ?

Question : Qu'est-ce que la conscience ?

Réponse : Ce qui permet à la réalité, à la vérité, à l'absolu de se connaître. La réalité, la vérité, l'absolu est ce qui ne change pas. La conscience sujet-objet, la conscience réflexe, entretient par l'identification une illusion de durée et de mouvement. Quand cette illusion est mise à jour, conscience et absolu coïncident.

Question : Que se passe-t-il à ce moment là ?

Réponse : Notre vision du monde, basée sur l'idée que l'univers existe dans le temps et dans l'espace, s'écroule. Nous ne sommes plus dans l'univers, c'est l'univers qui est en nous. Nous sommes pure conscience. Nous sommes ce que nous n'avons jamais cessé d'être.

Question : Comment la conscience perçoit-elle ?

Réponse : La conscience ne perçoit pas. Elle est pure perception.

Question : S'il vous plaît, développez.

Réponse : L'objet perçu, le sujet percevant se sont volatilisés. Il n'y a que perception, et celle-ci est infiniment plus vaste, plus goûteuse. La conscience, la vie, se retrouve elle-même. Mais le plus surprenant, quand vous intégrez cet état, c'est que vous réalisez que vous avez toujours été là. Vous comprenez alors que vous êtes éternel. Ce que vous êtes maintenant est non-né et ne peut donc pas mourir.

Question : Cela est rassurant.

Réponse : Pour qui cela est-il rassurant ?

Question : Je vois ce que vous voulez dire: il n'y a rien de tel qu'une personne.

Réponse : Rappelez vous que le mot personne vient du latin persona: le masque, que les acteurs romains portaient au théâtre. Il n'y a personne, il n'y a jamais eu personne, il n'y aura jamais personne, mais savoir cela ne vous sert à rien car vous ne pouvez que dresser une partie de votre personne à travailler sur votre personne, jusqu'à ce que le masque tombe.

Question : Mais alors, qui suis-je ?

Réponse : Le corps est d'abord perçu, ensuite le mental est perçu, puis le témoin qui perçoit le mental. Là où ce témoin ne peut plus être perçu, vous êtes.

Question : J'ai conscience que je veux une chose, puis une autre chose tout à fait différente.

Réponse : Rappelez-vous que la nature du mental est d'être divisée, et d'entretenir la division.

Question : Ce que vous dites ne m'aide pas.

Réponse : La seule personne qui peut vous aider, c'est vous-même, en dressant le peu de conscience que vous avez à explorer votre inconscience avec courage et détermination. La vie, le divin a mis au fond de vous une graine d'absolu. Bébé, vous étiez en connexion avec cela, avec cette graine non-consciente d'elle-même. Pour protéger votre enfant vulnérable de l'agression du monde, vous avez construit une armure. C'est cette armure qui crée le conflit entre le pour et le contre. Explorez-la. Dans cette exploration vous allez la déstructurer. Cela libérera de l'énergie et vous permettra, dans un premier temps, de construire un moi directionnel, puis de développer une âme. Alors vous serez plus uni dans ce que vous voulez.

Question : Oui, je suis d'accord, mais je sais aussi qu'aucun désir ne me satisfera vraiment.

Réponse : Seule votre vraie nature fera taire la suite ininterrompue de vos désirs.

Reprenons si vous le voulez. La Distanciation, le Discernement commencent à déstructurer votre armure. Vous identifiez mieux vos peurs, votre culpabilité. Vous vous êtes fabriqué un ego de conscience. De cet ego de conscience qui accepte toutes les parties de vous-même, toutes vos sous-personnalités, vont naître deux choses :

D'abord un moi directionnel, en charge de votre vie, si votre éducation, si votre histoire, ne vous ont pas permis d'en avoir un assez fort. Vous aurez moins de conflits dans vos choix, vous serez plus unifié, vous serez plus courageux. Vous saurez dire oui, vous saurez dire non. Vous verrez mieux les situations, car vous aurez démantelé la plupart des prismes les colorant.

Puis, en amont, un corps psychique, une âme. A travers la déstructuration graduelle de votre armure psychologique, de votre vieux corps émotionnel, l'énergie consciente de la vie irriguera la graine que vous portez. Vous sentirez votre être psychique se développer en vous. Vous en aurez les sensations physiques. Cultiver ces sensations en silence vous ouvrira à d'autres dimensions. Puis un jour, au moment où vous vous y attendrez le moins, une interrogation vous rassemblera. Vous ferez face au fait que vous n'êtes absolument pas. Là seulement vous serez libéré des désirs. Mais, en route, plus vous progressez, plus vous êtes apte à être aidé.

Question : Aidé ? Aidé par qui ?

Réponse : Par les parties ailées de vous-même. Plus votre corps psychique se développe, plus il est relié aux plans élevés des mondes psychiques. Les anges, dont parlent toutes les traditions, sont des énergies conscientes de lumière, vivant dans d'autres dimensions. Ultimement, vous êtes la totalité de ce qui est, du point de vue de l'unité vous n'êtes pas dans l'univers, c'est l'univers qui est en vous. Quand la matière psychique constituant votre âme s'est cristallisée, votre accès à d'autres dimensions a commencé. Votre rapport à vos mondes, intérieur et extérieur, s'est modifié. Alors la vie vous aide, elle vous répond. Vous avez déjà eu le parfum de moments comme cela, quand vous ne doutez pas et que cela se manifeste, que ce soit pour sortir d'une situation apparemment impossible, ou conquérir l'homme ou la femme de votre vie.

Question : La pratique de la pensée positive me dit que je dois me répéter : je veux de l'argent, je veux la réussite ?

Réponse : Si vous faîtes ce que ces livres vous disent, l'énergie de la vie vous renverra: « Je veux de l'argent, je veux la réussite ». Cela matérialisera un désir, certainement pas la chose. Pensez, agissez comme si ce que vous voulez était déjà dans la réalité. De nombreux livres traitent ce sujet, dont le best-seller « Le Secret » qui donne un certain nombre de clés. Mais rappelez-vous que, pour que ces clés fonctionnent, vous devez avoir les bonnes serrures, vous devez être unifié; ce qui veut dire avoir résolu vos contracdictions et vos conflits. Pour cela vous devez quitter la fausse sécurité qui consiste à rester à la surface de vous-même, et vous libérer davantage de vos peurs.

Si vous voulez que cela change, cessez de penser et de vous comporter comme vous le faites. Si vous ne le pouvez pas, pratiquez les deux premiers 'D' intensément. Assez vite, vous aurez des résultats. En chemin, rien ne vous oblige à subir des états de manque, si ce n'est le poids de vos peurs et de votre culpabilité. En les creusant et en vous tenant au-dessus d'elles, naturellement, vous aurez accès à une vie plus abondante.

Question : Comment pratiquer la pensée positive ?

Réponse : Commencez par vous dire : « Le divin, la vie, l'univers - appelez-le comme bon vous semble - m'envoie de l'amour, du succès, de l'argent ». Cela sera peut-être plus facile à accepter. Les affirmations ne marchent pas si elles traduisent ce que vous vous efforcez de croire à la surface de vous-même.. Elles fonctionnent si vous savez que ce que vous voulez est déjà là. Elles fonctionnent si vous êtes unifié. L'énergie de la vie ne triche pas. Tout est déjà là, dans l'éternel présent. Comprenez qu'il y a un ordre naturel avec lequel on fait un ou pas. Vous avez compris que la conscience est énergie, si matière et conscience sont "énergie", au sein de l'unité tout est possible. La mécanique quantique montre que l'observateur agit sur l'observé. Ce qu'on appelle des "miracles" ne sont que des fonctionnements naturels liés à d'autres niveaux de conscience qui ne sont pas scientifiquement explicables aujourd'hui. Qui est l'ultime observateur ? Au niveau où nous sommes, nous pouvons voir qu'il n'y a pas le penseur et la pensée, car l'observateur est l'observé. Trouvez qui vous êtes vraiment, pratiquez encore et encore. Seule votre vraie nature vous délivrera de la peur et du désir. Quand vous êtes le tout, vous ne voulez plus rien. Visez l'Eveil, le reste se manifestera à sa juste place.

Question : Pourriez-vous parler de ce qui bloque notre ego ?

Réponse : C'est la peur qui nous fait dire non à ce qui est. Elle est liée à la douleur qui est physique, la souffrance, elle, est mentale. La douleur indique que le corps a besoin d'attention, qu'il est en risque. De même, la souffrance vient du fait que l'entité individuelle, cette masse de souvenirs plus ou moins refoulés auxquels nous sommes identifiés, est en risque de changement, de perte de points d'appui.

Question : Pourriez-vous approfondir ?

Réponse : Le sage, celui qui s'est connecté à l'énergie de la vie, est dans l'acceptation de tout ce qui est. Le mécanisme fondamental de l'ego est le refus de ce qui est. Ce mécanisme a pour origine le refus de la douleur de la naissance. Regardez comment l'enfant de deux ans se structure dans le non, comme il déteste que l'on change ses habitudes. La souffrance, la peur, sont dues à l'attachement, à la résistance au changement, au refus de se joindre au courant de la vie.

Question : Comment quitter la peur, la souffrance, la misère du monde et trouver Dieu ?

Réponse : Comprenez que la peur, la souffrance, la misère du monde sont en vous. Vos conflits internes les ont créés. Vous avez peu de moyen d'agir sur l'extérieur, mais avec courage et détermination, par la pratique des deux premiers « D », vous pouvez commencer à démanteler cette souffrance qui est en vous. De ce démantèlement va naître votre corps psychique, votre âme. Montant en niveau de conscience, votre compréhension de Dieu évoluera. Vous cesserez d'entretenir un point d'appui qui, ultimement, n'est rien d'autre qu'une projection de vous-même. Puis, à un moment, vous laisserez tout. Vous ne trouverez jamais Dieu. Vous permettrez juste à la vie de se reconnaître dans le miroir, vide de vous-même, que vous serez devenu. C'est cet état que les bouddhistes appellent l'Eveil, les hindous l'illumination et les mystiques chrétiens ou soufis l'unité ou Dieu.

Question : La peur, l'anxiété me font beaucoup souffrir.

Réponse : D'abord comprenez que l'ego n'est qu'une gestion de la peur, qui s'articule autour de la fuite de la souffrance, et de compensations pour ne pas lui faire face. Quand la peur vous attaque, c'est une chance de l'étudier sur le vif. La peur, l'angoisse, viennent de votre émotionnel réprimé : elles sont inscrites dans votre corps physique. Quand la sensation de peur se présente, posez-vous la question : « Qui a peur ? Quelle partie de moi a peur ? » Vous verrez très vite que, derrière, il y a un manque de confiance en vous, et que plus loin se tient la culpabilité refoulée. Voyez cela sans tirer de conclusions. Si vous tirez une conclusion, vous entretiendrez un système intellectuel, qui sera une fuite de plus, et qui ne réglera absolument rien. Explorez la peur. Laissez la vivre dans votre système nerveux. Goûtez la sensation électrique de la peur, qui circule dans votre corps. Si vous la goûtez vraiment, vous voyez qu'elle n'est ni agréable, ni désagréable. C'est juste une sensation électrique parcourant le système nerveux. Si vous l'acceptez vraiment, la première chose que vous allez gagner c'est le démantèlement de votre anxiété. Rappelez-vous que quand vous identifiez et acceptez la couche du dessous, celle du dessus perd de son pouvoir. Si vous apprenez à vous débarrasser de l'anxiété, en acceptant l'énergie physique de la peur, très vite votre vie va s'améliorer. Voyant les situations sans les prismes de l'anxiété, vous les verrez telles qu'elles sont. Alors mécaniquement, vos actions seront plus appropriées, donc plus gagnantes.

Question : Au fond, c'est la peur de la peur qui m'effraie ?

Réponse : Quand on lutte contre quelque chose, on renforce toujours ce contre quoi on lutte. C'est la fuite de la peur qui entretient l'ego. Par exemple, j'ai peur que ma femme ou mon mari me quitte. Tout ce qui me rappelle cela se traduit par une sensation physique: le mouvement du corps émotionnel dans le physique. J'identifie cette sensation à la peur et, très vite, je cherche un autre point d'appui, une fuite vers la nourriture, le sexe ou le travail . Voyez juste cela sans tirer de conclusions. C'est vrai de tout ce qui vous fait peur, les absences de votre mari, votre rapport à l'argent. L'ego est une forteresse construite pour fuir la peur, explorez-la, puis démantelez-la.

Question : Comment ?

Réponse : Par l'écoute silencieuse.

Question : Qu'est-ce que c'est ?

Réponse : L'écoute silencieuse, l'attention bouddhiste, la position du témoin, sont la Distanciation. C'est une technique mentale qui, quand elle est pratiquée correctement, voit les pensées. Tant que vous ne voyez pas les pensées en mouvement, vous n'avez rien fait.

Question : J'ai vraiment du mal.

Réponse : Portez votre attention sur les sensations physiques, visuelles, auditives. Unifiez-les: c'est cela la Distanciation. Après quelques temps, vous pourrez voir avec plus de recul le jeu de vos pensées, de vos émotions, en mouvement. Vous verrez de plus en plus clairement que vous êtes mécanique, que vous agissez très rarement, que vous êtes presque toujours en réaction, que votre système fabrique de la peur et que cette peur est le moindre mal pour maintenir vos identifications. Pourquoi croyez-vous que l'industrie cinématographique produit tant de films stimulant la peur ? Votre identité est droguée à la peur. Vous entretenez ce que vous voulez fuir. Ce faisant, vous maintenez vos points d'appui.

Question : Devant ma peur, que faire ?

Réponse : Votre structure psychologique s'est construite pour fuir la peur. La fuite est une tentative de contrôle de la peur. La peur engendre la souffrance. Acceptez-la avec l'idée de la comprendre. Vivez la sensation physique de la peur sans la nommer. Ainsi vous lui permettez de se déployer. Ne laissez pas la pensée vous utiliser. Restez dans la sensation physique. Puis sentez ce magma émotionnel, observez-le sans tirer de conclusion. Si vous faites cela, votre esprit va s'aiguiser. Il va devenir plus éveillé, plus alerte. A un moment il verra qu'il n'est pas cette répétition de peur et d'angoisse, basées sur la culpabilité. Il verra qu'il n'est pas la mémoire entretenant ce système par la pensée. Alors, ce magma émotionnel commencera vraiment à se déstructurer. Il n'alimentera plus la peur et, très naturellement, montant en niveau de conscience, vous ne partirez plus dans les schémas de pensées qui l'activent.

Question : Le matin quand je me réveille, souvent l'angoisse m'étreint. Que faire ?

Réponse : Comprenez que l'entité psychologique nous maintient toujours dans un rapport sujet-objet. Voyez-le et acceptez l'angoisse, la peur qui accompagnera cet état inévitablement. Vivez la sensation physique de la peur sans la compenser par une fuite quelconque, comme penser à autre chose, téléphoner à un ami, ouvrir le réfrigérateur. Observez la sensation en la laissant vivre pleinement, sans lui surimposer le concept de peur, ou sans être pris par un enchaînement mental quelconque. Vous verrez bientôt, comme je vous le répète encore et encore, que la peur n'est qu'une sensation électrique qui parcourt le système nerveux. Si on laisse vivre la sensation sans la nommer, elle perd sa connotation négative ou désagréable. C'est juste une sensation électrique neutre. Voyez vraiment le mécanisme mental qui, en nommant la peur ou en partant dans des associations de pensées se nourrit lui-même. Si vous voyez vraiment cela, vous vous ouvrez à une nouvelle sensation tactile qui se dilate dans l'espace. Là, votre conscience passe au-dessus de la peur, au-dessus de l'ombre. Comprenez la nature des identifications mentales. Lâchez-les. Accentuez la pratique et vous aurez des réveils heureux.

Question : Quelle est l'origine de la peur ?

Réponse : La douleur, la culpabilité et la violence, bien sûr. Mais parlons d'abord de la violence. Nous sommes sur la planète des singes. Nous sommes l'espèce la plus violente de cette planète et c'est d'ailleurs pourquoi nous la dominons. Cette violence nous terrifie. Pour lui faire face, nous avons développé notre entité psychologique, notre ego, la résultante de milliers d'années d'évolution, de milliers d'années de confrontation à la violence. Cet ego doit maintenir l'identification, pour sauvegarder la dualité il ne doit surtout pas lâcher. Nous sommes six milliard et demi de singes à ne pas vouloir lâcher nos identifications. La règle économique consiste à prendre des bananes aux autres singes, nous voulons tous monter dans la hiérarchie du singe, cela génère de la violence. Nous essayons de l'éviter en la fuyant. La société s'est construite pour limiter la violence. Elle nous offre des systèmes de fuite souvent liés à notre statut social et donc à notre pouvoir d'achat. Si nous avons l'idée que le manque d'argent nous empêchera de garder notre position dans la hiérarchie, l'anxiété nous rattrape instantanément. Occupons-nous sérieusement de notre évolution, apprenons à lâcher, devenons des sages. Les sages n'ont pas de peurs, ils ont transcendé l'état de singe, ils ne sont pas violents.

Question : J'ai peur de l'avenir. Je suis conscient que cela crée chez moi une grande anxiété. Que me conseillez-vous ?

Réponse : Si vous voulez que cela change, vous devez avoir la détermination et le courage d'affronter vos peurs, de faire face aux situations de la vie réelle que vous voulez éviter. Sur ce champs de bataille de vous-même, observez vous, questionnez vous, poussez l'introspection. Vous verrez que vos peurs sont fictives, vous démantelerez rapidement ce qui vous bloque, votre relation au monde sera différente. Le vrai courage est de faire face à ce que vous ne voulez pas voir en vous.

Question : Je suis conscient de mon manque de générosité !

Réponse : Vous ne pouvez être généreux tant que la peur vous habite, une fois que vous aurez vraiment intégré cela, naturellement tout changera.

Question : Comment expliquez-vous la dépression ?

Réponse : La dépression est un mécanisme de renforcement des points d'appui quand ceux-ci lâchent. Comme toujours, elle est le choix du moindre mal. D'où vient la dépression ? Généralement d'une perte: perte d'un proche, perte d'un amour, perte d'argent. La dépression post-natale vient de la perte de l'identification entretenue pendant la grossesse. Comprenons bien que la nature de l'ego est de ne jamais lâcher. Quand la vie nous force à lâcher un ensemble d'identifications ou de points d'appui, l'ego va recréer d'autres points d'appui. Freud, dans un manuscrit intitulé manuscrit G, parle de l'apparition de la mélancolie lors de la perte de la libido.

Question : Vous dites que nous induisons tout ce qui nous arrive. J'ai perdu mon père à l'âge de 12 ans, cela a profondément déstabilisé ma vie, vous ne pouvez pas me dire que je l'ai voulu ?

Réponse : Bien sûr, nous induisons tout ce qui nous arrive. Si nous ne prenons pas cela à cent pour cent nous ne pourrons jamais descendre et démanteler les causes premières qui nous animent. Mécaniquement le programme aller vers l'agréable et éviter le désagréable enverra le leurre: « c'est la faute de l'autre, de mon père, de ma mère, de mon frère, de mon grand père, du destin, du karma, de la volonté de dieu, et que sais je ? ». Alors voyons comment vous allez appliquer cela à votre cas ? En étant intelligente et en voyant profondément que vous n'êtes pas responsable de ce qui vous est arrivé, mais de ce que vous en avez fait. Vous pouvez passer d'un drame à un autre, si vous reliez la crise présente à un drame ancien, sans approfondir l'introspection. En restant en surface vous vous enfermez en vous-même et vous préparez la crise suivante. Intégrez vraiment cela ! Vous induisez tout ce qui vous arrive, si un drame percute votre vie, bien évidemment, vous n'en êtes pas responsable, mais encore une fois vous l'êtes de ce que vous en faites. Comprenez la partie de vous qui utilise la crise issue de votre passé, lâchez-la et soyez heureuse.

Question : Je dois épouser un homme qui me rend très heureuse, mais il y a des pressions, de lui et de ma belle famille, qui me poussent à changer de religion, quel est votre point de vue ?

Réponse : Vous convertir ou pas est votre choix, vous avez raison d'être attaché à votre religion, c'est le contexte culturel qui vous a vu naître.

Si ce n'est pas une religion récente, il y a forcément des écrits de mystiques qui ont connu ce saut du deux au un. Il y en a dans les cultures judéo-islamo-chrétiennes, ainsi que dans toutes les autres. Tournez-vous vers les autres religions afin d'ouvrir et d'aiguiser votre esprit par la lecture des textes de ceux qui ont connu l'Eveil. N'oubliez pas l'étymologie du mot religion, qui veut dire ce qui relie. Plus vous progressez dans votre pratique de l'introspection, du silence, de la lecture des textes, plus vous créez votre propre religion. Elle évoluera en fonction de votre montée en conscience. Vous lâchez la croyance pour l'expérience. Vous passez, si j'ose dire, de la confection au sur-mesure. En étant votre propre tailleur vous vous fabriquerez votre corps de lumière.

Question : La vie n'est-elle pas souvent une tragédie ?

Réponse : La vie est une tragi-comédie. Plus on est évolué plus c'est une comédie. Moins on est évolué, plus c'est une tragédie. Pourquoi croyez-vous que la statuaire chinoise représente les bouddhas éclatant de rire. Ils peuvent voir que c'est une comédie.

Question : Parlez-nous de la foi.

Réponse : La foi n'est rien d'autre qu'une conviction profonde qui doit s'appuyer sur le doute. Une partie de vous a la foi, une partie de vous doute. C'est en explorant le doute que votre foi grandira et que le doute diminuera. C'est la raison qui doit diriger ce que vous expérimentez avec vous-même. A la lumière de vos expériences, votre foi grandit. N'oubliez jamais que c'est la raison éclairée qui vous rend tolérant.

ORIGINES ET COMPORTEMENTS

Question : Nous savons tous que nous allons mourir. Qu'est-ce que la mort?
Réponse : Toutes les formes organiques meurent. Tout change, à tous les niveaux, tout le temps, au niveau de l'atome ou de la cellule. Mais votre vraie nature, la réalité, en amont du mental, ne meurt ni ne change. L'ego cherche une continuité par un mouvement incessant du mental. Il lutte en maintenant ses identifications, ses croyances. Parmi elles la résurrection des morts, la réincarnation, le jugement dernier... Tous les systèmes de croyance sont des compensations à la peur. En explorant les bases de la peur, vous ouvrirez la porte de la vie. Votre vraie nature était présente à votre naissance. L'ego est ce que vous avez accumulé depuis. Interrogez-vous de toutes vos forces. Utilisez la lame de votre interrogation afin de trancher les nœuds mentaux vous constituant. Vous verrez alors que la mort, tout comme l'éveil, est juste la fin des habitudes mentales, et la fin des habitudes mentales est juste comme la fin d'un rêve.

Question : La mort me fait peur.
Réponse : Unifiez-vous à la vie: vous serez libre de la mort. Brisez le masque mental qui, par son système d'identifications, vous a limité à votre identité corporelle. Une fois cette identité brisée, vous êtes la vie qui se goûte par le corps. Vous n'êtes plus le corps. Vous êtes la vie, seule la vie ne meurt pas.

Question : Avant la naissance, qu'y a-t-il ?
Réponse : Voilà une vraie question. Restez avec cette question.

Question : J'aimerais une réponse.
Réponse : La pratique de la Distanciation et du Discernement vous aidera à lâcher vos points d'appui. A l'intérieur de l'espace que vous avez dégagé, la pratique du silence permet à votre âme de croître. Quand la substance la constituant aura atteint un point de masse critique, une cristallisation s'opérera. Vous aurez alors un véhicule de conscience qui vous donnera une réponse non conceptuelle, une réponse d'énergie. Ce sera une réponse partielle à votre question. La réponse totale ne peut venir que de votre absence totale, une fois cette porte franchie, vous êtes libre. Du point de vue de cet état il n'y a pas d'effet, dans l'Eveil la causalité disparaît. Mais du point de vue de votre âme,

l'Eveil est un formidable accélérateur de croissance, elle fait un bond dans son évolution. Par la suite, elle retrouvera de plus en plus facilement l'unité, sa véritable nature.

Question : Qu'en est-il de la réincarnation ?

Réponse : Pour parler de la réincarnation, on pourrait prendre l'analogie d'une ampoule électrique et de l'électricité lui permettant d'éclairer. L'ampoule éclaire parce que la résistance dégage de la chaleur. Quand la résistance est usée, l'ampoule s'éteint. Vous pouvez imaginer, si vous le voulez, que la mémoire de l'ampoule s'incarnera dans une autre ampoule, mais ce n'est pas très sérieux. Votre nature est d'être l'électricité pas l'ampoule, ce n'est pas l'électricité qui éclaire c'est l'ampoule, mais c'est par l'électricité que tout se fait. Comme disent les mystiques, Dieu ne fait rien, mais, néanmoins, par lui tout se fait.

Question : Mais la réincarnation doit bien être une réalité, les traditions orientales le disent.

Réponse : Très bien, essayons d'approfondir cela. On peut dire que si, au moment de la mort, l'âme n'a pas transcendé les quatre dimensions (les trois physiques plus la quatrième, le temps) le corps psychique aspirera à poursuivre son évolution. Mais cela ne peut pas être la mémoire d'un individu donné qui se réincarnerait en un autre. Pour pouvoir développer un corps psychique il faut vous tenir en amont de la pensée, en amont de l'imagination. Jamais il ne peut y avoir une continuité de la mémoire telle que nous la connaissons. Le corps psychique, libre de la mémoire psychologique, peut vouloir poursuivre son évolution c'est à dire réaliser pleinement la conscience au delà des quatre dimensions, qui sont le support de son illusion.

Question : Qu'est-ce que le Karma pour vous ?

Réponse : Le Karma, c'est uniquement votre naissance. Vos parents, vos gènes, votre milieu social, votre nationalité, la culture qui vous environne, tout est contenu dans la naissance. Vous portez l'énergie psychique de vos parents, vous l'avez absorbée bébé, enfant. Etre libre de son Karma, c'est prendre le meilleur de cette énergie et la transcender, tout en lâchant celle chargée de peur et de culpabilité. Il est dit dans les Brahma-Sutra que celui qui se libère, qui s'éveille, libère sa lignée. Soyez libres de vous-même, libérez votre lignée. Vos enfants vous aimerons pour ça.

Question : Vous nous dites que l'Eveil s'enclenche à la suite d'une vraie question. Qu'est-ce qu'une vraie question ?

Réponse : C'est la difficulté d'avoir une réponse qui valide la question. La question est une tension d'énergie. Si c'est une vraie question, c'est une tension créant une ouverture dans votre système neuronal. Vous êtes alors en train de former un diamant sans impuretés. Plus les motivations à l'arrière-plan de la question sont psychologiques, plus elles sont liées à l'ombre, plus elles sont liées à ce qui est réprimé, plus vous vous dégagez de vos impuretés. Si la question est métaphysique, elle est puissante et relativement libre d'impuretés. La réponse, ou l'absence de réponse, peut alors vous dissoudre. Dans cette dissolution est la liberté.

Question : Parlez-nous du libre arbitre.

Réponse : Au fond il n'y a pas d'entité, donc il n'y a personne pour faire un quelconque choix. Le libre arbitre est basé sur la mémoire. Au début du travail sur soi, il y a peu de vrai libre arbitre. Les énergies inconscientes se propulsent vers le conscient. Puis, petit à petit, un moi directionnel, par l'éducation et le travail sur soi, se forme. C'est l'étage du libre arbitre : vous êtes l'auteur de vos choix entre le bien et le mal, entre je dois et je ne dois pas.

Plus le moi directionnel est construit, plus la notion de libre arbitre est forte et ancrée. Ensuite, plus vous évoluez, plus ce moi directionnel de chercheur devient subtil. Il choisit de moins en moins. Il est de plus en plus spectateur des processus qui se déroulent. Ce sont les situations qui maintenant imposent davantage l'action. C'est à ce niveau que la notion de libre arbitre peut devenir un sujet d'interrogation métaphysique. « Qui choisit quoi ? Qui est ce 'je' ? » Quand vous êtes vraiment dans ces questions, vous avez trouvé la quintessence du libre arbitre.

Question : Y a-t-il un destin ?

Réponse : Vous n'avez pas un destin, mais des milliers de destins possibles. Imaginez un cube de matière translucide dans un ciel noir d'étoiles. Il a un point d'entrée sur une de ses faces : votre naissance. De ce point d'entrée part une ligne, qui se divise en des milliers d'autres, pour aller vers la face opposée du cube, où il y a autant de points de sortie. En fonction de vos choix, vous passez d'une ligne à une autre, car elles sont interconnectées. Chevauchez vos meilleures lignes de destin possibles ! Cela dépend uniquement de vos choix. Ils sont liés à la logique qui les anime ? Sont-ils gagnants ou perdants ? Quand vous atteindrez l'autre face du cube, quand vous mourrez, si votre conscience subsiste, vous ne regretterez pas tant le mal que vous aurez fait, mais vous regretterez surtout tout ce que vous auriez pu faire et que vous n'avez pas fait. Vivez ! Vivez à fond, en mettant de la vie dans votre vie ! Soyez sur votre meilleure trajectoire possible !

Question : Quelle est l'attitude juste pour un chercheur face à la vie ?

Réponse : L'absence d'attitude.

Question : Mais vous dites que le chercheur doit chercher ?

Réponse : Chercher, c'est prendre de grands risques. C'est quitter le confort de vos compensations psychologiques, de votre adhésion aux systèmes de croyance auxquels vous vous êtes identifié ou que vous vous êtes fabriqués. Chercher, c'est monter votre niveau de conscience. Cela implique lâcher vos points d'appui, entretenir le doute, l'incertitude, l'interrogation. C'est l'essence même de la recherche.

Question : L'hypocrisie des gens, de la société m'est très difficile à supporter. Que puis-je faire ?

Réponse : L'hypocrisie vient de l'opposition entre l'image intérieure de nous-même, qui doit être maintenue à tout prix, et l'image extérieure que nous projetons dans le monde. Plus grande sera la différence entre ces deux images, plus grande sera l'hypocrisie.

Regardons notre image : si nous nous observons, nous pouvons voir combien nous dépensons d'énergie pour paraître beau, intellectuellement brillant, et séduisant. Alors le monde peut nous renvoyer un reflet qui va consolider l'image intérieure, dont la base est faite de peur, de dévalorisation de nous-même. La nature de l'ego est hypocrisie, parce que l'ego est un voleur qui, par ses multiples identifications, nous vole chaque perception afin de se maintenir.

Question : Mais alors, qui suis-je ?

Réponse : Le corps est perçu. Puis le mental qui perçoit le corps est perçu, puis le témoin qui perçoit le mental. Là, les sensations physiques et psychiques se rencontrent. Là, vous goûtez une nouvelle énergie. Restez-là le plus longtemps, le plus souvent possible. Il n'y a rien d'autre à faire. Restez-là où est celui qui perçoit, pas où est ce qui est perçu.

Question : Vous dites que « Je » n'est que la pensée en identification avec elle-même. Pouvez-vous expliquer ?

Réponse : La pensée a créé le « Je » à travers l'identification du sujet vers l'objet. Vous : le sujet, et autre que vous : l'objet. Ce « Je » est à l'origine de votre monde, qui semble réel. Tout comme, quand vous mettez deux miroirs face à face, vous créez un couloir de perspective qui semble réel. Enlevez un des deux miroirs, la perspective disparaît. De la même façon, le « Je » en tant que sujet se maintient parce qu'il a un objet. Le sujet ne peut exister sans un objet, de même que l'objet ne peut exister sans un sujet. Ils sont absolument interdépendants, comme le couloir de perspective est dépendant des deux miroirs.

Maintenant réfléchissez. Le sujet, dès qu'il est conçu comme sujet, de par cette conception même, devient un objet. Le fait de concevoir le sujet l'objective instantanément. Donc le sujet ne peut jamais être conçu. Dites moi : si le sujet ne peut être conçu, ou est l'objet ?

Question : Cela me déstabilise.

Réponse : Vous ne pouvez pas voir ce que vous êtes. Vous pouvez juste voir ce que vous n'êtes pas.

Question : Que dois-je faire avec cela ?

Réponse : Expérimentez avec vous-même en utilisant la pratique suivante. Commencez par essayer de vraiment comprendre ce que « Je suis » veut dire. Puis, lâchez d'un coup et laissez-vous emporter par la sensation d'être. Restez juste avec elle. Puis, à nouveau, revenez vers « Je suis » avec la volonté de vraiment comprendre ce que « Je suis » veut dire. Lâchez, retrouvez la sensation d'être sans surimposer quoique se soit. Quand vous faîtes bien cela, vous avez une ouverture et une rétraction de l'espace en vous même, qui se confond avec l'espace extérieur. Ne restez pas figé dans la compréhension intellectuelle de ce que je vous dis. Rendez cela pratique. Exercez-vous. Un jour vous verrez que ce que vous êtes n'a jamais commencé, c'est seulement ce que vous n'êtes pas qui commence et se termine.

Question : Parlez-nous de l'espace.

Réponse : L'espace est perçu par le corps. Plus vous vous désidentifiez des structures réprimées à l'intérieur du corps, plus votre sensation tactile grandit dans l'espace. Puis, au sein de la vie psychique, un nouvel espace se déploiera en vous. Plus vous pourrez naviguer dans cet espace, plus la notion de votre identité évoluera.

Question : Pouvez-vous dire quelque chose sur le temps ?

Réponse : Nous ne connaissons que le passé. Il se projette sur le présent, il se conditionne sous la forme du futur. Quand nous voyons une chose, notre conditionnement identifie la forme. La mémoire nomme la chose, lui donne un nom. Notre identification au nom et à la forme, crée le monde que nous connaissons. Ce monde stimule nos désirs, nos schémas répétitifs de pensée, une grande partie de nos émotions. Nous vivons dans un monde imaginaire issu de nos projections. Le futur découle du conditionnement de notre mémoire. Le présent nous est continuellement volé par le mécanisme de nos identifications, par le mécanisme de nos surimpositions utilisant le nom et la forme. Dans l'éternel présent notre dimension du temps passé-futur se trouve contenue, mais dans notre dimension du temps, le présent ne peut jamais être vécu.

Question : Dans l'Eveil, quelle est la place de la mémoire ?

Réponse : C'est une mémoire libre de l'image de soi. C'est juste une mémoire-fonction. C'est juste une boîte à outils. La pensée spontanée sort de cette mémoire en fonction de la situation traversée. La pensée est alors juste un outil, elle n'est plus notre identité.

Question : Dites-nous ce qui enclenche l'Eveil ?

Réponse : Imaginons une bombe à hydrogène. Elle est faite de deux parties. D'un côté du plutonium et de l'autre un explosif sophistiqué. C'est la détonation de l'explosif, percutant le plutonium, qui amorcera la réaction en chaîne. L'Eveil est l'explosion de l'ego. Le plutonium est l'interrogation métaphysique à laquelle vous avez pris goût. En développant un goût pour l'abstraction, en vous bousculant avec des questions qui n'ont pas forcément de réponse, vous avez raffiné ce plutonium. Il est là. Il attend. Il attend comme tous les aspects de vous même : ceux liés à la nourriture, au sexe, à l'argent qui attendent de prendre le micro, d'avoir accès au conscient. L'explosif sophistiqué est la crise psychologique issue de l'introspection. La pratique de la Distanciation et du Discernement, un jour, en démantelant une vieille structure, un vieil émotionnel, générera une crise.

Comme cette crise sera neuve, elle vous forcera à vous rassembler dans une interrogation. Là, la sous-personnalité métaphysique, que vous avez entretenue et raffinée par votre lecture des maîtres classiques, par vos interrogations, se saisira mécaniquement du conscient, et percutera l'explosif de la crise. C'est la confrontation des deux qui détruira l'ego. Parce que la crise sera nouvelle, l'énergie de la question : « Qui suis-je ? Qui perçoit ? » sera neuve. Cela ne peut marcher que si la mémoire n'interfère pas.

Question : Pourquoi ne suis-je pas éveillé ?

Réponse : Parce que vous avez l'esprit inversé à cause de ce qui n'est pas réglé en vous. Vous vous êtes identifié à la gestion de vous-même, vous vous êtes centré sur vous-même, alors qu' il n y a pas de vous-même. Votre regard part du mauvais coté, intérieur et extérieur ne sont pas où vous le croyez.

Question : L'Eveil est-il progressif ou abrupt ?

Réponse : Rappelez-vous, au 7ème siècle, en Chine, pour la succession du patriarche de l'école Tch'an, un concours de stance fut organisé. Shen Hui, le moine intellectuellement le plus brillant de tous les moines, était sur le point d'être choisi par le cinquième patriarche, pour devenir le sixième. Il écrivit la stance suivante : « l'esprit est comme un clair miroir, à nettoyer et à essuyer sans cesse, afin que nulle poussière ne s'y pose ». Hui neng, moine des cuisines, quasi illettré demanda à un autre moine d'écrire sa stance : « De clair miroir il n'y a pas. La nature du Boudha est toujours vide et pure. Comment y aurait-il une quelconque poussière ? » Bien évidemment, Hui Neng fut choisi. Le scandale lui imposa de fuir. C'est ainsi que naquit l'école du sud, dite de la voie subite, par opposition à celle du nord qui était progressive. Seule l'interrogation métaphysique peut vous faire quitter le faux, vous faire intégrer votre vraie nature, et cela se passe d'une façon abrupte. Vous devez voir que vous n'êtes absolument pas. Le point de départ de cette démarche est « je ». Ce je, ne peut pas plus se connaître qu'un œil ne peut se voir lui-même. L'œil se voit grâce au miroir, « je » ne se sait que par l'objet. Pour que je, s'éveille il doit disparaître à la suite de l'objet. Alors seulement JE se révèle être l'absolu.

Question : Quelles sont les plus grands obstacles sur la voie ?

Réponse : En termes Tch'an, le premier obstacle est l'assise cotonneuse, c'est à dire des états de brouillard mental où l'intellect n'est pas aiguisé. Mais c'est la fossilisation de la compréhension non-duelle en un système intellectuel non-duel qui est le plus redoutable. Pour combattre le premier voilà ce qu'il faut faire, c'est très simple: quand votre lucidité diminue, levez-vous, faites quelques pas, puis reprenez votre pratique. Pour vaincre le second, utilisez l'interrogation afin de faire trembler vos bases. Rappelez-vous que c'est une sensation physique, vous ressentez alors l'ombre, le corps émotionnel bouger, parce qu'il a été mis en risque par la question.

Question : Comment définir la pensée ?

Réponse : La pensée nous lie mais peut aussi nous libérer. Notre conscience est nourrie depuis des milliers d'années par la peur, par les conflits, par la violence, par le fait que chacun est une identité séparée, de la naissance à la mort. Nous remettons très rarement notre identité en question. Si nous réfléchissons, nous voyons que cette identité est constituée de pensées auxquelles nous nous sommes identifiés. Je suis grand ou petit, un homme ou une femme, je suis blanc ou je suis noir, je suis américain ou chinois. J'aime ceci ou je déteste cela. La pensée, telle que nous la vivons, est produite par l'identification, elle est entièrement à son service. Elle vient de l'expérience. Elle est stockée consciemment par la mémoire, où elle devient savoir, et par l'inconscient qui l'utilisera encre et encore afin d'enclencher des expériences similaires. La pensée est devenue notre identité, à la recherche d'une continuité permanente. Pour la plupart des gens la pensée est conscience : « Je pense donc je suis ». Cela est fondamentalement faux, car cela n'est que le mécanisme de l'identification qui, à travers la pensée, s'auto-entretient lui même. Il est essentiel de comprendre que la pensée a une réalité physique. Il s'agit d'électricité parcourant notre trame neuronale. La pensée, principe matériel subtil, piège l'être dans le filet des opinions, des croyances, des raisonnements, des images, des identifications. Si nous comprenons que la pensée a une réalité physique, il devient alors possible de vider notre cerveau de son conditionnement. La Discrimination, ou la pensée correctement utilisée dans l'interrogation métaphysique, déclenche le court-circuit neuronal qui permet cela.

Question : Pourquoi l'homme est-il violent ?

Réponse : Ce qu'il est important de comprendre, c'est que nous sommes construits sur une douleur. La douleur liée au processus de la naissance, au choc protoplasmique, au fait de passer de l'état de foetus-poisson à l'état de bébé. Cette douleur réprimée a conditionné la peur et la culpabilité. Dès ce moment, nous sommes dans la dualité, nous sommes dans le conflit. Quand il y a vous et autre que vous, il y a souvent conflit. Nous avons développé un système mental, basé sur la gestion de la peur et de la culpabilité, qui nous fait fuir dans le conflit et la violence. Ce système mental est devenu notre identité. Il nous a amené à dominer la planète. Notre ego s'est construit sur la gestion de la peur et de la violence.

Question : Comment sortir du cycle de la violence ?

Réponse : En comprenant son origine, en voyant qu'elle est en nous. La naissance est une violence. Nous sommes bâtis sur une violence d'autant plus puissante qu'elle est refoulée au fond de notre mémoire. Nos parents, nos éducateurs nous ont imposé leur conception du monde, héritée de leurs parents, de leurs éducateurs. Cet endoctrinement à travers l'enseignement de l'histoire, le cinéma, la télévision a ensemencé la violence. Cette conception du monde, la plupart du temps, valorise la violence, la force, la domination. On nous a éduqués comme membre d'une nation, en nous rappelant les guerres gagnées par cette tribu à laquelle on a voulu nous identifier. Les prêtres des religions établies ont inventé toutes sortes de péchés de façon à nous contrôler par la peur et la culpabilité. Cela nous a fait réprimer notre nature, ce qui amorce encore plus de violence. Maintenant nous voulons la non-violence. Mais qui veut ça, quelle fraction de nous ? Pourquoi Jésus enseigne-t-il de tendre l'autre joue ? Pour désamorcer ce cycle, bien sûr. Seul un choix aussi fou que de tendre l'autre joue peut faire lâcher-prise.

Question : Alors, que faire ?

Réponse : L'attitude juste est d'être présent à la situation. C'est la situation qui doit toujours guider votre action. Ne soyez jamais prisonnier d'une stratégie. Les situations mutent d'une façon permanente. La stratégie ne doit pas être fixe. Si elle l'est, il y a de fortes chances qu'elle soit soumise à la peur et qu'en conséquence, elle soit perdante. Si vous n'êtes pas noyé dans vos projections, vous pouvez commencer à démanteler les causes premières qui les activent. Comme la peur a produit de la violence en vous, vous la projetez sur les autres, ce qui amorce : « J'attaque l'autre avant qu'il ne m'attaque ». A la suite de votre conditionnement par les religions, vous avez refoulé une partie de votre nature sexuelle. Vous avez conditionné votre comportement. Ce qui est réprimé ressort toujours avec un aspect destructeur. Mais, ultimement, tout est toujours positif, car vous devez bien faire face à ce qui n'est pas réglé, sinon comment pourriez-vous vous en dégager ? Les religions ont créé un dieu objet dont vous êtes le sujet. Comme vous le savez, sujet veut dire : soumis à. Dès lors, généralement, la fonction des religions n'a pas été de vous amener à intégrer votre nature divine, mais s'est limitée à structurer la société. Les religions judéo-chrétiennes, après deux mille ans de guerre, ont produit le modèle de la société occidentale. Elles nous ont amené les droits de l'homme et la démocratie. Notre monde est, aujourd'hui, un modèle plus ouvert et plus tolérant qui, malgré ses imperfections, a produit une civilisation qui tend vers une diminution de la violence.

Question : Comment pouvez-vous parlez de diminution de la violence, alors qu'il est évident que depuis le 11 septembre nous sommes rentrés dans un monde de plus en plus violent ?

Réponse : Vous devez comprendre que le 11 septembre 2001 n'est que le énième épisode d'une guerre qui a commencé au septième siècle en Arabie. Une religion est toujours le reflet de son fondateur. Mohamed a indubitablement eu une expérience d'unité. On ressent l'intensité de son expérience mystique dans le Quo'ran. Mais quand on arrive aux sourates de Médine, les ennemis du prophète sont devenus les ennemis de Dieu. Mohamed était un mystique et un seigneur de la guerre. La force de l'Islam, ce qui a permis sa formidable expansion, c'est qu'il intègre les différents aspects de la nature de l'homme dans sa doctrine. L'homme est l'espèce la plus violente de la planète. Mohamed a eu l'intelligence de canaliser cette énergie en la transformant en guerre sainte, le jihad. L'Islam, s'il n'est pas compris dans son essence mystique, comme il l'est par les Soufis, qui savent que le jihad est une guerre intérieure et non pas extérieure, ne peut pas vraiment démanteler cette violence.

Regardons le monde musulman. La plupart des pays d'Afrique du Nord et du Moyen-Orient sont toujours dirigés par des dictateurs, des rois ou des émirs qui ont gardé un énorme pouvoir. Un dieu transcendant, auquel nos vies sont soumises, et qui tient notre destin dans sa main, doit forcément avoir un lien avec la personne d'un roi, d'un chef tout puissant. L'occident a mis des siècles à dépasser cette logique pour arriver aux lumières.

La modernité, l'éducation, l'émancipation des femmes, la réussite économique de l'occident, mettent en risque l'identité structurante des sociétés islamiques. Quand Ben Laden parlait des croisés, il était toujours dans la réalité de cette guerre. Espérons que le monde musulman trouvera son chemin vers la démocratie et que l'Islam trouvera son Luther, et ses propres lumières, en revenant vers ses soufis.

Si nous voulons survivre, il nous faut dépasser la logique darwinienne de compétition entre les espèces. Elle nous a amené à dominer la planète, mais cette dynamique est tellement ancrée, qu'elle est devenue lutte à mort à l'intérieur de l'espèce. Nous nous devons de faire un saut de conscience, un saut quantique. Ainsi seulement nous lâcherons les systèmes de peur et de culpabilité, renforcés par les aberrations théologiques. Si le concept d'un Dieu créateur édictant des lois se développe encore, c'est qu'il correspond toujours à notre stade d'évolution. Il permet la domination de l'homme sur la femme. Il encourage le mâle à être le mâle dominant. Plus il est dominant, plus la violence s'exerce. Les religions ont donné aux sociétés la possibilité de se structurer. Aujourd'hui, souvent, elles détruisent plus qu'elles ne construisent. Le concept d'un Dieu créateur tribal, comme il est encore compris par un certain nombre chez les juifs, les chrétiens, les musulmans, est mauvais: mauvais pour le droit des femmes à disposer d'elles-mêmes, mauvais pour les droits de l'homme, mauvais pour la paix. Il a été fatal au World Trade Center. Il stimule la culpabilité, qui nourrit la peur, qui engendre inévitablement la violence. Nous avons besoin de développer une vision métaphysique globale, basée sur ce qui nous unit, pas sur ce qui nous divise. La connaissance des textes des mystiques des différentes traditions nous amène dans cette direction.

Dieu ne parle pas. L'unité, l'absolu ne peut pas se fragmenter entre un sujet parlant et un objet écoutant. Ce sont les éveillés qui parlent. Leurs disciples, ensuite, construisent une religion. Il faut sortir de cette aberration d'un dieu ayant des qualités humaines. Il n'y aura alors plus de kamikazes, tuant des milliers de personnes en son nom. Il n'y aura plus de leader pensant que Dieu l'inspire. Sortons de cette folie et rappelons-nous que les soldats nazis avaient écrit sur leurs ceinturons : « Dieu est avec nous ».

Question : Vous dites que Dieu ne parle pas, mais c'est bien Dieu qui transmet le Coran à Mohamed.

Réponse : Absolument pas. Mohamed était un sage. Il savait que le un ne se divise pas. C'est bien pour cela qu'il énonce que c'est Gabriel qui lui transmet le coran. L'Islam est, des trois religions abrahamiques, celle qui est la mieux organisée pour permettre un développement métaphysique. Maintien de la lucidité par l'interdiction de l'alcool, pas de représentation imagée de dieu, pas de clergé (du moins chez les sunnites), donc pas d'autorité instituée. Juste, cinq piliers qui doivent être respectés: dire qu'il n y a pas d'autre Dieu que Dieu et que Mohamet est son prophète, cinq prières rythmant la vie quotidienne, faire l'aumône, le ramadan, et, si c'est possible, une fois dans sa vie, faire le pèlerinage à la Mecque. Cette culture a souvent pointé vers l'absolu. Il est important de comprendre qu'il n'y a pas un Islam, mais une diversité d'islams, qui ont juste en commun les cinq piliers. L'Islam d'Andalousie était un Islam ouvert et tolérant, c'est l'Islam d'Ibn Arabi, et des soufis. Ceux de Malaisie et d'Indonésie sont également ouverts. Il est évident que les conditions climatiques ont influencé les différents islams. Le problème d'aujourd'hui, c'est que l'Islam dominant, celui qui monte en puissance, est d'origine wahhabite, il vient d'un peuple du désert, il vient du moyen-age, il n'est ni ouvert ni tolérant.

L'Islam propage au 7ème siècle une culture qui correspond à la nature de l'homme. Il est vrai que Mohamed était à la fois un mystique et un seigneur de la guerre. Les circonstances de sa vie l'ont imposé. La structure sociale qu'il a érigée était un immense progrès, c'est pour cela qu'elle s'est développée si vite. Rappelons-nous qu'au XIème et XIIème siècle la science arabe était la plus avancée, car pour l'Islam raison et foi sont séparées. Il est plus que probable, qu'en Andalousie, la découverte d'un Galilée n'aurait pas posé le moindre problème.

Question : D'après vous, qu' est ce qui a changé au cours de ces cinquante dernières années dans l'évolution humaine ?

Réponse : Ce n'est pas tant la mondialisation. Ce ne sont pas tant les progrès de la communication et de l' informatique. C'est notre rapport à la douleur. Nous ne souffrons plus de la même façon.. Imaginez la douleur de nos ancêtres elle était quasi permanente. Pensez aux problèmes dentaires, à l accouchement, à l'agonie, tout cela sans anesthésie.Dans nos sociétés développées, notre rapport à la douleur a changé. Si nous sommes un peu lucide,nous voyons que les systèmes religieux portaient en eux notre tentative de diminuer la douleur par l'acceptation. Ils étaient le moindre mal dans notre gestion de la douleur. Ils se sont construits autour de cette idée. En asie, le karma explique nos douleurs présentes à cause de nos fautes passées. En occident, en tant que chrétien, nous portons le pêché originel. Nous avons passé des siècles à penser : « Dieu nous éprouve car il nous aime. Nous vivons des douleurs insupportables car elles nous viennent de nos fautes mais Dieu veut ce qui est bon pour nous. »

La culpabilité est mise en avant pour justifier, accepter et mieux gérer ces douleurs. Mais maintenent nous souffrons de moins en moins. Depuis plus de trente ans nous avons dépassé le « tu enfanteras dans la douleur » de la genèse. L'accouchement sans douleur avec péridurale est une réalité pour de plus en plus de femmes dans les sociétés développées. Nous inventons de nouvelles molécules pour soigner les douleurs physiques et morales. Le vrai changement de ces dernières décennies est que nous ne souffrons plus de la même façon. Naturellement les vieux systèmes religieux de justification et d'explication de la douleur deviennent progressivement obsolètes. Mais n'oubliez pas que ces systèmes portent des perles : les écrits des mystiques.

Question : Pourquoi détruisons-nous la nature ?

Réponse : Le vrai problème est que notre niveau de conscience est sans rapport avec notre niveau technologique. L'homme n'a pas changé. C'est son niveau technologique qui a changé. Il n'y a pas la nature et l'homme. L'homme, tel qu'il est, fait partie de la nature. Cessons d'opposer la nature et l'homme. A l'époque de l'empire romain, les lions avaient disparu d'Afrique du nord, les demandes liées aux jeux du cirque ayant épuisé l'espèce dans ces régions. On nous dit également que les indigènes de l'île de Pâques ont rendu leur île inhabitable, en la déboisant afin de transporter les statues de leurs dieux. Nous arrêterons de détruire notre environnement en montant notre niveau de conscience, en nous éloignant de l'anxiété, conditionnée par la peur, qui nous fait fuir dans des compensations de consommation à outrance. Plus nous aspirerons à la conscience, moins nous compenserons, plus nous serons en adéquation avec ce qui nous entoure.

Question : Comment dépasser le racisme ?

Réponse : Réfléchissons ensemble au racisme. Quelle est la cause profonde du racisme si ce n'est la peur de l'autre, de la différence, de l'inconnu ? Cette peur met notre système d'identification en risque. Alors, mécaniquement, nous rejetons l'autre en projetant un jugement négatif, l'autre devient le mal. Il incarnera le bien seulement si nous pouvons nous identifier à lui. Maintenant posons-nous vraiment la question: sur quoi repose notre système d'identification au bien et au mal ? Sur les systèmes de croyances collectives du groupe auquel nous appartenons, bien sûr. Ce qui les caractérise, c'est que la plupart du temps ils entretiennent la peur et la culpabilité, la lutte entre le bien et le mal. Observons les systèmes monothéistes révélés : juifs, chrétiens, musulmans, à l'origine d'une bonne partie de notre conditionnement neuronal. Dans ces systèmes, il y a d'un côté un Dieu créateur, le bien, et de l'autre le diable, le mal. Plus les fidèles de ces systèmes seront intégristes, c'est à dire identifiés à leur code moral, plus, généralement, ils seront intolérants, racistes, homophobes. C'est naturel, celui qui est différent met leurs identifications en risque. La diabolisation de l'autre apparaît également dans la plupart des cultures. Elle jaillit périodiquement. Vous l'avez vu au Rwanda entre Hutus et Tutsis, en Inde entre musulmans et hindous, en Malaisie entre chinois et malais etc.

C'est en nous déconditionnant, c'est en nous désidentifiant de ces archétypes nourrissant la peur, à travers la lutte du bien et du mal, que le racisme disparaîtra. C'est en amenant notre conscience au-dessus de ce magma de peur et de culpabilité, que l'autre sera vraiment accepté. Non pas accepté en surface, parce que cela est politiquement correct, mais accepté pleinement parce que nous avons lâché nos identifications ancrées dans la peur. Pour ouvrir notre cœur, nous devons chevaucher nos peurs.

Question : N'y a-t-il pas une différence entre la culpabilité de base que nous portons, et le sentiment que l'individu ressent à la suite d'un acte répréhensible ?

Réponse : Le propre de l'ego, qui est une non-entité, est d'entretenir sa propre fiction. Cette fiction repose sur la première identification au processus douloureux de la naissance et à la peur qui en découle. Cette identification, première forte empreinte neuronale, sera le terrain sur lequel la culpabilité, renforcée, par les pressions de l'éducation et le contexte culturel, va se construire. Cette peur et cette culpabilité, notre identification de base, comme toute identification, cherchera à s'auto-entretenir. Quelle est la raison qui nous pousse, dans certaines circonstances, à mal nous comporter, ou en d'autres termes, à sortir de ce qui devrait être la règle de base de la vie en société : « Faire aux autres ce que tu voudrais que l'on te fasse ? »

Quand nous nous comportons d'une façon cruelle, méchante, égoïste, c'est toujours la culpabilité de base, fondement de l'ego, qui, à travers un système de leurres, se nourrit. Ces leurres, nos sous-personnalités agressives, vont, dans un premier temps, développer toute une logique pour justifier leur comportement. Ces sous-personnalités sont le choix du moindre mal pour entretenir les strates de culpabilité inconsciente. Nous le voyons bien, après un temps, quand l'énergie de ces sous-personnalités est épuisée, un sentiment plus ou moins important de culpabilité apparaît.

Question : Que voulez-vous dire ?

Réponse : Rappelez-vous la dernière fois que vous vous êtes mal comporté avec vos parents ou vos enfants. Quand vous vous êtes enfermé dans un énervement qui vous a fait dire des choses que vous avez regretté ensuite. Comment vous êtes-vous senti après ?

Question : Y a-t-il une culpabilité légitime ?

Réponse : Vous voulez justifier un garde-fou que vous appelez culpabilité légitime. Bien ! Observons le fonctionnement de la société fondée sur elle. Elle nous amène la peur de la punition, la peur de Dieu, la peur de ne pas avoir été assez juste. Maintenant posez-vous la question : « Que produit la peur ? » La violence, bien sûr.

Question : Mais je vous parle d'une culpabilité beaucoup plus simple. Je devais aller voir un ami à l'hôpital il y a quelques jours. Je n'y suis pas allé, et je me suis senti coupable.

Réponse : Vous me parlez là d'un sentiment lié à la préservation de votre image. La stabilité de votre image étant en risque, ce sentiment était le moindre mal pour la maintenir.

Question : Mais je suis retourné le lendemain à l'hôpital avec un cadeau. Ma culpabilité n'a-t-elle pas été utile ?

Réponse : Pour maintenir votre image, vous avez produit une compensation qui vous a restabilisé, et a peut-être rendu votre ami heureux. Dans ce sens elle a été utile. Nous vivons dans un monde où nous compensons et surcompensons en permanence, afin d'établir un équilibre qui nous échappe. Démanteler la logique de nos compensations est l'essence du travail sur soi.

Question : Vous présentez la culpabilité comme un élément fondamental et universel, et pourtant en Chine et au Japon, il n'y a apparemment pas de culpabilité dans la sexualité.

Réponse : En orient, la culpabilité liée au sexe est très différente de celle que nous connaissons en occident. Au Japon, par exemple, la chose à ne pas montrer à la télévision sont les poils pubiens. Mais réfléchissons à la façon dont la culpabilité s'agence dans les sociétés orientales. Pourquoi la honte sociale est-elle tellement importante ? Elle engendre régulièrement des suicides. Pourquoi en Chine, quand on s'exclame : « Tout va très bien. Je suis très heureux », on va souvent, ensuite, se tourner vers les dieux, les esprits et formuler l'inverse : « Je vais très mal. Je ne suis pas heureux » ou bien « Mes affaires ne marchent pas » alors qu'en réalité elles sont florissantes. Il est toujours question de ne pas irriter les dieux, de ne pas rendre les esprits jaloux. Et pourquoi, une fois par an, si on ne brûle pas de la fausse monnaie, des objets de luxe en papier pour ses ancêtres, on risque de les fâcher et de voir s'abattre les pires calamités ? Pourquoi ces systèmes de croyance si ce n'est, encore une fois, pour renforcer la peur et la culpabilité refoulée ?

Regardez la société des Mayas qui sacrifiaient des milliers de personnes afin d'obtenir la protection de leurs dieux, ou celle des Chiites qui rituellement, pour commémorer la mort d'Hussein s'infligent des blessures jusqu'au sang. Soyez conscient du grand nombre de groupes humains d'Afrique, d'Amazonie, d'Asie qui s'imposent des douleurs physiques pour se purifier ou pour protéger leur communauté. Si ils ne s'infligent pas ces souffrances, ces hommes ne peuvent occuper une place enviable dans la hiérarchie du groupe.

Il est donc intéressant de regarder comment les systèmes de peur et de culpabilité apparaissent au niveau conscient. Prenons, par exemple, les TOCS (les troubles obsessionnels compulsifs). Ceux-ci consistent, par exemple, à se laver les mains trente fois ou plus par jour. Ils peuvent entraîner des comportements tels que le comptage des pas, ou des objets environnants, afin de tomber sur des nombres pairs ou impairs qui détermineront la chance ou la malchance. Ils peuvent vous faire tirer et retirer les cartes, ou utiliser un jeu divinatoire, afin d'obtenir une réponse qui vous sécurisera. A un autre niveau, voyez le mécanisme qui nous fait marchander avec une entité supérieure, nous amenant à penser que si je prends l'engagement de faire ceci, ou si je renonce à cela, j'obtiendrai ce que je veux en retour. Il est très évident que ces comportements sont issus des systèmes de peur et de culpabilité refoulés, et qu'ils sont le moindre mal pour les maintenir. Dès que l'ombre n'est pas active, les choses changent. L'exemple qui parlera à tout le monde est la chance du débutant. Une partie de vous est neuve, elle n'est pas encore reliée au vieux système de culpabilité. Mécaniquement, les côtés gagnants peuvent alors s'exprimer. Tous les casinos du monde connaissent ce phénomène. Rappelez-vous que le concept de culpabilité est juste le concept le plus adéquat pour définir dans nos vies les effets de notre ombre.

Question : Comment définir la quintessence de votre enseignement ?
Réponse : Voyez ce que vous ne voulez pas voir en vous-même.

L'AMOUR

Question : Un des grands sujets est l'amour. Que pouvez-vous en dire ?

Réponse : Vous ne pouvez connaître véritablement l'amour que si vous vous réconciliez totalement avec vous-même, c'est-à-dire avec les aspects de vous-même que vous n'aimez pas. Autrement, ce que vous appelez amour n'est qu'une projection, qui peut très facilement devenir indifférence ou haine, selon l'aspect de vous qui sera touché par l'attitude de l'autre. Réfléchissez ! C'est une question très sérieuse: l'amour peut-il exister ?

Plus vous approchez de votre vraie nature, plus la qualité d'amour dont vous êtes capable ressemblera à l'amour. L'amour le plus parfait que l'ego puisse donner, c'est l'amour d'un parent à son enfant. C'est bien parce que le père ou la mère sont totalement identifiés aux besoins de l'enfant, que cet amour ressemble à l'amour. Nous courons après l'amour, parce que l'amour a le parfum de notre vraie nature. Inconsciemment, notre aspiration à l'absolu nous attire vers ce parfum, dans lequel nous voulons nous dissoudre. Plus nous montons en conscience, plus nous sommes unifiés, plus notre capacité d'amour s'améliore.

Question : Pourriez-vous parler de notre capacité à aimer ?

Réponse : Quand nous nous sommes dégagés des vieux schémas de peur et de culpabilité, nous sommes moins pris par la gestion de nos dysfonctionnements. Nous fuyons moins dans les compensations. Le résultat est que nous avons plus d'attention à donner à ceux qui nous entourent. L'amour est un don de soi, et il ne peut venir que de l'oubli de soi. Bien sûr, si l'attention à l'autre a un objectif quelconque, ce n'est pas vraiment l'amour. Si l'attention à l'autre vient de notre peur de l'abandon, ou de toute autre projection, voyons le, acceptons le. C'est le fait de voir à quel point nous aimons peu, qui va nous permettre d'aimer davantage. Plus nous nous déconditionnons, plus notre capacité à aimer augmente. Quand on rentre dans une vraie dynamique de changement, on ne veut plus changer les autres. Tout naturellement on les accepte tels qu'ils sont. Alors, seulement, on peut commencer à les aimer.

Question : Comment voyez-vous les relations de couple ?

Réponse : Les relations de couple produisent de magnifiques occasions d'approfondir la connaissance de nous-même. Voir comment nous idéalisons l'autre, voir comment nous admirons, chez l'autre, des aspects qui ont été refoulés chez nous; voir comment nous reprochons à l'autre des aspects que nous portons, mais que nous n'acceptons pas. L'autre est un miroir. Utilisez le ! Si vous pratiquez la Distanciation, l'autre vous donnera des occasions d'approfondir le Discernement.

Question : Y a t'il un couple idéal, et comment fonctionnerait-il ?

Réponse : Ce couple devrait s'accorder sur cinq plans. Quand je dis s'accorder, c'est comme accorder deux instruments de musique différents. Le premier plan est physique, évidemment. Cette relation physique devra évoluer comme un jeu dont le but est le plaisir de l'autre. Le deuxième plan est psychologique. Les névroses sont compatibles, un peu, beaucoup ou pas du tout : vous vous entendez bien pour presque tout, ou vous vous disputez pour des détails sans importance. Il faut généralement quelques semaines, pour savoir si la relation va fonctionner. Le troisième plan est intellectuel. Il sera stimulé par des goûts communs, la même culture, les voyages, la musique ou l'art moderne. C'est à cet étage que la fraîcheur d'une nouvelle perception sera partagée, et c'est grâce à cette fraîcheur que le couple pourra durer. Le quatrième plan prend un petit peu plus de temps à se réaliser. C'est le plan de l'âme: sentir l'état de l'autre quand il n'est pas là. Puis en évoluant les âmes apprendront à fusionner, se séparer, fusionner à nouveau. Quand on atteint cette dimension, on danse avec les dieux. Du cinquième plan, naît une vision commune philosophique, métaphysique, issue de l'expérience, de la liberté, de l'éveil, d une intégration véritable du but de la vie. La mythologie indoue illustre ce thème à travers Shiva et Parvati, Vishnou et Lakshmi L'important est d'avoir ces cinq plans vivants, et d'apprendre à les accorder, comme on accorde deux instruments, pour que résonne l'harmonie d'une relation consciente. On peut considérer que de bons accords sur les trois premiers plans sont le minimum indispensable pour construire une vie heureuse.

Question : L'état amoureux, la passion, que pouvez-vous en dire ?

Réponse : La passion est l'expression de votre besoin primordial de fusion avec la vie. Mais cette expression n'est pas issue de votre véritable nature. Elle est issue de l'illusion qui constitue votre identité. Le cœur de cette illusion est votre enfant vulnérable. L'état amoureux, la passion, l'amour romantique sont ses tentatives de retrouver l'unité. Nous connaissons tous des gens qui tombent très souvent amoureux. Inconsciemment, ils cherchent l'unité. Malheureusement la répétition de schémas engendrant l'échec, maintiendra la souffrance qui, à son tour, maintiendra la vulnérabilité. Le propre de tout ce qui nous constitue est de chercher désespérément la continuité. Essayez de voir cela globalement.

Question : Donc, pour vous, tomber amoureux est une erreur ?

Réponse : Quand nous tombons amoureux, nous partons en identification vers l'objet de notre amour. Si le corps émotionnel vibre à l'idée de la fusion, c'est parce que la situation est neuve. Les couches de mémoire, derrière cette vibration, ne sont pas activées. C'est pour cela que nous ressentons ce parfum d'unité. C'est lui qui nous attire vers notre partenaire. Puis, quand la relation évolue, et que ce parfum se dissipe, les éléments non-réglés remontent à la surface. Ces éléments sont en chacun de nous. Ils sont liés à notre histoire, aux énergies de notre mère, de notre père, que nous avons intégrées et rejetées à la fois. Si nous pratiquons, tant soit peu, l'interrogation et le questionnement, notre partenaire devient le miroir grâce auquel nous pouvons voir plus profondément en nous-même.

Question : Alors, tomber amoureux est une bonne chose ?

Réponse : Cessez de fonctionner en termes de bon ou de mauvais. Ultimement, tout ce qui vous arrive est positif. Utilisez votre intelligence afin de comprendre la logique qui vous anime. Vous avez, dans votre entourage proche, tout ce qu'il faut pour vous voir et pour passer au dessus de votre ombre.

Question : Quelle place a l'amour dans l'Eveil ?

Réponse : L'Eveil est pur amour. Quand vous êtes unifié vous n'êtes qu'amour. Vous devez comprendre que votre entité psychologique est une armure qui vous permet de faire face à ce qui est autre que vous. Dès qu'elle n'est plus là, il n'y a qu'amour.

Prenons l'exemple d'un écran de cinéma et du film qui y est projeté. Le film est votre entité psychologique qui déroule sa propre histoire. L'écran est votre vraie nature, voilée par le film, qui est constituée de toutes vos identifications. Les paires d'opposés le bien/le mal, la guerre/la paix, l'amour/la haine, ce qui est vous et ce qui n'est pas vous, forment votre entité psychologique. Votre nature est d'être l'écran, il n'est jamais affecté par le film, mais sans lui il n'y aurait pas de film. Quand vous réalisez que vous êtes l'écran, vous êtes amour, vous êtes la vie qui s'aime elle-même.

Question : Mais en chemin, à l'intérieur du film, on peut vivre l'amour.

Réponse : Plus vous dominerez vos peurs, plus votre capacité à aimer sera grande. Votre ego n'est que le manager de vos peurs; en tant que tel, l'amour qu'il peut donner est toujours un amour de compensation. Ouvrez-vous à l'amour, essayez encore et encore. Quand vous dites je t'aime, et que vous êtes emporté par votre amour, votre vraie nature transparaît au fond de vous.

L'AME OU LE CORPS PSYCHIQUE

Question : La nature de l'âme, voulez-vous nous en parler ?

Réponse : Vous devez comprendre ce qu'est l'âme: c'est un étage intermédiaire dans la montée de la conscience sujet-objet vers le réel - le réel étant ce qui ne change pas - un étage qui s'ouvre sur les mondes psychiques. Le corps physique évolue sur le plan physique, le corps psychique, ou l'âme, sur le plan psychique: l'un ne recèle pas forcément l'autre. C'est un grand mensonge des religions monothéistes. Vous ne doutez pas que vous avez un corps physique. Pour le corps psychique, c'est la même chose. Si vous avez développé une âme, vous le savez.

Beaucoup de traditions parlent de cela. Mais les gens sont tellement ignorants ! Dans l'hindouisme et le bouddhisme tibétain, les pratiques tantriques, ainsi que celles de la kundalini sont liées à l'énergie, elles ont été codifiées et sont utilisées pour le développement de l'âme. Jésus est très clair sur le sujet, dans la parabole des talents, et celle des mines, le Prophète également. Gurdjieff, à l'époque moderne, dit la même chose. Le Taoïsme nous donne aussi un manuel pratique de cristallisation de l'âme « le secret de la fleur d'or » et pour la plus ancienne des traditions, l'Egypte, c'est l'union du bâ - l'aspect spirituel le plus élevé - qui s'unifiant au kâ - l'aspect conditionné - donnera un kâ plus ou moins élevé. La civilisation égyptienne était basée sur la survie de l'âme. Mais arrêtons-nous là, car la grande complexité des traditions, souvent, ne nous aide pas. Les traditions contiennent des pépites d'or, les écrits de certains mystiques, mais ces pépites sont enfouies dans le sable des systèmes de croyances.

Comment le corps psychique évolue-t-il ? Notre enfant vulnérable est la connexion avec notre essence. Il porte la graine du développement de notre âme, enfouie sous les couches de nos identifications. Quand par le Discernement, nous déstructurons ces couches de peur, de culpabilité, nous nous libérons progressivement de la jalousie, de la timidité, de l'agressivité. Nous sentons, lors de ces lâcher-prises, notre vieux corps émotionnel vibrer et s'ouvrir. Nous prenons conscience que nous nous sommes dégagés d'un poids. Nous étant désidentifiés de ces vieilles structures, nous nous ouvrons à un silence mental d'une meilleure qualité, attirant d'autres fréquences d'énergie, qui accéléreront le démantèlement du corps émotionnel refoulé. Après un certain temps, quand nous avons suffisamment stocké d'énergie subtile dans les espaces que nous avons libérés, nous pouvons ressentir, parcourant notre corps, une sensation électrique tactile. Puis, des sensations physiques sont ressenties sur le sommet, à l'arrière du crâne, et entre les deux yeux. Elles témoignent de cette énergie d'en haut, rencontrant et transmutant l'énergie d'en bas que nous avons dégagée par le Discernement. En pratiquant les techniques que je vous enseigne vous ferez, en quelques mois, l'expérience de ces sensations. Elles sont l'évidence physique du développement de cette énergie subtile, composant l'être psychique, qui ne peut être dissout par la mort si le processus est suffisamment avancé. C'est simple. Il suffit de pratiquer.

Si vous vous intéressez à cela, pratiquez l'introspection et le silence: c'est la méthode la plus rapide. Mais rappelez-vous que le corps psychique est une illusion. Maharaj et bien d'autres ont dit que, dans leurs quêtes, ils ont rencontré des dieux et des déesses, mais que cela a peu d'intérêt. Ce qui compte, c'est la liberté, et la liberté est au-delà des conditionnements corporels, psychologiques, psychiques. D'abord, si vous développez une âme, vous serez vivant sur un autre plan, vous aurez moins peur et cela affaiblira votre ego. Ensuite, le résultat de l'Eveil sera l'accélération du développement de votre corps psychique. Avec ce corps psychique vous apprendrez à vous dissoudre dans l'unité.

Question : Comment développer mon âme ?

Réponse : Nous devons comprendre que les mondes de l'âme sont des mondes d'espace, de lumière, d'information et d'énergie, contenus dans la conscience. La science nous dit, aujourd'hui, que la matière et la conscience sont énergie. La conscience que nous connaissons est liée à notre cerveau et à notre corps. C'est au coeur de nous-même que nous allons développer notre âme, en nous servant de cette énergie. Imaginez une série de poupées russes faites de verre teinté. La plus petite est la plus sombre, la plupart d'entre nous sommes là, celle qui contient toutes les autres est la plus transparente. Pour accélérer l'évolution de votre âme, vous allez apprendre à transférer l'énergie d'une poupée à l'autre - de la plus transparente vers la plus sombre - qui petit à petit s'éclaircira. Comme nous l'avons vu, le travail préliminaire est psychologique, à travers l'observation et l'introspection vous avez entamé ce travail. La compréhension de vos rêves a aiguisé votre discernement. Dans votre laboratoire psychologique vous avez créé un espace, en démantelant partiellement vos structures refoulées. Le travail psychologique, et la pratique du silence, ont ouvert des connexions avec la poupée russe de la taille supérieure. Vous avez maintenant des sensations entre les deux yeux, au sommet et à l'arrière du crâne, vous avez également de légères vibrations électriques parcourant votre corps. Maintenant tout va pouvoir aller beaucoup plus vite. Vous allez apprendre à vous ouvrir à l'énergie de la poupée de la taille supérieure, à aspirer cette énergie, et à l'utiliser pour accélérer le démantèlement de votre ombre. Vous allez apprendre, dans votre méditation, à cultiver une attitude active et passive à la fois, c'est à dire identifier les résistances, les fermetures. Elles se situent dans le corps: les problèmes psychologiques se traduisent toujours par une sensation physique. Vous allez apprendre à descendre cette énergie des plans supérieurs, pour démanteler votre structure d'ombre, et la transmuter en un corps de lumière. Ce faisant vous monterez progressivement des archétypes terrestres aux dimensions cosmiques. Rappelez-vous que les archétypes sont des structures d'énergies psychiques constituées de nos croyances. Votre vraie nature est d'être la plus grande des poupées russes, celle qui est d'une lumière infinie, contenant toutes les autres.

Question : Pour développer mon âme, vous m'expliquez que je dois m'ouvrir à une fréquence d'énergie supérieure, y a-t-il un moyen pour accélérer ce processus ?

Réponse : Le terrain du développement de votre âme est votre pratique du silence, l'estomac vide de nourriture et l'esprit vide de pensée. Dans cette position, vous vous ouvrez à d'autres fréquences d'énergie.

Dans ma pratique, pendant quelques années, j'ai pris l'habitude de m'asseoir régulièrement dans des lieux connectés à l'énergie d'un archétype chrétien, car j'habitais l'Europe, les grandes cathédrales, saint Jacques de Compostelle. Quand vous pratiquez le silence dans un lieu où des millions de personnes, pendant des siècles, se sont connectés au même archétype, si vous êtes un peu ouvert, vous ressentez cette fréquence d'énergie supérieure. Elle accélère la cristallisation de votre âme. Vous pouvez trouver également, dans certains musées, des objets chargés d'énergie. Il y a par exemple deux bouddhas intéressants dans celui de Toronto. Il y a des pîs, c'est-à-dire des disques de prière chinois, au musée Guimet à Paris. Certains artistes qui ont fait une percée de conscience peuvent la transmettre au travers de leur travail. Le Coréen, Lee Ufan, a produit des oeuvres qui ouvrent une autre dimension. Le mur à Jérusalem est aussi très puissant. A Londres, à Westminster, la chapelle St. Faith est un haut lieu. En Asie il y a également de nombreux endroits. Imaginez la puissance énergétique de la Mecque, vers laquelle un milliard d'êtres humains se tournent cinq fois par jour. L'idée, bien sûr, est de se connecter à l'énergie en étant aussi libre que possible de l'archétype, c'est-à-dire du système de croyance qui le constitue. Quand vous allez dans ces endroits, c'est comme si vous vous branchiez sur une prise électrique psychique. Vous en avez le ressenti, c'est très fascinant, essayez vous verrez. Mais rappelez-vous, croyez surtout en vos sensations subtiles, méfiez-vous de votre imagination qui pourrait intervenir en se servant de la composante psychologique de l'archétype. Etre libre de vos pensées dans ces endroits est la clef.

Question : Peut-on s'éveiller sans âme ?

Réponse : Bien sûr, à travers un choc ou à la mort. Un événement brusque peut nous dépouiller de l'entité personnelle, car il nous fait lâcher d'un coup tous nos points d'appui. L'Eveil est notre état naturel. Il est toujours là. Dès que l'ego lâche, il apparaît. L'ego n'est que ce que vous avez accumulé. Mais après l'Eveil, l'ego se reconstituera en fonction du niveau de désidentification atteint. Les agrégats psychologiques, qui n'ont pas été proprement discernés, se rassembleront par attraction, reconstruisant l'ego. Tant que la conscience n'a pas décollé de l'ombre ou des identifications de peur, de culpabilité, elle se prend pour le mental. Dénouer ses identifications est le travail préliminaire, qui va permettre la cristallisation de l'âme.

Question : Donc, nous avons besoin d'une âme pour évoluer ?

Réponse : Elle fait partie du processus de croissance de l'humanité. Travailler sur vous pour vous fabriquer une âme, ne serait pas le bon chemin. Travailler sur vous pour vous comprendre, comprendre la vie, pour vous connaître, connaître le divin, trouver la motivation qui colle à votre état psychologique du moment. Mais trouver le divin me paraît la meilleure formulation, car c'est l'archétype le plus puissant. En tout cas, pour moi cela l'a été.

Question : Mais l'âme, qui en a une ? Qui n'en a pas ?

Réponse : Ce n'est pas parce que vous êtes né que vous êtes psychiquement vivant. Tout est lié à l'évolution, je vous l'ai déjà dit. 10 000 œufs de saumon pour produire trois ou quatre saumons. Des milliers glands pour produire un grand chêne. Parmi 200 millions de spermatozoïdes, 200 parviendront à la trompe et un seul atteindra l'ovule. Parmi plusieurs milliards d'individus, seule une fraction devient psychiquement consciente. Une fraction de cette fraction connaîtra l'Eveil. Cette planète est une usine à produire de la conscience. Malheureusement, aujourd'hui, ce n'est pas une usine en très bonne état. On peut en être désolé, mais tout est lié à l'évolution. A cet étage il n'y a pas de droits de l'homme.

Question : C'est injuste.

Réponse : Pour qui ?

Question : Evidemment. Vous avez raison, mais cela me met en colère.

Réponse : Combien de fois faut-il vous le dire : la colère protège la peur, la peur protège la culpabilité, la culpabilité liée à la peur d'origine tient le système. Voyez-le. Cet enseignement est progressif mais il peut être abrupt. Cela dépend de vos dispositions. Si vous voyez le faux dans sa totalité, le vrai apparaît. Vous avez toujours été le vrai. Votre conditionnement n'est qu'un mauvais rêve mais le rêveur peut travailler le rêve et le rendre meilleur. Le rêveur peut aussi agir consciemment à l'intérieur de sa vie rêvée, et la modifier, c'est une des possibilités de l'âme. Mais le rêveur peut surtout s'éveiller. C'est sa vocation fondamentale.

Question : Pouvez-vous nous parler des plans psychiques, des mondes de l'âme ?

Réponse : Cela ne servirait à rien et contribuerait même à bloquer votre progression.

Question : Pourquoi ?

Réponse : N'imaginez pas.

Question : Que voulez-vous dire ?

Réponse : Si je vous parle des mondes psychiques, vous allez vous en faire une image, et cette image vous bloquera. Ne pas imaginer est fondamental, sinon votre imaginaire va créer une illusion de monde psychique, dans laquelle vous rêverez de voyager. Vous vous inventerez des vies passées pour expliquer vos problèmes d'aujourd'hui. Si l'imaginaire n'est pas maîtrisé, comment voulez-vous voyager dans les dimensions psychiques ? Le travail essentiel est la pratique du silence, l'estomac vide. Quand vous ne pouvez pas arrêter vos pensées, levez-vous, faites quelques pas, puis reprenez votre pratique. Celle-ci est juste une bonne qualité de Distanciation stabilisée. Quand vous aurez un ressenti psychique, visuel, ou auditif, oubliez-le ! Autrement, vous vous en servirez comme d'un point d'appui.

La physique moderne a démontré que l'observateur a un effet sur l'observé. Plus l'observateur sera conscient qu'il est l'observé, plus l'entité psychique évoluera, plus ses capacités dans les mondes subtils seront grandes. Mais quand ces expériences se présenteront, surtout ne vous identifiez pas trop à elles, ou elles deviendront un autre système de fuite, un autre système d'identification. La liberté est difficilement accessible à travers ces plans, si l'Eveil ne s'est pas produit avant. La porte de la liberté doit d'abord s'ouvrir à travers: « Qui suis-je ? Qui perçoit ? »

Question : Parlez-nous encore de la nature de l'âme

Réponse : L'Ame baigne dans la perception. Nous vivons dans un monde de mots et de pensées. Les mots s'expliquent par d'autres mots, les pensées s'associent à d'autres pensées. Tout est lié à la mémoire qui fonctionne par association. La perception ne fonctionne pas par association. Plus l'âme évolue plus sa perception s'élargit. Pour l'homme du début du dix-septième siècle, le soleil se levait à l'est et se couchait à l'ouest, donc le soleil tournait autour de la terre. Keppler, grâce à son objet de perception, un télescope primitif, a démontré le contraire, c'est bien la terre qui tourne autour du soleil. Aujourd'hui, grâce au télescope sur orbite, nous avons élargi notre perception de l'univers.

La nature de l'âme est d'être tour à tour sujet et objet de perception. Elle s'ouvre sur des champs de plus en plus vastes. Elle ne fonctionne pas par association, sa vocation est de se dissoudre dans le tout. L'objet retourne à l'ultime sujet, à l'ultime percipient, l'absolu.

Question : Que voulez-vous dire : l'âme est à la fois sujet et objet de perception ?

Réponse : Au début de votre évolution, votre âme, à travers ses sens subtils, est votre objet de perception: elle vous permet de voir les champs d'énergie, les auras, les mondes archétypaux. Puis, l'âme grandissant, elle est le sujet, poursuivant son évolution cosmique, mais c'est un sujet qui a intégré que l'observateur est l'observé. Finalement, l'âme-objet se retrouve aspirée par l'ultime sujet: le tout, dans lequel elle se dissout.

Question : Vous dites que les mondes psychiques sont une réalité ?

Réponse : C'est une réalité dépendante de la conscience qui les perçoit. Au sein de cette conscience, s'est cristallisé un corps psychique qui perçoit les mondes subtils. C'est l'étage supérieur de l'évolution. Ce n'est pas la liberté que nous cherchons, mais c'est un chemin qui y mène. Généralement, une entité psychique évoluée sera plus bienveillante, plus ouverte, plus puissante, plus compatissante. Mais elle peut aussi être noire et malveillante. La liberté n'est jamais au niveau d'une entité, si belle soit-elle. Le travail sur soi, la pratique du silence, vont cristalliser une âme, un corps psychique. Un étage aura été franchi dans le processus de l'évolution. Cette âme saura d'expérience qu'elle n'est plus liée à la vie du corps physique. Cela diminuera la peur de base qui est celle de mourir. Cela affaiblira l'ego. Il faut se rappeler que la liberté ne peut jamais être dans la dualité. Même dans les étages les plus élevés de l'inconscient collectif, vous êtes toujours dans une illusion. Mais de là il est beaucoup plus facile de lâcher et d'apprendre à se fondre dans l'ultime réalité, dans l'essence de la vie.

Question : Parlez-nous des pouvoirs de l'âme.

Réponse : La pratique soutenue des deux premiers D, va destructurer les strates psychologiques. Si cela s'accompagne d'une pratique du silence, vous allez cristalliser un corps psychique. Il pourra développer des siddhis, c'est à dire des pouvoirs psychiques. Ceux-ci comprennent : le développement de l'intuition, la vision de l'aura et des plans énergétiques. La sortie du corps et l'action sur les plans subtils: le potentiel, le virtuel. La montée dans la lumière des plans supérieurs. La connexion à d'autres espace-temps: « le domaine des idées de Platon ». L'accès au monde des symboles, de l'imaginal, des archétypes de Jung. C'est une ouverture sur des mondes qui ont leur propre réalité, à la limite du « manifesté » et du « non-manifesté » qui sont chargés d'informations.

Si les siddhis sont un signe de progrès, vous ne devez pas oublier que les Maîtres les considèrent souvent comme des obstacles sur la voie. Ils apparaissent car l'ego a muté. Il est devenu plus poreux, plus subtil. Il a changé de niveau de conscience. Si votre motivation n'est pas pure, si vous avez oublié que les siddhis appartiennent au monde mental, et que vous vous identifiez à eux, les mettant à votre service sans Discernement, vous risquez de retomber dans une identification plus opaque encore. Vous pouvez induire des déséquilibres psychologiques et même, parfois, physiologiques importants. Si dans votre pratique vous n'êtes pas réceptif à la réalité à laquelle vous aspirez, vous aurez alors le plus grand mal à progresser vers votre but, à savoir : la liberté, la conscience unifiée, le Nirvana, le royaume des cieux. En résumé, on peut dire que les siddhis avant l'Eveil sont un frein. Après l'Eveil ils prennent naturellement leur place.

Question : Pourriez-vous dire quelque chose sur l'évolution de l'âme ?

Réponse : La nature de l'âme est d'être entre le temps et la réalité. Si l'Eveil s'est manifesté, l'âme retrouvera de plus en plus facilement son chemin vers la réalité, car elle sait que ce qui est ne devient pas, et que ce qui devient n'est pas. Une âme vraiment évoluée sait lâcher le devenir, pour se faire aspirer par l'être.

Question : Que se passe-t-il quand on meurt ?

Réponse : La mort est le lâcher-prise ultime. C'est l'occasion de retrouver l'unité, si nous avons déjà fait ce chemin, de mourir à notre entité psychologique, avant de mourir. Si ce n'est pas le cas, c'est notre dernière possibilité de nous éveiller, à condition de ne pas partir en identification avec des phénomènes psychiques. Comprenons que nos identifications psychologiques imprègnent la matière psychique qui s'est cristallisée durant notre vie. Cette matière conditionnera le rêve de l'après vie dans les mondes psychiques. Ce rêve sera lié à nos systèmes de croyances : les bardos des tibétains, qui ne sont rien d'autres que les paradis et les enfers des religions monothéistes, ou par exemple les grandes plaines heureuses des indiens d'Amérique du Nord, tout ce qui peuple les archétypes de l'inconscient collectif. En venant au monde, nous avons le potentiel de cristalliser un diamant. A nous de le développer. Si la cristallisation de notre âme n'a pas atteint un seuil critique, tout se dissoudra dans l'inconscient collectif. Mais quand nous nous développons vraiment nous quittons cette planète et notre destinée psychique devient cosmique.

DIEU, LE BIEN ET LE MAL

Question : Vous parlez souvent de l'absolu, mais rarement de Dieu. Pourquoi ?

Réponse : Si vous considérez Dieu comme extérieur à vous-même, vous en faites un objet, vous en faites un point d'appui. Vous ne trouverez ce que vous appelez Dieu que si vous abandonnez tout point d'appui. Mais comme généralement cela vous met en risque, vous préférez entretenir des systèmes de croyance, plus ou moins étranges, pour sauvegarder votre entité personnelle, pour vous maintenir dans la dualité. Nous sommes le tout, le non-né, le Un. Quand nous entretenons une image de Dieu, de l'Eveil, d'une sécurité quelconque, nous nous coupons de notre véritable nature. La vérité est pour l'aventurier, et l'aventurier lâche ses structures. Il prend des risques.

Question : Qu'est-ce que Dieu pour vous ?

Réponse : L'énergie de la vie nous a créés. Pourquoi l'appeler Dieu ? Nos parents nous ont élevés. Pourquoi créer un substitut parental reproduisant la récompense et la punition ? Notre peur nous conditionne à vouloir désespérément la sécurité. Alors nous avons Dieu, qui décide pour nous. Ce concept nous amène à penser: je suis dans la main de Dieu. C'est la volonté de Dieu. Que Dieu bénisse notre pays. Dieu est un concept où l'on projette une sécurité qui nous manque cruellement. Il serait heureux de considérer Dieu en tant que concept évolutif, tout comme un verre dont le liquide changerait en fonction de notre montée en conscience. Soyons courageux, lâchons nos points d'appui, prenons l'habitude de changer le contenu du verre, puis un jour vidons le vraiment. Vide, il devient l'absolu. L'énergie de la vie, alors, se reconnaît en elle-même.

Question : Dieu nous enjoint de ne pas pécher !

Réponse : Dieu ne parle pas ! L'absolu est la conscience de la vie. Cette conscience est une. Comment voulez-vous qu'elle s'exprime en dualité : Dieu sujet s'adressant à un objet qui ne serait pas lui ! Utilisez votre intelligence. Quand Dieu parle, les ennuis commencent.

Que penseriez-vous aujourd'hui d'un homme dont on vous dirait qu'il a emmené son petit garçon en haut d'une montagne pour le sacrifier à Dieu qui le lui aurait demandé. Au dernier moment une voix lui dit que c'était pour l'éprouver. Sur le chemin du retour cet homme voit un buisson brûler pendant des heures. Vous diriez bien evidemment que cet homme doit être emmené aux urgences psychiatriques et que l'on doit lui retirer son enfant. Il est plus que probable que le psychiatre qui l'examinerait concluerait qu'il souffre de bouffées délirantes. Néanmoins c'est sur ce mythe que les religions abrahamiques ce sont construites.

Ce mythe a été central dans la définition d'un peuple élu unique, d'un fils unique de dieu, d'un prophète unique. Nous vivons toujours aujourd'hui dans la folie de ce système et nous pouvons en voir les effets destructeurs. J'attaque l'autre car il met mon système d'identification en risque. L'obéissance à des lois pseudo-divines, avec lesquelles nous sommes tous en contradiction, stimule les culpabilités de base. Cela nous pousse à réprimer notre nature dans notre sexualité, dans notre alimentation, dans notre comportement. Naturellement cette répression nourrit la culpabilité, qui nous soumet à des religieux qui n'ont souvent de religieux que le nom. Ils peuvent alors, au nom de la religion, nous soulager des péchés qu'ils ont créés. Si vous réprimez votre nature, cela ne fera qu'augmenter vos déséquilibres. Voyez cette folie. Le seul péché, c'est l'oubli de vous-même. Si la religion vous attire, lisez les mystiques des différentes traditions. Développez une culture véritablement religieuse, une culture des éveillés. Vous verrez que ce sont eux qui parlent. Pratiquez le silence et l'introspection et vous vous apercevrez que la seule personne contre laquelle vous avez vraiment péché, c'est vous-même.

Question : Le diable, le mal, qu'en pensez-vous ?

Réponse : Le diable n'est rien d'autre que la manifestation de l'énergie qui dit non. C'est vrai, d'un point de vue théologique, quant à l'origine du diable venant de son refus de Dieu. C'est également vrai du refus de votre première identification à la douleur de la naissance. C'est la cause première de votre masque de peur et de culpabilité, entretenant le mal, que vous tentez désespérément de fuir. Naturellement, ce faisant, vous alimentez le processus. Généralement, plus on fait le mal, plus on souffre, plus on est violent. Plus on est violent, plus on souffre, plus on fait le mal. En priant Dieu de vous protéger de la tentation, du mal, du diable, vous entretenez ce que vous voulez fuir. Donner à Dieu des qualités humaines, en disant: « Il est bon, compatissant, clément », c'est entretenir un pôle qui, évidemment, existera par rapport à son opposé. Sans Dieu, pas de diable: sans diable, pas de Dieu. Réfléchissez !

C'est pour cela que le Bouddha nous a tant parlé de la voie du milieu. Ce qui veut simplement dire ne pas partir en identification.

Quand vous lâchez la relation sujet-objet, vous êtes l'absolu. Le goût de cet absolu est le divin. En l'objectivant, vous créez le concept de Dieu. Vous retombez alors dans la dualité où chaque chose existe par rapport à son opposé.

Dieu est tout sauf un objet ! C'est ce que nous ont répété les Maîtres éveillés depuis des millénaires. Rappelez-vous la phrase de Lin Tchi: « Si tu rencontres le Bouddha, tue-le ! » ou Maître Eckhart en chaire: « Mes sœurs, il est temps de vous débarrasser de Dieu ».

Pour éclairer votre compréhension, je vais vous raconter l'histoire du curé d'Ars, un petit village du centre de la France. Cet homme, un grand saint chrétien du XIXème siècle, avait atteint un haut niveau de Désidentification. Comme ce siècle n'est pas très loin, il y a de nombreux témoignages le concernant, évoquant des miracles, ou phénomènes physiques non expliqués. Mais dans sa quête de Dieu, ce brave homme avait un obstacle: certaines nuits, celui qu'il appelait le grappin, ou le diable, se battait avec lui. Le matin il était couvert de bleus: il a été rapporté que des objets de sa cuisine volaient vers lui et le blessaient. Comme cet homme était très développé psychiquement, son ego, pour se maintenir, avait créé cette manifestation démoniaque qui s'auto alimentait par cette lutte.

Il n'y a pas d'autre diable que nous-même. Les démons des différentes traditions ne sont rien d'autre que nos sous-personnalités refoulées. Elles entretiennent une réalité psychique qui peut parfois se manifester sur le plan physique. C'est toujours nous, il n'y a jamais d'autre. Ce sont nos systèmes de croyance qui déterminent ce qui nous arrive. Ces systèmes évoluent en fonction de notre niveau de conscience. La vraie valeur d'un homme est dans sa décision de dépasser sa condition. Cette valeur l'amène à voir que sa condition est la résultante de ses systèmes de croyance.

Question : Il y a du mal en moi, que me conseillez-vous ?

Réponse : Bravo, vous en êtes conscient ! Nous sommes tous un mélange d'ombre et de lumière. Plus vous niez le mal, plus vous le renforcez. Plus vous le laissez vous envahir, plus il sera puissant. Encore une fois, tout se jouera sur la qualité de votre observation. Imaginez que vous ayez une grande maison de dix pièces. Choisissez une pièce, c'est la pièce de votre diable. Il peut y faire ce qu'il veut, mais il ne peut pas en sortir. C'est la seule façon de traiter avec lui. Si vous ne faites pas cela, si vous refusez de le voir, si vous le refoulez il montera en puissance, il envahira votre maison. Si vous l'alimentez, il n'en aura jamais assez et il en prendra progressivement possession. Laissez-lui sa pièce en le mettant à la diète, observez le, comprenez sa logique, petit à petit il diminuera. Mais rappelez-vous qu'il sera toujours là et qu'il essaiera toujours d'occuper votre maison. Plus vous avancez dans la compréhension de vous-même, plus vous êtes en sécurité.

Question : Vous dites que Dieu ne parle pas, mais Dieu peut tout !

Réponse : Vous formulez mal, c'est l'homme qui a le pouvoir de faire. Il projette ce pouvoir, en le démultipliant, sur une image qu'il appelle Dieu afin de trouver une sécurité. Dieu n'agit pas mais, néanmoins, par lui tout se fait. Les religions ont souvent corrompu votre intelligence. Au lieu de vous guider sur le chemin de la Connaissance de vous-même, en vous apprenant l'introspection, la pratique du silence, et en vous amenant à l'interrogation métaphysique, elles ont inventé toutes sortes de péchés vous liant à une image mentale dans laquelle vous vous empêtrez. Le résultat est que l'homme, petite personne, projette une grande personne qui, au choix, le sauve, le protège, le punit, lui garantit la vie éternelle ou la damnation. Voyez que cela n'est que la projection d'une image parentale reproduisant la récompense et la punition, le ciel et l'enfer, et entretenant la culpabilité.

Vous croyez en Dieu ? Très bien, alors aiguisez votre intelligence, car elle seule peut vous sauver. Lisez les mystiques des grandes traditions. Développez une culture vraiment religieuse et, surtout, questionnez-vous ! L'énergie de « Je veux savoir, mais je ne sais pas » vous ouvre les portes du ciel. L'énergie de « Je sais, j'y crois, je suis sûr » vous les ferme. Soyez comme un scientifique, avancez à la lumière de ce que vous vérifiez. Petit à petit, vous allez perdre votre conditionnement. Votre cerveau est possédé par votre mental. Il crée des problèmes pour pouvoir les résoudre. Voyez-le. Si vous voyez vraiment cela, il s'arrête net. Dans cet arrêt se trouve ce que vous appelez Dieu. Il ne s'agit que de la vie se goûtant elle même, dans une absence totale de conditionnement. C'est l'unité qui se reconnaît, en tant que telle, en vous, parce que vous vous êtes vidé de votre ego. Dieu, l'unité - la vie - n'a ni volonté, ni pouvoir. Ce 'un' ne se fragmente pas. A ce niveau seulement, l'homme peut être vraiment bon.

Question : Vous dites que Dieu ne veut rien, mais je me sens aimé par Dieu.

Réponse : Vous avez développé un amour de vous-même, en vous servant de Dieu. C'est une bonne chose. Quand vous dites « Dieu m'aime », ce que vous dites, c'est qu'une partie de vous vous aime. Cette partie est déjà au dessus de l'ombre. C'est la voie de l'amour, la voie appelée bhakti en Inde Dans cette voie, cette partie de vous, où vous vous aimez, va croître jusqu'à occuper la totalité de vous-même. Dieu est le support de cette croissance. Tant que vous ne vous inféodez pas à un de ses représentants, en affichant sa photo, ou en déposant des pétales de rose à ses pieds, cela peut peut-être marcher. Maintenant, réfléchissez ! Si Dieu nous aimait vraiment, croyez-vous que la planète serait dans l'état où elle est ?

Notre identité est une conscience personnelle. La substance de cette conscience est la pensée. L'homme, pour faire face à la peur, a créé l'idée d'un Dieu personnel, l'idée d'un sauveur. Nous projetons une identité que nous appelons Dieu, mais de la façon dont nous l'utilisons, c'est vraiment un concept limité. N'est-ce pas malheureux de réduire l'énergie de la vie, qui a produit l'univers, les galaxies, à un concept parental dans lequel vous cherchez désespérément la sécurité ? L'énergie de la vie nous aime inconditionnellement, sinon nous ne serions pas là. Mais elle ne peut pas nous aimer conditionnellement, c'est-à-dire comme une personne qui est aimée par une autre personne. Demandons-nous plutôt si la conscience, identifiée à la pensée, peut être effacée par une véritable interrogation. Demandons-nous s'il y a une conscience libre de la pensée, libre de l'identification, libre de Dieu. Demandons-nous, également, si une telle conscience ne serait pas de la nature de l'amour.

Question : Alors, quelle est notre vraie nature ?

Réponse : Elle n'est pas objectivable. Elle n'est ni être, ni non être. Elle est au delà de l'absence. Elle est là où vous n'êtes pas. Dès que vous n'êtes plus là, elle apparaît comme étant là depuis toujours. C'est l'énergie consciente de la vie, elle est pur amour, n'étant jamais née, elle ne peut jamais mourir.

LES RÊVES

Question : Dans votre enseignement, vous mettez souvent l'accent sur les rêves, pourquoi est-ce si important ?

Réponse : Il y a au fond de vous une intelligence extraordinaire qui vous aime et qui, toutes les nuits, vous répète encore et encore sans jamais se lasser où vous en êtes, ce que vous devriez faire pour élever votre niveau de conscience, sur quel aspect de vous vous devriez travailler. Mais cette intelligence, vous ne l'écoutez presque pas, souvent vous ne la comprenez même pas. Pourtant son message est clair. C'est votre langage symbolique, personnel et collectif. Apprenez le langage de vos rêves et vous verrez comment l'utiliser pour accélérer votre évolution. Vous allez découvrir que vous avez principalement deux categories de rêves. La première se limite à une ou deux images qui décrivent le blocage particulier auquel vous faites face maintenant. La seconde dresse en plusieurs scènes un panorama psychologique de votre état actuel. Une première séquence vous montrera la problématique, la seconde pointera vers ses causes, la troisième vous donnera une solution.

Vous verrez qu'une partie de vous sait exactement où vous en êtes. Cette intelligence intérieure continuera à traiter le même sujet tant qu'il ne sera pas relativement réglé. C'est pour cela que vous avez des rêves similaires et récurrents. Le même message est présenté différemment afin d'être toujours neuf, et d'ouvrir de nouvelles connexions neuronales. En approfondissant ce nouveau message, vous avez la possibilité de descendre dans vos vieilles structures refoulées et de les lâcher.

Apprenez à écouter votre intelligence intérieure et rappelez-vous que les rêves vous montrent la problématique. Ils ne la règlent pas.

Question : Le matin je ne me rappelle jamais de mes rêves. Que dois-je faire ?

Réponse : Ayez un carnet à côté de votre lit, afin d'y inscrire vos rêves. Puis, avant de vous endormir, pensez juste qu'en vous réveillant vous allez vous en souvenir. Quand vous vous réveillez, restez dans la même position, ne bougez pas, réintégrez le sommeil aux deux tiers. Au bout de quelques minutes, les images vont remonter vers la surface comme des bulles d'air du fond de l'eau. Repassez-vous les images un certain nombre de fois, pour ne pas les oublier, et éventuellement pour en accrocher d'autres. Cela peut même vous arriver au milieu de la nuit si vous vous réveillez, ou bien pendant la journée au travers d'une association de pensées, vous remontez une séquence puis tout le rêve. Quand les images sont bien imprimées dans la mémoire, notez votre rêve, puis interprétez le.

Question : Comment l'interpréter ?

Réponse : Les clés de votre vie onirique sont dans une symbolique qui n'appartient qu'à vous. Vous devez l'apprendre. C'est comme apprendre une langue nouvelle. Vous devez en avoir le désir. Sa structure de base, ce sont les personnages qui peuplent vos rêves. Pour les comprendre, c'est très simple : vous devez vous poser la question : « Qu'est-ce que cette personne symbolise pour moi, aujourd'hui ? » Une fois la question posée, vous devez être ferme et rapide afin d'obtenir une bonne réponse. Car la partie de vous-même qui va être débusquée sait qu'elle est en risque. Elle va essayer de vous envoyer des leurres, par exemple reporter l'interprétation à plus tard, ou vous donner une fausse réponse. Donc cette question doit être cravachée comme un cheval sur l'obstacle.

Pour vous donner un exemple, je vous raconte un rêve fait par Georges, un de mes élèves.

Cela se passe à New York, dans une rue avec des maisons, du soleil, un ciel bleu. En marchant face au soleil, Georges croise un ami, le docteur Walter. Il ne veut pas le voir et change de trottoir.

Georges me demande la signification du rêve. Premièrement, je l'interroge sur New York. Pour lui, dans son histoire personnelle, New York est un symbole de liberté, car c'est là qu'il a découvert la vie à 19 ans. Le soleil brillant, dans le rêve, symbolise la conscience. Donc le thème du rêve a trait à son chemin vers la liberté et la conscience. Maintenant que symbolise Walter, son ami médecin dans sa caractéristique, dans sa qualité humaine ? Au cours des années, ce docteur fit de mauvais diagnostics à deux de ses petites amies, ainsi qu'à sa mère. Georges voit aussi le comportement froid et dédaigneux de Walter envers sa femme. La réponse arrive nette, claire, dans la vie réelle c'est un pervers qui n'aime pas les femmes. J'explique à Georges que, dans le cas de son rêve, évidemment, ce n'est pas le médecin Walter qui est un pervers qui n'aime pas les femmes : c'est un groupe de sous-personnalités, un aspect de Georges lui-même. Je demande à Georges de réduire l'interprétation à une phrase clef, il me dit : « Mon côté pervers bloque mon chemin conscient vers la liberté. » Sachez que cet aspect se protégera, car l'image de soi souffrirait si elle était confrontée à sa propre réalité. N'oubliez pas qu'une des fonctions de l'ego est d'aller vers l'agréable et d'éviter le désagréable. Face à un aspect réprimé, qu'une partie de vous ne veut pas voir, vous allez vous envoyer des leurres : oublier le rêve, ne pas le noter, reporter l'interprétation à plus tard, ne pas pousser pleinement vos questions. Vous allez développer toute une logique pour passer à coté du message qui met l'équilibre de votre ombre en risque. Prenez note qu'en analysant le rêve, il faut surtout maintenir une bonne qualité de Distanciation, et laisser l'énergie dégagée par les réponses se répandre dans le corps. C'est alors une partie de la cuirasse qui se déstructure. L'interprétation amène un message clair et précis, qui permet au discernement de pénétrer des couches plus profondes.

Rappelez-vous, la seule façon de changer est de se voir tel que l'on est, puis d'en être sincèrement désolé. L'interprétation des rêves vous aidera à faire surgir cette désolation. C'est elle qui renforcera votre discernement lui permettant de percer des couches plus profondes et de faire bouger cette énergie sombre que vous avez bloquée, que vous avez refoulée. Rappelez-vous que la désolation ne doit durer qu'un court moment. Tout ce dont vous avez besoin est d'apprendre le langage symbolique de vos rêves. Mais il y a aussi une symbolique collective. L'eau, la lune, représentent l'inconscient, le soleil le conscient etc.... Rappelez-vous, il s'agit avant tout de votre propre symbolique.

Vous rêvez d'une voiture. Posez-vous la question : « Qui la conduit ? Un ami ? » Que symbolise cet ami, aujourd'hui, dans sa qualité ou sa caractéristique humaine ? Cela veut simplement dire que c'est cet aspect, que vous partagez avec votre ami, qui est maintenant au pouvoir, chez vous, dans votre vie. Quand vous rêvez d'une personne ou d'un groupe de personnes que vous ne connaissez pas, il s'agit juste d'un aspect de vous-même dont vous n'êtes pas encore conscient

Faire connaissance avec sa propre symbolique est un travail passionnant. Plus vous la maîtriserez, plus elle s'enrichira, et plus vous verrez que les messages sont nets, clairs, précis. Ils correspondent très souvent à ce que vous ne voulez pas voir en vous. Vous vous apercevrez que, souvent, votre rêve vous répétera deux fois la même chose, pour être sûr d'être bien compris. Vous vous rendez compte de la volonté de votre intelligence onirique, à accélérer le développement de votre conscience.

Pour être assez juste dans l'interprétation de vos rêves, il vous faudra six mois si vous travaillez régulièrement. Pour être bon, il vous faudra environ un an. Rappelez-vous qu'il est très facile de se tromper dans l'interprétation des rêves. C'est l'intellect qui donne une réponse, mais c'est la sensation physique du mouvement de votre ombre, de votre vieux corps émotionnel, mis en risque par la réponse, qui la valide.

Question : Dans l'interprétation, comment ne pas se tromper ?

Réponse : Il faut interpréter vos rêves avec beaucoup de rigueur. Vous devez être très ferme sur la question: « Qu'est-ce que cela symbolise pour moi aujourd'hui ? » Avoir une réponse rapide et spontanée, et agir avec célérité dans l'interprétation des éléments que vous avez ramenés sont les clés. Et quand vous rêvez de quelqu'un, ne jamais déroger à cette règle : « Qu'est ce que cette personne symbolise pour moi, aujourd'hui, dans sa qualité ou sa caractéristique humaine ? » Dès que vous aurez un peu de pratique, vous pourrez voir certains aspects de vous essayer de fuir l'interprétation. Evidemment, avec plus de pratique, vous verrez que si vous avez du mal à rentrer dans l'interprétation, c'est qu'il y a vraiment quelque chose d'important que vous ne voulez pas voir. Ne jamais oublier que l'ego est mécanique, et que sa mécanique le protège. Plus il est en risque, plus les systèmes de protection qu'il utilise seront grossiers. L'intelligence non mécanique, issue de la Distanciation, s'en rendra compte. L'intellect, très souvent, vous leurrera par une mauvaise interprétation ou en ne menant pas celle-ci à son terme. Il est très important de savoir reconnaître la sensation physique qui jaillit quand nous avons mis le doigt sur la bonne interprétation. Cette sensation physique qui s'accompagne souvent d'un malaise émotionnel nous confirme que nous avons trouvé la bonne clef symbolique. Reconnaître ce frémissement de votre vieux corps émotionnel, de votre ombre mis en déséquilibre par l'interprétation, est le point central du décodage de nos rêves. On pourrait dire que l'interprétation d'un rêve est l'examen matinal nous montrant la qualité de notre Distanciation et de notre Discernement.

Quand vous commencez l'interprétation, la première chose est d'attraper le thème du rêve, par exemple : votre rapport à vos affaires, l'équilibre de vos côtés masculins et féminins, cet aspect très particulier qui vous bloque aujourd'hui, le développpement de votre âme. Chaque rêve a un thème généralement contenu dans la première image et confirmé ensuite. Une fois que vous avez attrapé ce thème, vos chances de vous tromper dans l'interprétation diminuent énormément.

Pour être brillant dans cet exercice, il va vous falloir développer deux qualités, deux nouvelles sous-personnalités : un détective et un traducteur. Le détective devra poser des questions, parfois des questions en chaîne, et exiger des réponses rapides. Petit à petit, le message du rêve apparaîtra comme une photo d'un appareil polaroïd qui, en 20 secondes, se révèle comme émergeant d'un brouillard. Ce détective ne devra surtout pas tirer de conclusions avant la fin de son enquête, puis, une fois tous les éléments obtenus, le traducteur devra les transformer en une ou deux phrases courtes et incisives que vous écrirez dans votre livre de rêve. En voulant vous rappeler ces phrases, vous verrez votre vieille logique qui essaiera de vous les faire oublier. Prenant conscience de cela, vous renforcerez votre moi directionel. Votre discernement sera plus aiguisé pour franchir les défenses des couches que vous êtes en train de démanteler. Plus vous pratiquerez l'interprétation, plus vous verrez que nous avons été conçus pour évoluer, que la vie nous aime inconditionnellement, et qu'elle cherche à nous aider à démanteler notre armure.

Question : Au-delà de l'interprétation, comment utiliser ses rêves ?

Réponse : Vous pouvez vous reprogrammer en utilisant, et en modifiant, les images tirées de vos rêves.

Question : Comment faire ?

Réponse : Il s'agit de reprogrammer une partie de vous-même consciemment. C'est facile et ça marche. Le postulat précédent était : « Mon intelligence onirique me donne des messages clairs, nets, et précis. » Ce postulat, vous l'avez vérifié, vous en avez l'expérience. Vous pouvez maintenant passer à l'étape suivante : répondre à votre inconscient dans son langage. Et, comme un scientifique, vous devez être le témoin neutre de cette expérience.

Retournons à l'exemple du médecin W. qui symbolise pour un de mes étudiants un aspect de lui qui a une attitude perverse envers les femmes. Vous vous rappelez du rêve : une rue dans New York, du soleil, G. croise W. et change de trottoir. Ce que G. doit faire maintenant, c'est chercher parmi ses amis lequel, pour lui, symboliquement, est à l'opposé du docteur W., lequel de ses amis aime le plus inconditionnellement les femmes. Une fois que cet homme est défini, G. garde l'image de base du rêve - la rue ensoleillée à New York - et remplace l'image du médecin W. par l'image de son ami qui aime les femmes. Au lieu de changer de trottoir, il va vers lui et le salue chaleureusement. Il visualise cette image dans un état très relaxé une minute ou deux avant de s'endormir. Rappelez-vous: le rêve est un message de votre intelligence onirique, adressé à votre conscient, à travers le langage symbolique de votre inconscient. Si vous pratiquez la reprogrammation de l'inconscient, cela contribuera au démantèlement de votre ombre. Soyez vigilant, et vous ressentirez votre corps émotionnel réagir, dans le physique, quand vous pratiquerez la reprogrammation. Cela peut même, parfois, être désagréable car le corps émotionnel, l'ombre, tente de résister au changement qui s'opère, par des leurres physiques ou mentaux. Vous verrez ensuite, par l'observation, que votre attitude vis-à-vis de l'extérieur commencera à se modifier.

LE SEXE, L'ARGENT, LA GUERRE ET LA PAIX

Question : Comment contrôler mon énergie sexuelle ?

Réponse : Avant de pouvoir vraiment la contrôler, laissez-la s'exprimer librement. Entre adultes consentants, il n'y a pas de barrière. La sexualité est une énergie au service de votre plaisir, de la construction de votre couple, et de votre reproduction. Si ce programme est solidement implanté au sein de votre moi directionnel, vos culpabilités seront moins actives. Vous serez plus libre de ce qui est réprimé. Vous retrouverez un équilibre qui vous permettra de faire le tri entre vos vrais besoins, de plus en plus libres de fantasmes et de pensées, et vos faux besoins, toujours activés par les mêmes mécanismes mentaux, les mêmes connections avec votre ombre.

Question : La rétention de ma semence accélérera-t-elle mon évolution ?

Réponse : Vous n'avez donc pas lu cette étude britannique qui démontre que la masturbation, pratiquée depuis le plus jeune âge, diminue de trente à quarante pour cent le risque d'avoir un cancer de la prostate ?

Question : Généralement les religieuses disent le contraire.

Réponse : Heureusement, la science et la modernité, petit à petit, diminuent leur pouvoir, bien qu'elles luttent pied à pied pour maintenir leur emprise. Quand les lois pseudo-divines révélées s'écroulent, l'emprise globale de la culpabilité diminue, et le niveau de conscience général s'élève.

Le monde n'a pas été créé ex-nihilo, en sept jours, il y a cinq mille ans, le soleil ne tourne pas autour de la terre, et la masturbation n'est pas un péché, mais bénéfique pour la santé.

Que veut un homme de pouvoir ? Plus de pouvoir bien sûr. Les systèmes religieux, comme toutes les organisations humaines, sont dirigés par des hommes, dont le but est souvent de garder, ou d'augmenter, leur pouvoir. Ces hommes vont se battre pour le système auquel ils sont identifiés, en essayant de contrôler les autres par la peur et la culpabilité. C'est l'élévation du niveau de conscience, l'attrait pour la connaissance de soi, qui libérera l'humanité de ces systèmes archaïques, qui sont souvent à l'origine des conflits que nous connaissons.

Question : Comment vivre sa sexualité ?

Réponse : En laissant vos désirs s'exprimer librement. L'énergie sexuelle est le moteur de l'espèce. Ne lui surimposez pas la culpabilité, la peur, l'angoisse. Alors naturellement, elle quitte l'ombre et devient très belle. Regardez la statuaire hindoue: les divinités s'enlacent, le but de leur union est juste le goût du plaisir.

Question : C'est très beau. Mais, pratiquement, comment arriver là ?

Réponse : Commencez par accepter tous vos désirs sexuels. C'est seulement dans leur acceptation que vous pouvez comprendre, et défaire, la trame de culpabilité, qui, à travers les pensées, souvent les colore et les active. Les systèmes de pensée sont nos points d'appui principaux. Rappelons-nous juste que nous ne pouvons connaître la liberté que si nous les perdons d'un coup.

Essayons juste de vivre notre sexualité sans image, sans fantasme, sans pensée. Comme des scientifiques, regardons ce qui se passe, restons dans la sensation en intervenant le moins possible. Une sexualité accompagnée de fantasmes, d'images, est une sexualité masturbatoire: ce n'est pas faire l'amour. Dans une sexualité d'évolution, petit à petit, les images disparaissent, remplacées par des émotions de plus en plus pures.

Question : Pourquoi le sexe et l'argent conditionnent-ils autant nos vies ?

Réponse : L'argent, pour l'immense majorité, est synonyme de pouvoir. Nous sommes des singes, regardez les documentaires animaliers sur les relations sociales à l'intérieur des groupes de singes, babouins, chimpanzés, bonobos. Il s'agit toujours d'être le dominant ou d'être au plus près du mâle, ou de la femelle « alfa ». Nous fonctionnons absolument de la même façon. Comment allons-nous nous situer dans la hiérarchie ? Toutes les sociétés sont construites autour de cela. Posséder, ou être au plus près du plus riche, diriger, ou être au plus près du plus puissant. Nous devons être, ou faute de mieux, nous situer au travers de nos relations, au plus haut de la hiérarchie. Pour lâcher cet élément fondamental de l'ego, les mystiques ont souvent mis la pauvreté en avant, il s'agit évidemment, dans ce cas, d'enclencher le lâcher-prise. C'est bien pour cela que Jésus nous dit, dans les béatitudes: « heureux les pauvres en esprit, car le royaume des cieux est à eux ». Pauvres en esprit veut dire abandonner ses identifications.

Plus on a d'argent, plus on a de pouvoir. Que veut le pouvoir ? Plus de pouvoir, bien sûr. Sa perte, ou l'idée de sa perte, amorcera la peur ou l'anxiété. Le sexe et le jeu de la séduction sont les systèmes de compensation les plus accessibles pour fuir ce que nous ne voulons pas voir. Ce sont des points d'appui qui se sont souvent transformés en addictions majeures. Le sexe est le moteur de l'espèce, sur lequel nous avons surimposé des structures réprimées qui, fondamentalement, n'ont rien à voir avec lui. Par exemple, en travaillant sur nous, en méditant ou lisant un texte, des pensées de sexe nous assaillent. Laissons-les passer. Demandons-nous juste à quelle logique elles obéissent ?

Regardons nos pensées liées à l'argent et au sexe. Lâchons-les en tant que compensation. Regardons ces aspects de nous-même, ils sont souvent manipulés par les peurs et les culpabilités que nous portons dans notre ombre. En les démantelant, nous élevons notre niveau de conscience, nous découvrons alors, que le sexe et l'argent sont juste une énergie neutre au service de notre bonheur. Quand nous montons en conscience, nous nous connectons à la joie, et la joie, au fil du temps, devient notre nature. Essayons juste d'être conscients quand nous perdons cette connexion. Quand nous vivons nos rapports à l'argent ou au sexe dans la joie, ils conditionnent moins nos vies.

Question : Je suis un homme d'affaire, je suis intéressé par ce que vous me dîtes, et je veux que ma vie soit un succès. Que pouvez-vous me dire ?

Réponse : Votre aspiration à la réussite financière va de pair avec votre désir de conscience. C'est une bonne chose. Rappelez-vous que le propre de l'ego est de vouloir croître indéfiniment. Il veut croître financièrement, il veut croître spirituellement. C'est la compréhension de vos propres mécanismes qui assurera votre véritable croissance. Rappelez-vous de maintenir toujours cette division quatre vingts /vingt. Quatre vingts pour cent pour les affaires, pour les batailles de la vie ainsi que pour votre vie sociale, et affective, et vingt pour cent pour votre vie spirituelle. Dans ces quatre vingts pour cent soyez un guerrier conscient et éthique, ainsi qu'un partenaire attentif. Dans les vingt pour cent restants, soyez un chercheur, ce qui veut dire pratiquez l'introspection, le silence, lisez les mystiques.

Question : Comment réussir dans les affaires ?

Réponse : En ayant un moi directionnel bien construit, maître de vos peurs et de votre culpabilité. Plus vous les dominerez, plus vous vous comporterez avec conscience et éthique dans vos combats. Le guerrier qui livre la bataille de votre réussite dans les affaires doit impérativement éviter les choix perdants, donc, il doit absolument rester au-dessus de votre ombre, pour cela il doit être soumis au chercheur qui est en vous. C'est lui qui va formater les nouveaux outils de votre succès. Quand vous aurez identifié, questionné et démantelé un nombre suffisant de fois la masse inconsciente de vos choix perdants, votre ombre commencera à perdre de son pouvoir.

Son influence sur vos paroles et vos actions ne sera plus la même. Vous serez moins en réaction, moins en surcompensation.

Rappelez-vous que ce sont les premières couches les plus difficiles à dégager. Après tout devient plus facile.

Le Discernement a ouvert un nouvel espace de conscience au sein de vos pensées qui défilent. Un nouveau moi conscient gagnant est en train de se former. Progressivement vous reconnaissez les pensées perdantes qui viennent de l'ombre parce que vous reconnaissez la densité d'énergie qu'elles véhiculent.

Les pensées gagnantes sont liées à une densité d'énergie frémissante plus légère, infiltrant différemment la tête, les bras, l'abdomen, puis petit à petit tout le corps.

Après un temps, ces fréquences énergétiques positives augmentent en intensité. Restez conscient de ces sensations. Apprenez à les retrouver quand vous les perdez. C'est comme ça que vous chevaucherez votre ombre et resterez là où sont les choix gagnants car vous avez appris à les reconnaître non pas par l'intellect mais par la sensation.

Question : Pour commencer, donnez-moi des conseils pratiques !

Réponse : Choisissez un objectif et ne le lâchez jamais, vous ne savez pas comment vous l'atteindrez mais ne doutez pas. Développez trois qualités grâce au chercheur qui est en vous. D'abord l'intuition qui vous donnera le bon cap. Cette qualité est liée à l'évolution de votre âme. Puis un pouvoir magnétique, un charisme puissant, c'est lui qui ouvrira les portes et qui vendra ce que vous avez à vendre, vos conseils, vos produits, votre travail. Plus vous aurez démantelé vos peurs, votre timidité, votre dévaluation de vous même, plus votre pouvoir magnétique sera puissant.

La dernière qualité est votre capacité à voir la situation : la réalité matérielle, psychologique, vous entourant, telle qu'elle est et non pas telle que vous la projetez. Si votre vision de la réalité correspond à ce qu'elle est, vous irez de choix gagnants en choix gagnants. Malheureusement, en fonction de vos peurs et de vos culpabilités, vous êtes souvent possédé par une énergie d'anxiété et d'avidité. Cette énergie vous fait voir la situation à travers des prismes, irrationnels, d'optimisme ou de pessimisme. C'est à cause de cela que vous vous déconnectez de la réalité et faites des choix perdants.

Quand vous aurez réussi, ne vous relâchez surtout pas, gardez l'esprit aiguisé, continuez à faire grandir le chercheur en vous. Rappelez-vous que votre réussite a mis votre logique du moindre mal en risque. Vous dominez votre ombre, votre culpabilité, mais votre succès a déstabilisé votre équilibre intérieur. Mécaniquement il vous enverra des choix inconscients perdants pour se rétablir. Souvenez-vous de Napoléon : tout lui réussit jusqu'au moment où il décide, en 1812, d'envahir la Russie, choix éminemment perdant. Pensez à Richard Nixon: c'est lui qui met en place, après sa réélection, les circonstances de sa chute, en gardant les enregistrements de ses conversations à la maison blanche, et en mentant à leur sujet.

La gestion du succès demande une vigilance constante. Prenons le cas de Robert Maxwell qui s'est endetté au delà du raisonnable dans sa compétition avec Robert Murdoch. Son choix a été de détourner le fond de pension de ses employés, pour faire monter le cours de ses actions. Richard Fuld, le PDG de Lehman Brothers, est aussi un bon exemple. Il augmente ses positions sur le marché des subprimes, qui est déjà contre lui, et laisse passer l'opportunité de vendre une partie des actions de Lehman, ce qui aurait pu sauver la société. Les exemples sont nombreux, de personnes ayant bien réussi, qui se sabordent. Regardez les dirigeants politiques qui détruisent leur carrière à travers des scandales sexuels. La réussite met en risque leur logique intérieure liée à la culpabilité. C'est le maintien de votre distanciation, c'est votre vigilance, c'est la croissance de votre chercheur intérieur qui assurera la pérennité de votre réussite. Rappelez-vous qu'un homme vraiment évolué, est un homme qui sait se contrôler sans effort.

Question : Mais pourquoi faut-il se battre pour survivre ?

Réponse : Posez-vous la question: d'où vous vient cette idée qu'il faut se battre pour survivre ?

Question : Mais l'homme a toujours dû se battre !

Réponse : Comme le mental de l'homme est créateur, si vous entretenez ce système de croyance dans votre vie, il devient réalité. C'est vrai que l'humain est une espèce violente et combattante. Pour vous en convaincre, vous n'avez qu'à regarder notre histoire.

Mais quand vous travaillez sur vous-même, vous amenez votre conscience à un niveau où vous pouvez vivre au-dessus de ces énergies de peur et de violence.

Question : Pensez-vous qu'il soit possible d'avoir la paix dans le monde?

Réponse : Les deux conflits mondiaux ont fait respectivement dix et soixante millions de morts. Le vingtième siècle n'a été qu'une suite ininterrompue de conflits. La mise au point d'armements est de plus en plus sophistiquée et coûteuse. La valeur d'un bombardier B2 dépasse le budget militaire de la plupart des nations.

Le président Eisenhower, dans son discours du 17 Janvier 1961, nous avait prévenus de limiter la puissance du complexe militaro-industriel.

Le problème n'est pas la paix dans le monde, il se situe dans l'état d'esprit de ceux qui dirigent les affaires du monde. De toute éternité, les guerres ont été déclenchées par des hommes qui voulaient étendre, ou maintenir, leurs pouvoirs. Tant que la peur produira une avidité, de pouvoir, de puissance, cela sera forcément catastrophique. La paix ne peut prévaloir que si il y a de la sagesse chez les hommes qui nous dirigent. Malheureusement, les dirigeants sages comme l'empereur philosophe Marc-Aurèle sont une exception. Les pères fondateurs des Etats-Unis d'Amérique, les premiers présidents, étaient issus des lumières. Ils avaient une culture humaniste et une certaine aspiration à la sagesse. C'est cet idéal de conscience qui est à rechercher.

La vraie question est: comment un ego brillant, surcompensé, avide de pouvoir, peut-il changer et se diriger vers la connaissance de soi ? Rappelons-nous la phrase de la Bible, dans les citations: « Dieu n'aime pas les tièdes ». Une personnalité surcompensée et intelligente, avec une ombre forte, ira beaucoup plus vite dans la connaissance de soi que quelqu'un d'apathique et d'intelligence moyenne. Il n'y a pas d'égalité dans le manifesté, il n'y a que compétition, mais le but de la vie n'est pas le pouvoir ou la puissance, c'est la liberté, c'est l'Eveil. Si cette idée rentre un tant soit peu dans la personnalité des puissants, à un niveau ils changeront. Si ils changent alors tout changera. Nous avons désespérément besoin de dirigeants aspirant à la sagesse.

TROISIÈME PARTIE

BIOGRAPHIES
ET TEXTES CHOISIS

INTRODUCTION

Ce chapitre est une courte anthologie de philosophie non-duelle. Il a été assemblé pour permettre au lecteur d'atteindre trois objectifs:

Le premier : que le lecteur comprenne que la voie menant à la liberté a été enseignée par les Maîtres éveillés des grandes traditions, et qu'il a tout intérêt à consacrer un minimum de temps à cette philosophie, qui peut le rapprocher de sa véritable nature.

Le deuxième: donner au lecteur le goût d'une véritable interrogation, afin qu'il arrive à ressentir cette qualité très particulière de plaisir que l'on éprouve quand on sent, au détour d'une phrase, que la structure psychologique est ébranlée.

Le troisième: que le lecteur prenne conscience que seule la pensée métaphysique aiguisée peut le pénétrer suffisamment profondément pour le libérer de la somme des systèmes de croyances qui le constitue.

Le propre de ces systèmes est de chercher la continuité. Si un moine s'enferme dans une cellule pendant des années, et qu'il se concentre sur les blessures de son Seigneur Jésus Christ, s'identifiant à ses souffrances, il y a quelques chances qu'il manifeste des stigmates, tout comme de nombreux mystiques. Ce ne sont pas des miracles car il n'y a pas de miracles. La nature ne va pas à l'encontre de ses propres lois. La fusion conscient/inconscient collectif, aura créé ces blessures. C'est un pouvoir extraordinaire et redoutable.

Mais la vie et l'évolution étant bien faites généralement, ce pouvoir se présente quand l'homme est dépourvu de moi, donc de désir.

Aujourd'hui la physique quantique, qui est la physique des possibilités, donne des explications rationnelles à ces phénomènes. Elle nous fait comprendre que nous ne voyons pas une réalité objective propre, mais une réalité conditionnée par l'observateur.

La pensée de l'homme crée. Elle a créé les constructions théologiques, qui sont devenues les archétypes puissants structurant les sociétés humaines. Tout comme l'individu, ils cherchent la continuité. Pour que ces systèmes perdurent, il faut que les points d'ancrage soient forts. Ceci explique pourquoi nous avons produit, en compensation de nos culpabilités, des concepts tels que le retour du Christ en gloire, le Mahdi, l'Imam caché, la venue du Messie, le jugement dernier, la fin des temps. Ces concepts chargés d'espoir, sont couramment développés au sein des théologies des religions monothéistes. Cela est très dangereux, car dans l'éternel présent tout pré-existe déjà.

Prenons l'exemple de l'Apocalypse de Jean, Chapitre 13 Verset 16-17 dans la Bible:

« La bête fait donner à tous, petits et grands, riches et pauvres, libres et esclaves, une marque sur la main droite et sur le front afin que personne ne puisse acheter ni vendre s'il n'est marqué du chiffre de la bête ou de son nom. »

Le commentaire est évident. Cela a été écrit il y a deux-mille ans, mais c'est seulement aujourd'hui, que dans nos sociétés avancées cela est technologiquement réalisable. Pour acheter votre journal, vous poserez la main au dessus d'un œil électronique qui débitera votre compte.

On peut s'inquiéter. L'ego a besoin de cela. L'anxiété est un de ses points d'appui majeur.

Le mental crée. Il a besoin de points d'appui donc il crée toutes sortes de chimères qui, parfois, se réalisent.

Notre environnement existe de moins en moins par lui même. Regardez autour de vous. Une bonne partie de ce que vous voyez sur terre est le résultat de la pensée. Si nous comprenons cela, et que nous voulons que la vie se maintienne sur cette planète, cessons d'entretenir ce magma de peur et de culpabilité qui, nourrissant le pire, l'attire invariablement.

Mettons la pensée au service de la connaissance de soi.

Ecoutons les Maîtres éveillés de la philosophie éternelle, de la philosophie non-duelle. Ils viennent de toutes les traditions, ils transcendent les religions et ils expriment ce qui unit les êtres humains. Ils nous montrent le chemin de notre croissance qui nous mène à notre véritable nature.

BIOGRAPHIES ET TEXTES CHOISIS

ANGELUS SILESIUS
1624-1677. Né dans une famille luthérienne aisée, il étudie la médecine, se convertit au catholicisme, puis vit trois ans en retraite dans le silence. Il est dans la lignée de Maître Eckhart, de Tauler, et de Böhme. Pour lui Dieu est indéfinissable : à la fois tout et rien, être et néant. Devant son créateur l'homme n'est rien et, cependant, c'est en lui seul que Dieu peut se contenter. L'homme doit donc s'abandonner et se vider de lui-même pour devenir ce qu'il est vraiment.

« Je ne suis pas en dehors de Dieu et Dieu n'est pas en dehors de moi. »

« Dieu est rien, pur. Nul maintenant, nul ici ne le touche. Plus tu cherches à le saisir, plus il t'échappe. »

« Tais-toi, aimé, tais-toi. Si tu es pur silence, Dieu te vaudra plus de bien que tu n'en désires. »

« Je sais que sans moi Dieu ne peut vivre un instant. Suis-je réduit à rien, il doit rendre l'esprit. »

« Homme, je suis plus noble que les séraphins; je peux être eux, mais eux jamais ce que je suis. »

« La bête sera Homme et l'Homme être angélique et l'ange Dieu quand nous aurons la pleine guérison. »

Pour en savoir plus : L'Errant Chérubinique d'Angelus Silesius.

Tout comme Rûmi, Angelus Silesius nous parle de notre évolution possible.

ASHTAVAKRA GITA
L'Ashtavakra Gita exprime l'enseignement des Upanishads et de l'Advaïta Vedanta. Elle n'exprime pas la vérité par un raisonnement rationnel, mais décrit l'état d'un éveillé. Chaque verset est un texte de méditation. C'est en assimilant ces versets que l'étudiant, s'il est prêt, s'ouvre à la vérité.

« Tu es libre de toute modification ; indépendant, calme, sans dimension ou forme, imperturbable, ta nature est une Intelligence inimaginable. Connais-toi comme étant conscience pure. » (1, 17)

« Le monde est né de moi-même. En moi il existe, en moi il se dissout; comme les cruches retournent à la terre, les vagues à l'eau, et les bracelets à l'or. » (2, 10)

« L'idée de la dualité est la racine de toutes les souffrances ; son seul remède est la perception de l'irréalité de tous les objets et la réalisation de moi-même comme unité, pure intelligence et béatitude. » (2, 16)

« Tu n'es pas le corps, pas plus que le corps ne t'appartient, tu n'es ni celui qui agit ni celui qui jouit. Tu es l'intelligence elle-même, l'éternel témoin et tu es libre ! Vis dans la béatitude ! » (15, 4)

« Mon enfant, tu es pure intelligence, le monde n'est pas distinct de toi; aussi la pensée de rejeter ou d'accepter quoi que ce soit est dépourvue de signification. » (15, 12)

AVADHUTA GITA

L'Avadhuta Gita est un classique destiné aux étudiants déjà avancés dans l'étude de la métaphysique. Tout comme l'Ashtavakra Gita elle a pour origine les Upanishads qui constituent avec la philosophie de l'Advaïta Vedanta le cœur de l'Hindouisme. Elle s'adresse à ceux dont le but de la vie est de réaliser l'ultime vérité et ainsi d'être éternellement libre.

« Les subtiles facultés du toucher, du goût, de l'odorat, de la forme et du son qui constituent le monde extérieur ne sont ni toi, ni en toi. Tu es la grande Réalité transcendant toute chose. » 1.16

« Sache que toutes les formes, physiques et subtiles sont une illusion. La Réalité leur servant de base est éternelle. En vivant cette Vérité, naissance et mort sont dépassées. » 1.21

« Libre du sujet et de l'objet, tel je suis,
Comment puis-je me réaliser moi-même ?
Sans fin est ma nature, rien d'autre n'existe.
Vérité absolue est ma nature, rien d'autre n'existe. » 1.29

« Certains prônent le non-dualisme, d'autres le dualisme. Ils ne connaissent pas la Vérité qui est au delà des deux. » 1.34

« Je suis le principe éternel.
Libre de l'attachement et de l'aversion,

Libre des imperfections, tel je suis.
Destin et providence n'existent pas en moi.
Eternellement libre des souffrances du monde,
Je suis cette vaste connaissance conférant l'immortalité, tel Je suis.» 3.13

BHAGAVAD GITA

Guide de vie spirituelle tiré du Mahabharata, racontant la lutte entre deux clans. La Bhagavad Gita à travers l'enseignement de Krishna à Arjuna, chef d'un des deux clans qui se livrent bataille, élève le disciple du plan humain au plan divin à travers différentes voies : l'action, ou le karma ; l'amour, ou le bhakti ; la connaissance, ou le jnana. Avec les Upanishads, la Bhagavad Gita est l'un des fondements de l'hindouisme. De nombreux commentaires lui ont été consacrés par les grands philosophes indiens.

« Celui qui me voit en toutes choses et voit toutes choses en moi, de lui je ne me sépare pas et il ne se sépare pas de moi. »

« Enveloppé de l'illusion que je produis, je ne suis pas connu de tous. Le monde aveugle ne me connaît pas, moi, le non-né, l'impérissable. »

« Quatre espèces de gens m'adorent. Oh Arjuna, ceux qui souffrent, ceux qui cherchent la connaissance, ceux qui cherchent leur salut personnel et les sages. C'est le sage constamment harmonisé, adorant l'unique, qui est le plus parfait. En vérité je suis suprêmement cher au sage et il m'est cher aussi. »

JACOB BÖHME

1575-1624. Cordonnier de village. Il s'éveille à l'esprit à l'âge de vingt-cinq ans, puis écrit malgré l'interdiction de l'évêché qui lui en est faite. Il est dans la lignée de Maître Eckhart et des mystiques rhénans.

« Toute réflexion et toute recherche sur la volonté de Dieu est une chose vaine sans transformation de l'esprit. »

« Mais comment puis-je le saisir sans la mort de ma volonté ? Si tu veux le saisir, alors il te fuit. Mais si tu te remets totalement à lui, alors tu es mort à toi-même selon ta volonté et il devient la vie de ta nature. Il ne te fait pas mourir, mais au contraire il te rend vivant selon sa vie. Tu vis alors non point par ta volonté, mais par la sienne, car ta volonté devient la sienne. Ainsi tu es mort à toi-même, mais tu es vivant à Dieu. »

« L'ego tout contracté est le fondement du mal. »

Pour en savoir plus : De la Vie au-delà des Sens de Jacob Böhme.

BUDDHISM
Fondé par Shakyamuni, né en 563 av. J-C, en réponse à la souffrance. La cause de la souffrance est la croyance en un ego, dont le principe est de perpétuer notre individualité par le désir. Cela vient de l'ignorance. Nous courons après un désir puis un autre. L'illusion de la durée est due à un jeu de l'esprit causé par l'attachement. En intégrant cela, par l'introspection et la méditation, nous aboutissons à l'illumination.

Paroles du Bouddha :
« Vous êtes votre propre refuge. Il n'y en a pas d'autre. Ce refuge est difficile à réaliser. Le Je est notre Maître. Il n'y en pas d'autre. Ce Maître est difficile à libérer. Vous ne pouvez sauver un autre. Vous ne pouvez sauver que vous-même. Si vous commettez l'acte mauvais, vous récolterez le fruit amer. Si vous ne le commettez pas, votre Je sera purifié. »

« L'extinction de la cupidité, l'extinction de la colère, l'extinction de l'illusion, c'est cela qui s'appelle Nirvana. »

« La haine ne cesse pas par la haine; la haine ne cesse que par l'amour. »

« Le but de la vie n'est pas d'acquérir de la réputation, ni de devenir moralement impeccable, de se concentrer ou de devenir savant. C'est l'inébranlable délivrance du cœur. C'est cela l'objet de la vie sainte. C'est son essence, sa fin. »

CORAN
Objet d'une récitation perpétuelle, il régit tous les aspects de la vie musulmane. Il se compose de 6226 versets, les Sourates.

« Qu'on lui donne un double,
Voilà ce que Dieu ne pardonne à personne. De toute autre faute il fait, à qui il veut, rémission. Qui donne un double à Dieu se donne un énorme péché. »
Coran IV, 48.

« Lui, Dieu, est Un
Dieu d'un seul tenant
Inengendrant, inengendré
Et pas un ne Le puisse valoir »
Coran CXII.

Ce fragment est fondamental, le Prophète aurait dit, selon la tradition, qu'à lui seul « c'est le tiers du coran ».

DALAI-LAMA

1935- Tenzin Guyatso est le 14ème dalaï-lama. Il est reconnu comme chef spirituel du bouddhisme tibétain. Pour les tibétains, il est la réincarnation du bouddha de la compassion. Il parcourt le monde depuis de nombreuses années en délivrant son enseignement.

« Le pire inconvénient de l'orgueil est qu'il nous empêche de nous améliorer. »

« Sans être bienveillant avec soi- même, on ne peut pas l'être avec les autres. Et si on ne fait rien pour changer d'attitude, on a très peu de chance de trouver la paix et la joie intérieure. »

« Quand on approfondit la « vacuité » et l'interdépendance de toute chose, il est très difficile d'accepter en même temps l'idée d'un dieu créateur existant par lui-même, et immuable. »

« Suivre celui par lequel nous verrons nos fautes et auprès duquel nos qualités augmenteront comme « la lune croissante », tenir pour plus cher que sa propre vie ce suprême gardien, est une pratique de bodhisattva. »

« Celui qui enseigne ne devrait parler que de ce qu'il a expérimenté. »

« Si on a une seule compréhension conceptuelle de la signification de la vacuité, cela n'est pas la réalisation de la vacuité. »

« Tous les bouddhas comme shakiamuni, qui devint l'illuminé, furent une fois comme nous, dans l'état de conscience où nous sommes. »

Pour en savoir plus : Enseignements essentiels, Dalaï-lama.

DEEPAK CHOPRA

1946- Médecin indien, penseur américain, a donné une compréhension de l'hindouisme à des millions. Il a sans nul doute contribué à élever le niveau de conscience général aux Etats-Unis, en rendant accessible une culture spirituelle vieille de plusieurs millénaires.

« La pure conscience est toujours présente en tout, quel que soit le monde ou la forme qu'elle prend »

« C'est le monde physique qui contient le moins de pure conscience, parce qu'il est dominé par tout ce qui est physique et par l'illusion de la séparation»

« Le monde invisible vient en premier, il contient les germes du temps et de l'espace »

« Les croyances vous permettent d'accéder à certaines expériences, mais vous interdisent d'avoir accès à d'autres »

« Parfois l'adversaire est à l'extérieur, mais si vous regardez attentivement, vous verrez qu'il est toujours à l'intérieur »

« La réalité est d'autant plus évidente que l'on se rapproche de la source»

Pour en savoir plus : La vie après la mort, Les sept lois spirituelles du yoga: Deepak Chopra.

ALBERT EINSTEIN

1879-1955. Physicien. Il a appréhendé l'unité fondamentale de toute chose en liant la matière et l'énergie par une loi.

« La vraie valeur d'un homme se détermine en examinant dans quelle mesure il est parvenu à se libérer du moi. »

« L'être éprouve le néant des souhaits et volontés humaines, découvre l'ordre et la perfection là où le monde de la nature correspond au monde de la pensée. L'être ressent alors son existence individuelle comme une sorte de prison, et désire éprouver la totalité de l'Étant, un tout parfaitement intelligible. »

« Selon la relativité générale, le concept d'espace dissocié de tout contenu physique n'existe pas ! »

« Nous envisageons une matière comme quelque chose qui ne peut être ni créé ni détruit. »

« Même si le domaine des religions et de la science est clairement délimité, il existe néanmoins entre les deux de fortes relations de réciprocité et d'interdépendance. La situation peut être décrite par l'image suivante: la science sans religion est boiteuse, la religion sans science est aveugle. »

Pour en savoir plus : Comment Je Vois le Monde : Albert Einstein.

GEORGES GURDJIEFF

1877-1949. Maître spirituel. Il voit l'homme en état d'hypnose ou de sommeil comme une machine animée par des automatismes. Pour Gurdjieff, le subconscient englobe les facultés supérieures: c'est le vrai conscient.

« Un des meilleurs moyens d'éveiller le désir de travailler sur soi-même, est de prendre conscience que l'on peut mourir d'un moment à l'autre, et cela, il faut apprendre à ne pas l'oublier. »

« Tous les prophètes envoyés d'en haut parlaient de la mort qui pourrait se produire dans cette vie, c'est-à-dire la mort de ce 'tyran', d'où nous vient cet esclavage dans cette vie, une mort dont dépend la première et la principale libération de l'homme. »

« La première demande, la première condition, le premier test, pour celui qui désire travailler sur lui-même, est de changer son appréciation de lui-même. Il doit non pas s'imaginer, non pas simplement croire ou penser, mais voir des choses en lui-même qu'il n'avait pas vues auparavant, les voir réellement. Jamais son appréciation ne pourra changer tant qu'il ne verra rien en lui-même. Et pour qu'il voit, il faut qu'il apprenne à voir. C'est la première initiation de l'homme à la connaissance de soi. »

« C'est très important, pour un homme qui travaille sur lui-même, de comprendre que le changement ne peut avoir lieu en lui que s'il change son attitude vis-à-vis du monde extérieur. »

« L'amour conscient éveille le même en réponse. L'amour émotionnel provoque le contraire. L'amour physique dépend du type et de la polarité. »

Pour en savoir plus : Fragments d'un Enseignement Inconnu de Piotr Ouspenski.

HADEWIJCH D'ANVERS

1220-1260. Hadewijch est une béguine, elle est membre d'une communauté religieuse moins stricte que celle d'un monastère. Ses écrits traitent de l'union mystique, ils sont destinés à d'autres béguines. Ils ne seront rendus publics que bien longtemps après sa mort.

« Ne laissez point votre pensée errer de tous côtés, mais que dans la seule éternité elle prenne sa joie. »

« Quoi que vos sens perçoivent, maintenez votre intérieur dans l'unité, pour pénible qu'il vous soit de vous sentir disputé par deux êtres. »

« Le cercle des choses doit se restreindre et s'anéantir, pour que celui de la nudité, élargi, dilaté, embrasse l'infini. »

« Dans l'intimité de l'un, ces âmes sont pures et nues intérieurement, sans images ni figures, comme libérées du temps, incréées dégagées de leurs limites. »

« Que tout m'est étroit : je me sens si vaste. C'est une réalité incréée que j'ai voulu saisir éternellement. »

« L'âme établie dans la pure nudité, dans un pur trépas engendre tout ce qui est et tout ce qui sera. »

Pour en savoir plus : Ecrits mystiques des béguines.

HALLÂJ

857-922. Mystique soufi. Il vit une union d'amour brûlant où la vie même se consume. Pour Hallâj, le but, c'est l'union trans-substantielle avec Dieu, la personnalité humaine s'anéantit afin d'être envahie par lui.

On l'accuse de blasphème pour avoir déclaré : « Je suis la vérité, mon Je, c'est Dieu. » Il fut torturé, mis au gibet et décapité le 26 mars 922 à Bagdad pour cela.

« Quand Dieu prend un cœur, il le vide de ce qui n'est pas Lui. »

« Sache que l'homme qui proclame l'unicité de Dieu s'affirme lui-même. »

« J'ai médité sur les diverses religions en m'efforçant de les comprendre et j'ai trouvé qu'elles relevaient d'un principe unique à ramifications nombreuses. Ne demande pas à un homme d'adopter telle religion car cela l'écarterait du principe fondamental. C'est ce principe lui-même qui doit venir le chercher. »

Pour en savoir plus : Le Diwan de Hallâj.

HOUANG-PO

IXème siècle. Maître Tch'an. En tant que Maître de Lin-Chi, il apparaît comme l'un des précurseurs de l'école Rinzaï toujours vivante au Japon. Les paroles et sermons de Houang-Po sont parmi les écrits les plus profonds du T'chan. Il est mort en 850.

Entretiens de Houang-Po. « Le profane s'attache aux objets, le chercheur s'attache à l'esprit. Oubliez à la fois les objets et l'esprit, voilà la vraie loi. Il est facile d'oublier les objets mais très difficile d'oublier l'esprit. L'homme n'ose pas oublier l'esprit, il craint de tomber dans un vide où il n'aurait plus rien à quoi s'accrocher. C'est qu'il ne sait pas que le vide fondamentalement n'est pas le vide. Mais il en est ainsi que dans la loi. »

« L'éveil n'est pas localisable. Le Bouddha n'a pas plus atteint l'éveil que les êtres vivants ne l'ont perdu. On ne peut pas l'atteindre avec le corps ni le chercher avec l'esprit. L'éveil n'est pas quelque chose que l'on trouve. Il vous suffit de produire l'esprit de ce qui est introuvable et quand vous ne trouverez absolument rien, ce sera l'esprit d'éveil. L'éveil ne se fixe nulle part : c'est pour cette raison que nul ne peut le trouver. »

« L'erreur n'a pas de substance, c'est entièrement le produit de notre pensée. Si vous pouviez empêcher tout mouvement conceptuel de la pensée et arrêter votre processus mental, naturellement il n'y aurait plus d'erreur pour vous. »

« Voir qu'il n'existe en réalité pas la moindre chose à laquelle s'accrocher, voilà la parfaite et suprême sagesse. »

« Tout revient uniquement à l'esprit, mais cet esprit est introuvable lui aussi. Alors que cherche-t-on ? »

Pour en savoir plus : Les entretiens de Houang-po.

HUI NENG

638-713 Sixième patriarche du Tch'an, il enseigne à ses élèves que toute souffrance vient de l'attachement de l'homme à son moi, et par conséquent au monde.

Il est fondateur du Tch'an subitiste. Il enseigne que la méthode est au delà des paires d'opposés, ni subite, ni graduelle. Pour lui :« Tout dépend de la lenteur ou de la vivacité de l'esprit, l'étude de la doctrine de l'école subite ne peut être menée à bien par des sots ».

« Les êtres qui étudient la grande voie, qui ont l'énergie de s'observer eux-mêmes attentivement, sont de la même qualité que les êtres d'intelligence claire. »

« Les grands maîtres qui ont transmis cet enseignement de l'illumination subite, et ceux qui ont la volonté de l'étudier, forment un tout. »

« L'enseignement requiert des milliers de moyens, mais toutes leurs divergences convergent vers l'unité. Dans l'antre de vos obscures et secrètes passions, d'un ordinaire instant naîtra le soleil de la bonté. »

« Si vous pratiquez vraiment la voie, vous ne verrez pas de faute en ce monde. Voir des sujets de critique en ce monde témoigne que l'on est soi-même critiquable.
Des critiques des autres, c'est le moi qui est responsable.
De ces critiques émises par le moi, on est naturellement coupable. Ce n'est que par la suppression de tout esprit de critique que seront totalement détruits les souillures, les passions et les vains bavardages. »

« Les vues fausses sont de ce monde, la vue juste en est la sortie, mais sachez bien que vues fausses ou justes doivent toutes deux disparaître. »

« Au cœur même du moi, il y a un bouddha !
Ce bouddha intérieur, c'est le vrai bouddha.
Si vous n'aviez pas déjà en vous l'esprit du bouddha,
Où le chercheriez vous ? »

Pour en savoir plus : Le sutra de l'estrade : Hui Neng

IBN' ARABÎ

1165-1240. Philosophe musulman. Il passe sa vie à voyager et influence le monde musulman. Il écrit plus de trois cents ouvrages. Pour connaître la vérité, l'homme doit d'abord se connaître lui-même en son essence spirituelle. Il ne peut se connaître lui-même qu'en Dieu et par Lui. La formulation d'Ibn'Arabî est paradoxale. Il empêche l'esprit du lecteur de se fixer. Il l'amène au 'lâcher-prise' en le déséquilibrant par rapport au plan rationnel.

« L'existence des choses créées est l'existence même du créateur. »

« Dieu est donc le miroir dans lequel tu te vois toi-même comme tu es son miroir dans lequel il contemple ses noms. »

« Si tu penses que Dieu est transcendant, commence donc à penser qu'il est immanent. Si tu penses que Dieu est immanent, commence donc à penser qu'il est transcendant. »

Pour en savoir plus : La sagesse des prophètes, Le traité de l'unité de Ibn'Arabî.

JÉSUS

Pour les Chrétiens, Jésus est le fils unique de Dieu, envoyé sur terre en sacrifice, pour racheter le péché des hommes. La base de son enseignement est l'amour. Pour les Musulmans, il est dans la lignée des prophètes.

« Heureux les pauvres en esprit car le Royaume des Cieux est à eux. » (Matt, 5.3)

« Je vous le dis, celui qui ne recevra pas le Royaume de Dieu comme un petit enfant n'y entrera pas. » (Marc, 10.15)

« Alors que notre homme extérieur se consume, notre homme intérieur, lui, se renouvelle de jour en jour. » (Paul, Cor2, 4.16)

« Mon Père et moi sommes Un. » (Jean, 10.30)

L'Evangile de Thomas est un texte gnostique, écrit à l'époque de Jésus, qui a été découvert près de la Mer Morte en 1945. Il met l'accent sur l'aspect non-duel de l'enseignement de Jésus et sur le fait que le salut est une démarche individuelle. Plusieurs de ses 113 versets sont similaires à ceux que l'on retrouve dans les quatre évangiles.

« Jésus a dit: « le royaume du père est comparable à un homme qui voulait tuer un grand personnage. Il dégaina une épée dans sa maison et transperça le mur afin de savoir si sa main serait sûre. Alors il tua le grand personnage. »

« Quand vous ferez le deux un, vous serez Fils de l'homme,
Et si vous dites : montagne, éloigne-toi, elle s'éloignera »

« Heureux celui qui était déjà là avant d'exister. »

« Misérable est le corps qui dépend d'un corps, misérable est l'âme qui dépend des deux. »

« Jésus dit : Si tu exprimes ce qui est en toi, ce que tu exprimes te sauvera. Si tu n'exprimes pas ce qui est en toi, ce que tu n'exprimes pas te détruira.»

« Jésus dit : Celui qui cherche ne doit pas cesser de chercher jusqu'à ce qu'il trouve, et quand il aura trouvé, il sera troublé, et étant troublé, il sera émerveillé et il régnera sur le tout. Celui qui trouvera l'interprétation de ces paroles ne goûtera pas la mort »

« Fends du bois je suis là, soulève la pierre, tu me trouveras là. »

Pour en savoir plus : L'Évangile de Thomas

CARL JUNG
1875-1961. Collaborateur de Freud. Il se sépare de lui et crée sa doctrine, la psychologie complexe. Il formule des concepts novateurs : l'inconscient collectif, les archétypes, la synchronicité. Pour lui, l'homme ne peut s'accomplir que s'il a une connaissance consentie de sa vie inconsciente. Son approche psychologique se rapproche de l'hindouisme et du bouddhisme. A la fin de sa vie, il cherchera confirmation de ses thèses chez les mystiques.

« Rien n'a été fait tant que l'individu dans son particulier ne s'est pas transformé. »

« La réalité de l'âme, voilà mon hypothèse de travail. Ma principale activité consiste à rassembler, à décrire et à expliquer des faits qui sont non-manifestés. »

Pour en savoir plus : Ma vie, C. G. Jung

LA KABBALE

Le mot Kabbalah signifie en hébreu réception. La Kabbale est une voie sacrée, magique et métaphysique par laquelle s'expriment les vues les plus profondes de la mystique juive. Elle définit un certain nombre d'axes, permettant la réception de la lumière du monde supérieur divin, dans le monde inférieur où nous sommes. Ces axes sont représentés dans l'arbre de vie liant le monde supérieur, le monde intermédiaire, et le monde inférieur.

JIDDU KRISHNAMURTI

1895–1986. Maître spirituel qui a toujours rejeté le rôle de maître spirituel, ainsi que toutes religions, celles-ci étant considérées comme des obstacles à la connaissance. Krishnamurti considère que, malgré le développement de la technologie, l'humanité est restée violente et barbare et que l'évolution ne peut s'accomplir que dans une démarche individuelle. Il demande à ses auditeurs de devenir des chercheurs.

« Dans le monde entier il n'y a que deux sortes de gens: ceux qui ont la connaissance et ceux qui ne l'ont pas. Cette connaissance seule importe. »

« Comprendre le moi requiert énormément d'intelligence, de vigilance, de finesse d'observation, une observation qui doit être incessante pour ne point faiblir. »

« La réalité, la vérité ne peut être reconnue. Pour que vienne la vérité, il faut que la croyance, l'expérience, la vérité, la quête de la vertu - qui est tout autre chose que d'être vertueux - il faut que tout cela disparaisse. »

« Pour libérer l'esprit de tout conditionnement, il faut en avoir une vision totale, mais en l'absence de toute pensée. Cela n'a rien d'une énigme. Faites en vous-même l'expérience et vous verrez. »

« Toute forme d'accumulation, que ce soit de connaissance ou d'expérience, toute forme d'idéal, toute projection de l'esprit, toute pratique délibérée se proposant de façonner l'esprit en fonction de ce qu'il devrait être ou ne pas être, tout cela paralyse évidemment notre démarche d'investigation et de découverte. »

Pour en savoir plus : La révolution du Silence de Jiddu Krishnamurti.

LAL DED (dite Lalla)

1355- On dit que Lal Ded est née en 1355 au Cachemire. Ses poèmes traduisent l'intensité de son expérience mystique, de sa métamorphose spirituelle. Lal recommande une quête ardente propulsée par une intuition de l'unité et l'amour du divin. Lal a été considérée par les musulmans comme une sainte convertie à leur religion.

« Sachant soit ignorant, voyant soit aveugle, entendant soit sourd. Sois en tout insensible. Quoi que l'on te dise, réponds à l'unisson. Voilà vraiment ce qu'il faut pratiquer pour connaître la réalité. »

« Celui qui considère autrui et soi-même comme égaux, celui pour qui le jour et la nuit sont semblables et dont la pensée est libre de dualité, celui-là seul a vu le souverain des dieux. »

« J'ai vu le divin en sa nature essentielle, rien n'existe, ni moi, ni toi, ni même l'universel déploiement. »

« Si tu entends bien l'unité, tu n'es plus nulle part, par l'unité j'ai été réduite à néant. »

« En cherchant le soi je me lassais. Car personne en cherchant n'a jamais obtenu la science secrète au delà de la pensée. J'arrêtais de chercher et l'amour me conduisit. »

« Là, en concentration absorbée en une seule pensée. J'ai pris mon essor vers le ciel et le chemin de la lumière. »

Pour en savoir plus : Les dits de Lalla et la quête mystique.

LAO TSEU

570-490 av. J.C. Auteur du Tao To King (Dao De Jing) qui signifie 'Livre de la Voie et de la Vertu.' 'Tao' désigne le principe originel inactif. 'To' est l'énergie spirituelle et magique qu'il déploie. Par lui-même, le Tao est indéfinissable.

« Le Tao est vide mais il est inépuisable. Le Tao lui-même n'agit pas et pourtant tout se fait par lui. »

« Le Tao est le fond commun de tous les êtres. »

« La vertu suprême ignore la vertu : c'est pourquoi elle est toujours la vertu. La vertu secondaire cultive la vertu : c'est pourquoi elle n'est pas la vertu. La vertu suprême n'agit pas et n'a pas de raison d'agir. »

« Étant inondé de lumière de tous côtés, pouvoir être ignorant, donner la vie, l'entretenir, produire sans s'approprier, agir sans rien escompter, diriger sans asservir. »

Pour en savoir plus : Tao To King de Lao Tseu.

LIE TSEU
450 avant JC. On ne sait rien de sa mort. Il subsistait paraît-il grâce aux dons de ses disciples. Il est avec Lao Tseu et Tchouang Tseu un des pères du taoïsme, son livre du vide parfait est un des textes fondateurs.

« En lui, il n'y a ni savoir ni puissance, et cependant, il est omniscience et omnipotence. »

« La forme est quelque chose qui a nécessairement une fin; ainsi ciel et terre cesseront d'être et cesseront avec nous. Serait-ce la dernière fin ? Nous l'ignorons. Il n'y a pas de fin au tao puisque le propre de celui-ci est d'être sans commencement. Il n'y pas non plus de limites extrêmes, puisque le propre du tao est au delà de toute durée. »

Quelqu'un s'adressa au philosophe Lie Tseu et lui demanda ; « Pourquoi tenez vous le vide en si grande estime ? » Lie Tseu répondit : « Le vide n'a que faire de l'estime. Si l'on veut être sans nom, rien ne vaut le silence, rien ne vaut le vide. Par le silence et le vide, on atteint ses demeures ».

« La différence entre l'intérieur et l'extérieur s'estompait. Il n'y eût plus de différence entre les sensations des yeux et celles des oreilles, celles du nez et celles de la bouche, tous les sens étaient confondus. Mon esprit se figea; mon corps se libéra. »

« Les choses naissent du sans forme et s'achèvent là où il n'y a plus pour elles de transformation. Celui qui pourrait atteindre cet état et le comprendre, comment pourrait-il être arrêté par une chose ? En se maintenant dans une attitude ignorant les débordements, il se réfugie dans la durée infinie. Il s'ébat là ou les choses commencent et finissent. »

Pour en savoir plus : Le vrai classique du vide parfait : Lie Tseu
LIN CHI
Date de naissance inconnue, mort en 866 après JC. Maître Tch'an, fondateur d'une école portant son nom qui durant des siècles va devenir la plus importante des écoles du Tch'an. Il est connu pour son enseignement abrupt.

« C'est parce que vous n'avez pas confiance en vous-même que vous vous empressez tous à courir après ce qui vous est extérieur, vous laissant détourner par ces dix mille objets, et que vous ne trouvez pas l'indépendance. Sachez mettre en repos cet esprit de recherche qui vous fait courir de pensées en pensées et vous ne différerez plus d'un Bouddha. »

« Pour qui comprend le sans-appui, l'état du Bouddha n'est pas à obtenir. »

« Si vous aimez la sainteté en détestant la profanation, vous flotterez et coulerez dans l'océan des naissances et des morts. »

« C'est quand la pensée naît que naît la multiplicité des choses. La pensée étant détruite, la multiplicité des choses l'est aussi. »

Pour en savoir plus : Entretiens de Lin Chi.

MA ANANDAMAYI
1896-1982 Jeune, elle pratique l'ascèse, et à partir de trente ans elle enseigne une voie où amour, joie et sagesse sont inextricablement mêlées. Bien que défendant la doctrine hindoue, elle ne se rattache à aucun dogme. Elle énonce: « considérez moi chrétienne, musulmane, hindoue, ou ce que vous voudrez. »

« Trouver Dieu ne signifie que trouver son propre Soi. Trouver tout en perdant tout, voilà ce qui est désirable. »

« Les êtres humains doivent habiter la caverne qui est en eux afin que l'être suprême qui y réside puisse se révéler. »

« L'être humain est un voyageur en route pour devenir un surhomme. »

« Ce corps-ci vous le répète constamment. Devenez un pèlerin sur la route de l'immortalité. Fuyez le sentier de la mort, cheminez vers l'immortalité. Montrez-vous impérissable, immortel. »

« En réalité le maître est à l'intérieur de vous. Vous ne réaliserez rien tant que vous n'aurez pas découvert votre maître intérieur. »

« Ce que vous cherchez, vous le trouverez si vous en avez une telle soif, qu'elle aiguise toutes les fibres de votre être. »

« Il faut adhérer fermement et sans détours aux pratiques destinées à éveiller la vraie nature de l'individu et persévérer dans leur exercice. »

Pour en savoir plus : L'enseignement de Ma Anandamayi.

MAITRE ECKHART
1260-1327. Dominicain et Maître de la mystique rhénane. Il énonce la nécessité de sortir de soi pour pénétrer dans l'éternité et devenir un. Là peut s'exécuter le dessein de Dieu. Il meurt avant le début du procès que l'église à l'intention de lui intenter.

« Plus haut une âme s'élève au-dessus d'elle-même, plus elle est pure et claire, et plus parfaitement Dieu accomplit en elle son œuvre selon sa ressemblance. »

« L'Amour à son niveau le plus pur et le plus désintéressé n'est rien d'autre que Dieu. »

« Videz-vous de votre ego et de toutes choses et de tout ce que vous êtes en vous-même et considérez ce que vous êtes en Dieu : c'est cela le vrai vous. »

« Quand vous arrivez à un point où vous ne pouvez plus sentir la douleur ou l'anxiété au sujet de rien, et où la peine n'est plus la peine pour vous, et où toutes choses sont une espèce de pure paix pour vous, alors il y a vraiment naissance. »

« L'âme doit reposer en Dieu. Son œuvre divine, Dieu ne peut l'accomplir dans l'âme quand tout ce qui y pénètre est circonscrit par des mesures. Mesure est ce qui renferme les choses par le dedans et le dehors. »

« Quel est le propre de Dieu ? Se répandre dans le créé, être le même en tous temps, ne rien avoir, vouloir, savoir. »

« Ici l'homme par sa pauvreté a reconquis ce qu'il a été éternellement et restera toujours. »

Pour en savoir plus : Traités et Sermons de Maître Eckhart.
MARC AURELE
121-181. Empereur romain, philosophe stoïcien. Sous son règne l'empire prospère. La vie d'un stoïcien implique une vigilance constante, l'observation approfondie, le pouvoir sur soi-même, l'obéissance aux lois de la nature pour aboutir à une transfiguration complète, une dilatation de l'âme dans la joie.

« Ne fais pas comme si tu avais à vivre des milliers d'années. La mort s'avance. Pendant que tu vis, pendant que tu le peux, rends-toi homme de bien. »
Livre 4 verset 17

« Ne te laisse pas emporter par ce tourbillon. Entre les divers mouvements de ton cœur, choisi ce qui est le plus conforme à la justice. Et entre tes diverses imaginations tiens toi à ce que tu as clairement conçu »
Livre 4 verset 22

« Qu'il est aisé de repousser, d'anéantir toute imagination qui ne convient pas ou qui trouble l'âme et de recouvrer en un instant une entière sérénité d'esprit ? »
Livre5 verset2

« Il n'y a pas de mal pour les êtres qui se transforment, ni de bien pour ceux qui subsistent au terme d'une transformation »
Livre 4 verset 42

« Quel est enfin l'usage ? C'est ce qu'il faut se demander en chaque occasion, et ce sur quoi il faut s'examiner : en quel état se trouve actuellement cette partie de moi-même qu'on appelle avec raison mon guide. Quelle est l'âme que j'ai présentement ? Est-ce l'âme d'un enfant, d'un jeune homme d'une faible femme, d'un tyran, d'une bête de somme, d'un animal féroce ? »
Livre 5 verset 11

L'idée des sous-personnalités et de l'introspection est contenue dans ce verset de Marc Aurèle.

NIFFARI (Muhammad Ibn'Abdi'l-Jabbar Al-Niffari)
Xème siècle : Contemporain d'Hallâj, sa trace se perd, puis réapparaît au fil des siècles. Son enseignement pousse l'auditeur au dépouillement total, afin de se fondre dans l'unité. « Il me dit, je ne me manifeste à aucun œil, à aucun cœur sans les anéantir ».

Il met également l'accent sur la montée en conscience à travers l'utilisation de la sensation tactile qu'il appelle « le frissonnement de la peau ».

« Il m'arrêta dans le frissonnement de la peau et me dit : C'est l'un des effets de mon regard, c'est la porte de ma présence. »

« Il me dit : C'est le fait de mon autorité, et de nulle autre autorité que la mienne. C'est le fait de l'autorité de mon approche vers toi, et non de l'autorité de ton approche vers moi. »

« Il me dit : C'est le signe de l'autorité de mon souvenir de toi, et non celui de ton souvenir de moi. C'est mon signe et ma preuve, mesure par lui chaque passion et chaque alliance. S'il demeure en une chose elle est vérité, s'il l'abandonne elle est mensonge. »

« Il me dit : C'est ma balance, pèse sur elle. C'est mon compas, mesure par lui. C'est le signe de la certitude et de l'accomplissement. »

Mais avant tout, son enseignement est métaphysique :

« Il me dit : Si tu me vois, voilement et dévoilement sont pareils »

« Il me dit : L'ignorance est voilement de la vision, et le savoir est voilement de la vision. Qui sait est double. »

« Il m'arrêta dans la nuit et me dit : Si la nuit vient à toi, arrête-toi entre mes mains, saisi l'ignorance, chasse de moi le savoir des cieux et de la terre. Si tu le fais, tu me verras descendre. »

Pour en savoir plus : Le livre des stations. Niffari

NISARGADATTA MAHARAJ

1897-1981. Modeste commerçant indien. Son enseignement fut oral. Ses entretiens ont été consignés dans un livre: 'Je Suis' qui, en quelques années, est devenu un best-seller mondial. L'enseignement de Maharaj est issu de l'Advaïta Vedanta. Sa quête l'amène auprès de son Maître qui lui dit :

« Tu n'es pas ce que tu crois être, trouve ce que tu es, observe le sens de 'Je Suis', découvre ton véritable soi. »

« J'ai fait ce qu'il m'a dit de faire. Tout le temps gagné, je le consacrais à m'observer en silence. Il ne me fallut pas plus de trois années pour réaliser ma véritable nature. »

« Regardez vos pensées comme vous regarderiez le trafic de la rue. Les gens vont et viennent. Vous enregistrez, mais sans réponse. Au début ce n'est pas facile mais, avec de la pratique, vous vous apercevrez que votre mental peut fonctionner sur plusieurs plans à la fois et que vous pouvez être conscient de tout. Ce n'est que quand vous portez un intérêt particulier à un plan précis que votre attention s'y laisse prendre et que les autres plans sont obscurcis. Mais même alors, ces autres plans continuent à fonctionner, mais hors du champ de conscience. »

« Vous ne faites qu'une erreur : vous prenez l'intérieur pour l'extérieur et vice versa. Vous croyez que ce qui est en vous vous est extérieur, et que ce qui est extérieur se trouve en vous. Le mental et les sensations sont externes mais vous les croyez intimement vôtres. Vous croyez le monde objectif alors qu'il n'est qu'une projection de votre psyché. Voilà la confusion fondamentale. Vous devez vous penser en dehors. Il n'y a pas d'autre voie. »

« Qu'est-ce après tout que la libération ? C'est savoir que vous êtes au-delà de la naissance et de la mort. En oubliant qui vous êtes et en vous imaginant une créature mortelle, vous créez tant de misère pour vous-même qu'il vous faut vous réveiller d'un mauvais rêve. »

« Vous êtes toujours à la recherche du plaisir à vouloir éviter la souffrance, toujours à la poursuite de la paix et du bonheur. Ne voyez-vous pas que c'est la quête même du bonheur qui vous rend misérable ? »

« Tout le monde est heureux d'exister, mais peu en savent la plénitude. Vous parviendrez à la connaître en demeurant dans le mental, dans le 'Je suis, je sais, j'aime', avec la volonté de pénétrer le sens le plus profond de ces mots. »

« Les désirs ne sont que des vagues dans l'esprit. Je ne me sens aucunement poussé à les satisfaire. Je ne sens pas le besoin de passer à l'acte. Etre libre de ses désirs signifie que la compulsion qui pousse à les satisfaire est absente. »

Pour en savoir plus : Je suis de Nisargadatta Maharaj.

RAMANA MAHARSHI

1879-1950. Il s'éveille à 17 ans lors d'une introspection sur la mort. Il vit pendant des années en ascète dans une grotte, puis des disciples attirés par sa présence lui construisent un ashram. Son enseignement est l'Advaïta Vedanta. Il ramène l'élève en permanence à l'origine du Je jusqu'à ce que, par l'introspection, ce Je réalise son identité au Soi.

« Le principe sur lequel repose l'intellect ne peut être connu de l'intellect. »

« Il n'y a pas de plus grand mystère que celui-ci : nous sommes la réalité, mais nous cherchons à obtenir la réalité. »

« L'homme considère qu'il est limité. C'est la source de ses ennuis. »

« Les faits ont seulement la réalité de celui qui les voit. Peines et plaisirs ne se rapportent pas à des faits, mais à des conceptions mentales. »

« Vous vous êtes extériorisé, c'est pourquoi vous avez oublié le soi. Plongez en vous-même, vous saurez que vous êtes le soi. »

« Il ne faut rien associer au pur soi. »

« Il n'y a ni création, ni destruction, ni destin, ni choix, ni voie, ni réalisation. Telle est la vérité suprême. »

Pour en savoir plus : L'enseignement de Ramana Maharshi.

RABBI NACHMAN DE BRESLAU

1772-1810 Petit fils du fondateur du hassidisme Baal-shem-tov, le rabbin Nachman initia une impulsion nouvelle au judaïsme hassidique en combinant les secrets ésotériques de la Kabbale et l'étude de la Torah. Il attira des milliers de disciples cherchant une vie spirituelle et une aide pratique dans leurs problèmes quotidiens.

« Vous êtes partout où sont vos pensées. Assurez-vous que vos pensées sont bien là où vous voulez qu'elles soient. »

« La paix la plus élevée qui soit est celle qui harmonise les opposés. »

« Le chemin de la croissance spirituelle ressemble beaucoup à une promenade sur les montagnes russes. Prenez confiance ; au fur et à mesure, vous apprendrez que la pente descendante n'est que la préparation de la pente montante. Consacrez vous au bien, le mal tombera de lui-même ; »

« La lumière de celui qui est infini n'a pas de forme ; elle suit les contours de celui qui la reçoit. »

Pour en savoir plus : La chaise vide de Rabbi Nachman.

PLATON
428-347 av. J.C. Disciple de Socrate. Dans son allégorie de la caverne il explique clairement comment nous pouvons quitter nos identifications illusoires et retrouver la lumière de la pleine conscience. Des prisonniers sont enchaînés dans une caverne, un feu derrière eux projette leurs ombres sur les parois. Loin derrière ce feu, la lumière du jour leur parvient à peine. Ce monde constitue leur réalité. Un prisonnier parvient à se libérer de ses chaînes et retrouve la pleine lumière.

« C'est de la pensée pure que nous devons faire usage pour atteindre la vérité absolue. »

« La réalité est à la fois multiple et une et dans sa division elle est toujours rassemblée. »

« Le temps est l'image mobile de l'éternité immobile. »

« C'est la vrai marque du philosophe que l'étonnement. »

« Le sage parle parce qu'il a quelque chose à dire, le fou parce qu'il a à dire quelque chose. »

« Les vrais philosophes s'exercent à mourir, et ils sont de tous les hommes ceux qui ont le moins peur de mourir. »

Pour en savoir plus : Le Banquet de Platon

PLOTIN
205 –270 ; Philosophe et mystique romain, Plotin pratique une métaphysique expérimentale, il enseigne qu'il existe un UN totalement transcendant au delà de l'être et du non-être. Cet Un est la source du monde, il ne contient ni division, ni multiplicité, ni changement. Plotin établit l'analogie avec le

soleil dont émane la lumière sans qu'il n'en soit en rien diminué.

L'aspect mystique de son enseignement apparaît quand il parle d'entase au lieu d'extase pour définir les effets de son union avec l'Un.

« C'est par l'Un que tous les êtres sont des êtres »

« Il faut prendre l'intellect comme guide pour contempler l'Un »

« Fuir seul vers le seul »

« Seule la vision et non pas l'enseignement peut nous mettre en contact avec l'Un »

« Ne pas le chercher comme un objet mais comme une présence »

« C'est à l'intérieur de soi qu'il faut chercher la présence universelle de l'Un, en coïncidant le centre de nous même avec le centre de toute chose »

Pour en savoir plus : Les Ennéades, les Traités

MARGUERITE PORETE

1250-1310. Béguine du nord de la France. Elle trace un itinéraire spirituel sous la forme d'un enseignement donné à la raison par l'amour. Son livre, 'Le miroir des âmes simples et anéanties', fut d'abord interdit, puis son auteur fut jugée et brûlée à Paris en Place de Grève le 1er juin 1310.

« Cette connaissance est si claire qu'elle se voit néant en Dieu et voit Dieu néant en elle. »

« Qui tout donne, tout a, et autrement non. »

« La connaissance de mon néant m'a donné le tout. »

« Penser ne vaut ici plus rien, ni oeuvrer, ni parler. Amour me tire si haut. Penser ne vaut ici plus rien. »

Pour en savoir plus : Le miroir des âmes simples et anéanties de Marguerite Porete.

RABIA

713-801. Vendue comme esclave elle fut remise en liberté par son maître qui la découvrit en prière entourée de lumière. L'amour mystique et l'union avec Dieu sont les thèmes qu'elle développe. Bien avant les soufis, elle prône l'union complète avec le divin.

« Dans cette unité, que reste t'il de l'existence du moi et du toi ? Et donc comment peut-il y avoir homme et femme. »

« Ce qui importe, c'est d'atteindre un degré plus élevé que celui où nous sommes à présent. »

« Il n'est pas possible de distinguer, avec le regard, les différentes stations de la voie qui mène vers Dieu, ni avec la langue de parvenir jusqu'à Lui. Mais éveille ton cœur. Si ton cœur s'éveille, alors tu verras de tes yeux le chemin et il sera facile de parvenir à la station. »

« Je vais au ciel afin de jeter le feu dans le paradis et de verser de l'eau dans l'enfer. Ainsi ne demeureront-ils ni l'un ni l'autre et apparaîtra Celui qui est le but. Alors les hommes considéreront Dieu sans espoir ni crainte et de cette façon l'adoreront. Car s'il n'y avait plus l'espoir du Paradis ni la crainte de l'Enfer, est-ce qu'ils n'adoreraient pas mieux le véridique. »

Pour en savoir plus : Le chant de la recluse de Rabia

DJALAL AL-DIN RUMI (dit Rûmi)

1207-1273. Un des plus grands poètes mystiques de l'Islam. Il étudie à Damas avec Ibn Arabî, puis suit son Maître Shams (Shams ed Dîn Tabrîzî). Il se consacre à la méditation et à la danse et fonde l'ordre des derviches tourneurs. Il rédige le Mathnawi, une odyssée de l'âme qui doit mourir à son moi, afin de vivre éternellement en Dieu.

« J'étais neige, tu me fondis. Le sol me but. Brume d'esprit, je remonte vers le soleil. »

« Dans la nuit de mon cœur, le long d'un chemin étroit, j'ai creusé et la lumière a jailli : une terre infinie de jour. »

« Heureux le moment où nous sommes assis toi et moi, différents de forme et de visage, mais n'ayant qu'une seule âme toi et moi. »

« Dieu a fait apparaître le non existant comme existant et magnifique. Il a fait apparaître l'existant sous la forme de la non existence. »

« Du moment où tu vins dans le monde de l'existence, une échelle fut placée devant toi, pour te permettre de t'évader.
D'abord, tu fus minéral, puis tu devins plante.
Ensuite tu es devenu animal : comment l'ignorais-tu ?
Puis tu fus fait homme, doué de connaissance, de raison, de foi.
Considère ce corps, tiré de poussière : quelle perfection il a acquis !
Quand tu auras transcendé la condition de l'homme, tu deviendras sans nul doute un ange.
Alors tu en auras fini avec la terre ; ta demeure sera le ciel.
Dépasse même la condition angélique. Pénètre dans cet océan
Afin que ta goutte puisse devenir une mer. »

Tout comme Angelus Silesius et l'hindouisme à travers la Lîla, Rûmi parle de notre évolution possible.

Pour en savoir plus : Odes mystiques de Rûmi.

SECRET DE LA FLEUR D'OR

Le secret de la fleur d'or est issu d'une tradition orale. L'auteur Lu Tsou vivait au 8ème siècle après JC. Il est supposé être un lointain disciple de Lao Tseu. Le secret de la fleur d'or est un traité taoïste pratique, expliquant comment cristalliser une âme. Carl Jung en a rédigé un commentaire.

« La révolution de la lumière produit la concentration de l'âme supérieure, et par ce moyen la garde de l'esprit. Ainsi l'âme inférieure est assujettie. »

« Quand on fixe la pensée sur le point central entre les deux yeux, la lumière rayonne d'elle-même. Le fait de fixer la pensée entre les deux yeux provoque la pénétration de la lumière à l'intérieur. »

« Le disciple comprend la manière de distiller complètement l'âme inférieure obscure, de telle sorte qu'elle se transforme en pure lumière. »

« Il faut mouvoir et fixer la lumière. Ce faisant vous provoquez la révolution de la lumière. Il se crée après un temps un nouveau corps spirituel. »

« Si l'homme peut faire mourir son cœur, l'esprit originel s'éveille à la vie. Faire mourir son cœur ne signifie pas le laisser dessécher ou se flétrir, mais cela signifie qu'il est devenu un, sans division. »

Pour en savoir plus : Le secret de la fleur d'or de Lu Tsou.
SIN SIN MING
Le Sin Sin Ming, attribué au patriarche Seng-Ts'an, a été composé au VIIIème siècle. Il est considéré comme l'expression métaphysique parfaite du Bouddhisme Tch'an.

« La grande voie n'a rien de difficile, mais il faut éviter de choisir !
Soyez libéré de la haine et de l'amour
Elle apparaîtra alors dans toute sa clarté ! »

« S'en éloigne-t-on de l'épaisseur d'un cheveu
C'est comme un gouffre profond qui sépare le ciel et la terre
Si vous désirez la trouver, ne soyez ni pour ni contre rien ! »

« Le conflit entre le pour et le contre, voilà la maladie de l'âme !
Si vous ne connaissez pas la profonde signification des choses, vous vous fatiguez en vain à pacifier votre esprit. »

« Aussi parfaite que le vaste espace, rien ne manque à la voie, rien ne reste hors d'elle.
A accueillir et repousser les choses nous ne sommes pas comme il faut. »

« Ne pourchassez pas le monde soumis à la causalité,
Ne vous attardez pas dans une vacuité excluant les phénomènes.
Si l'esprit demeure en paix dans l'Un, ces vues duelles disparaissent d'elles-mêmes. »

Pour en savoir plus : Tch'an - Zen : Racines et floraisons.

SHANKARA
VIIIème siècle. Maître spirituel. Il fut le restaurateur de l'hindouisme. Il n'admet qu'un seul principe, le Brahmane, les Dieux n'en étant que des manifestations partielles. Il parcourt l'Inde enseignant l'Advaïta Védanta. Il fonde un ordre monastique qui existe encore de nos jours.

« Confondre le soi et le non-soi, voilà en quoi consiste toute la servitude humaine. C'est de cette méprise, fille de l'ignorance, que découlent les calamités de la naissance et de la mort, car l'homme considère comme réel ce corps grossier dont les jours sont comptés. Il s'identifie avec lui. Ce faisant, il s'attache à ce corps aussi étroitement que la chenille à son cocon. »

« La réalisation s'effectue dès que l'aspirant réussit à discerner à coup sûr le soi du non-soi. Exerce-toi donc à reconnaître l'âme particularisée et le Soi Éternel ! »

« L'eau chargée d'impuretés reprend sa limpidité originelle dès que les matières qu'elle contenait en suspension ont été éliminées. L'Atman se révèle dans toute sa splendeur dès qu'on a écarté tout ce qui paraissait le souiller. »

« Quand l'irréel cesse d'exister, on réalise qu'en définitive cette âme particularisée est, elle-même, le Soi Éternel. Il est par conséquent de ton devoir de dégager le Soi Éternel de toutes ces surimpositions telles que le sens de l'ego, etc.... »

Pour en savoir plus : Le plus beau fleuron de la discrimination : comment discriminer le spectateur du spectacle : de Shankara.

SHANTIDEVA
Né au VIIème siècle, fils de roi. Il renonce au trône et devient moine. Il parcourt l'Inde, sauve de la famine des milliers de personnes en multipliant la nourriture et accomplit de nombreux miracles. Son traité: 'La marche vers l'éveil' est un précis de réalisation spirituelle.

« Celui qui veut garder la règle doit garder soigneusement son esprit. La règle est impossible à garder pour qui ne maîtrise pas l'esprit volage. »

« Lorsque l'attention se tient à la porte de l'esprit pour la garder, la vigilance vient et même si elle s'éloigne, revient. »

« Il me faut tout d'abord connaître mon état d'esprit. Et quand je suis en faute, demeurer imperturbable comme une souche. »

« Quand ni la réalité ni la non-réalité ne se présentent plus à l'esprit, alors en l'absence de toute démarche possible, l'esprit libéré des concepts s'apaise. »

Pour en savoir plus : La marche vers l'éveil de Shantideva.

LE SOUFISME
Apparu au XIème siècle en réaction à la vision traditionnelle islamique, le soufisme est une connaissance qui libère et ouvre au divin. L'homme y est vu comme exilé. Sa vie consiste à prendre conscience de son exil et à trouver en lui les moyens de son retour.

« Par l'amour d'Allah » - Rabia.

« Par l'union à Allah car identique à lui. "Je suis Dieu." » - Hallâj.

« Par une approche non-dualiste menant à une conscience unitive » - Ibn Arabî.

« Par l'abstraction où le concept suivant élimine le précédent » - Al Niffari.

« Le soufisme, c'est que Dieu te fasse mourir à toi-même afin de te ressusciter en Lui. » - Al Junayd

Mourir à soi-même est *fana* : extinction.

LE SUTRA DU DIAMANT ET LE SUTRA DU CŒUR
Sutra veut dire fil conducteur. Les sermons du Bouddha ont été transcrits sous forme de sutras qui sont généralement des phrases courtes et incisives.

Le sutra du diamant et le sutra du cœur sont deux des quarante sutras formant la Prajnaparamitra. Ces sutras ont une grande importance dans le Tch'an et dans le Zen car ils énoncent la formulation de la vacuité. Ces sutras sont célèbres dans le monde himalayen et sino-japonais. Ils font l'objet de récitation et de méditation quotidienne sur le sens de la vacuité.

SUTRA DU DIAMANT
« N'étant pas un objet de connaissance, la réalité absolue ne se trouve pas à la portée de la conscience ordinaire. »

« Les grands êtres devraient cultiver un esprit libre de toute fixation; ils devraient cultiver un esprit qui ne se fige sur rien; ils devraient cultiver un esprit qui ne s'appuie sur aucune forme; ils devraient cultiver un esprit qui ne prend pas appui sur les sons, ni sur les odeurs, ni sur les saveurs, ni sur les phénomènes mentaux. »

SUTRA DU COEUR

« Tous les phénomènes sont vacuité : dépourvus de caractéristiques essentielles, ils ne naissent ni ne cessent ; immaculés et libres de toute impureté, ils ne croissent ni ne décroissent. »

En conséquence, n'ayant pas de fruit à atteindre, les bodhisattvas s'appuient sur la connaissance transcendante et s'y établissent. L'esprit libre de tout voile, ils n'ont peur de rien et, bien au-delà de toute distorsion, ils finissent par accéder au Nirvana.

JEAN TAULER

Jean Tauler 1300-1361: Dominicain. On ne sait pas grand chose de sa vie si ce n'est qu'il a connu Maître Eckhart. Il est dans la lignée des mystiques rhénans.

« Tu es dissipé, encombré d'images et Dieu n'habite pas pleinement dans ton intérieur. En vérité voilà l'obstacle: ce ne sont pas les oeuvres, ni autre chose, c'est toi-même. »

« Si tu veux être macéré et digéré par Dieu, tu dois mourir à toi-même et te dépouiller du vieil homme, car pour que la nourriture soit changée en la nature de l'homme, elle doit nécessairement perdre sa propre nature. »

« Sois bien sûr de ceci. Si tu veux parvenir à la perfection, il te faudra te dépouiller de tout ce qui n'est pas Dieu. »

« Connaître l'un en tout et tout dans l'un. Quelle magnifique invention. Il n'y a que ceux qui sont arrivés là qui sachent parfaitement ce qu'est la vraie joie. »

« Avant tout applique-toi à te convaincre que tu n'es rien. Car c'est notre prétention d'être quelque chose qui empêche Dieu de faire sa belle oeuvre en nous. »

« Si tu sors complètement de toi même, Dieu entrera tout entier. Autant tu sors, autant il entre ni plus ni moins. »

« Si nobles, si pures que soient les images, elles sont toujours un écran pour l'image sans contour qu'est Dieu. »

Pour en savoir plus : Aux amis de Dieu de Jean Tauler

LE TCH'AN, LE ZEN

Introduit d'Inde en Chine par Bodhidharma (470-543). Il existe de nos jours au Japon sous le nom de Zen. Il se résume à quatre principes : une transmission directe de l'esprit à l'esprit; aucune dépendance à l'égard des mots et des lettres; se diriger directement vers l'âme de l'homme; réaliser notre nature de Bouddha. Nous intégrons cela quand nous comprenons qu'en tant qu'être divisé, nous ne sommes absolument pas. Cette prise de conscience soudaine est l'Eveil.

ECKHART TOLLE

1948- Eckhart Tolle, enseignant spirituel contemporain. Parle de son éveil comme de la mort de son ego. A travers son livre « le pouvoir du moment présent », il a transmis une compréhension de la non-dualité à des millions de personnes.

« La pensée n'est qu'un petit aspect de la conscience et elle ne peut exister sans elle. Par contre la conscience n'a pas besoin de la pensée. »

« Lorsque vous commencerez à vous désidentifier et à devenir l'observateur, le corps de souffrance continuera de fonctionner un certain temps et tentera de vous amener, par la ruse, à vous identifier de nouveau à lui. »

« Soyez en permanence le vigilant gardien de votre espace intérieur »

« S'identifier au mental, c'est lui donner de l'énergie. Observer le mental, c'est lui enlever de l'énergie. S'identifier au mental accentue la dimension temporelle. Observer le mental donne accès à la dimension intemporelle. »

Pour en savoir plus : Le pouvoir du moment présent: Eckhart Tolle

ISA UPANISHAD, UPANISHADS

Ecrite entre 800 et 500 avant J.C, l'Isa Upanishad est sans doute la première des Upanishads versifiée. Les Upanishads sont des traités de métaphysique. Elles sont considérées comme faisant partie de la Schruti, révélation Divine. Dans leur ensemble elles forment le Vedanta, c'est-à-dire l'aboutissement du Véda. Elles sont avec la Bhagavad Gita le cœur historique de l'hindouisme. Elles sont souvent rédigées sous la forme d'un enseignement de Maître à disciple. Elles ont été commentées par Shankara.

ISA UPANISHAD

« Ils entrent dans d'aveugles ténèbres ceux qui croient en le non devenir; dans plus de ténèbres encore, ceux qui se plaisent dans le devenir. »

« La réalité est autre, dit-on, que le devenir et le non devenir : ainsi avons-nous appris des sages qui nous l'ont expliqué. »

« Devenir et disparition, celui qui les connaît tous deux ensemble, après avoir franchi la mort par la disparition, il atteint la non-mort par le devenir.»

KENA UPANISHAD
« On obtient un état immortel, lorsqu'on le perçoit en chaque cognition;
On obtient le soi par la force;
On obtient le savoir par l'immortalité. »

« Posséder le savoir en ce monde, c'est la vérité ;
Ne pas le posséder ici bas, c'est une perte immense.
Les sages appliquent leur discernement;
Ils sortent de ce monde et deviennent immortels »

KATHA UPANISHAD
« Lève-toi ! Réveille-toi !
Approche les meilleurs des hommes et instruis-toi;
C'est le tranchant affilé d'un rasoir;
Il est pénible de le parcourir. »

« Lorsque l'on a perçu Cela qui est inexprimable, intangible, informel,
Impérissable et sans saveur,
Eternel et sans odeur,
Sans commencement ni fin,
Stable et supérieur à l'immense,
On se trouve libéré des mâchoires de la mort. »

LE VEDANTA
De tous les systèmes de la pensée hindoue, la philosophie du Vedanta est la plus étroitement liée à la religion indienne. L'Advaïta Vedanta (non-dualisme) est le courant majeur issu du Vedanta.

Pour le Vedanta, les phénomènes matériels ou mentaux n'existent qu'en fonction de la réalité ultime, la pure conscience. Elle est indestructible et autonome. Quand un individu perçoit un phénomène du point de vue 'de lui-même', ce phénomène entretient son ego. Quand un individu perçoit un phénomène du point de vue 'de la réalité', la réalité relative du phénomène disparaît ainsi que l'ego sous-tendu par cette perception.

L'exemple classique du Vedanta est celui du serpent et de la corde. Dans une pièce sombre un homme voit un serpent. Peur, panique, adrénaline, fuite. Soudain, il réalise que ce qu'il avait pris pour un serpent n'est qu'une corde. La projection mentale qui nourrissait son ego s'écroule et, si l'homme est mûr, son ego avec.

VIJNANA BHAIRAVA

Le Vijnana Bhairava a été écrit au VIème siècle avant JC. Il s'agit d'un manuel donnant des techniques pointant vers l'éveil. Cette pratique shivaïte kashmirienne nous pousse à vivre pleinement nos sens. Il n'y a pas de rupture entre la vie mystique et la vie du monde. Toute pensée, toute émotion, si on la suit jusqu'à son origine, nous amène à l'unité, au divin.

« Il faut que l'on se concentre sur le commencement ou sur la fin de n'importe quel phénomène. Par la puissance du vide devenu vide, on prendra forme du vide. »
Verset 40.

« Toute chose se manifeste par la connaissance et le Soi se manifeste par toute chose. En raison de leur essence commune, connaissance et connu se révèlent comme ne faisant qu'un. »
Verset 137.

« Un intellect inébranlable sans caractéristique, ni origine, voici en vérité ce que nous appelons méditation. Mais la représentation imagée de divinités nanties de corps, organes, visages, mains n'offre rien de commun avec la vraie méditation. »
Verset 146.

VIMALAKIRTI

Vimalakirti est un contemporain du Bouddha. Ses enseignements pointent vers la liberté fondamentale de l'homme. Il nous amène à la limite du monde des formes. Il nous amène à la vacuité. Le sutra de la liberté inconcevable a été traduit pour la première fois en chinois au troisième siècle après JC.

« Ce qu'on appelle éveil n'est pas une entité dont on puisse physiquement ou spirituellement se saisir. »

« L'éveil n'est pas analysable puis qu'il n'est pas soumis au moindre conditionnement. »

« L'éveil est non-agir puisqu'il ignore la pensée. »

« L'éveil est non-duel parce qu'il transcende et l'esprit et les choses. »

« L'éveil n'occupe aucun espace parce qu'il n'est pas matériel et n'a pas de forme. »

« L'éveil est non-saisi parce qu'il ne tend vers aucun objet. »

« L'éveil est aboutissement car on s'y trouve à la cime du réel. »

Pour en savoir plus : Sutra de la liberté inconcevable, les enseignements de Vimalakirti

WEI WU WEI
1895-1986. Terence Gray est un maître Tch'an contemporain d'ascendance irlandaise. Il voyage en Asie et est influencé par Ramana Maharshi. Il développe un enseignement basé sur le Tch'an où il pousse les concepts à l'extrême limite de l'abstraction de façon à ce que le mental du lecteur perde ses points d'appui. Il a choisi de passer la fin de sa vie à Monaco.

« Pourquoi es-tu malheureux ?
Parce que 99.9 % de tout ce que tu penses et de tout ce que tu fais est pour toi et qu'il n'y a pas de toi. »

« Quand le rêveur s'éveille, il est absence absolue. »

« La transcendance de souffrance-plaisir est atteinte non pas en se plongeant dans l'une et dans l'autre, mais en éprouvant l'inexistence de l'une et de l'autre. »

« Aucun processus objectif ne saurait conduire à l'éveil, parce que l'éveil est éveil hors d'un rêve, et le rêve est un processus d'objectivation, de sorte qu'objectiver, c'est continuer de rêver. L'éveil consiste donc à amener ce processus à un arrêt brusque en cessant de regarder dans la mauvaise direction. »

« Un œil ne peut se voir lui même. La vérité ne peut s'exprimer elle-même. Parce qu'étant non-dualité, elle ne peut être transmise en dualité en tant qu'objet d'un sujet. »

« Le mental intégral n'a pas de pensée. Les pensées sont le mental divisé. »

« Cette vérité est manifestée quand nous savons que ni 'nous sommes' ni nous 'ne sommes pas'. Afin de la connaître, nous n'avons pas à voir mais à cesser de voir. Où il n'y a pas vision, elle est. »

Pour en savoir plus : La voie négative de Wei Wu Wei.

KEN WILBER
1949 : Ken Wilber est un philosophe américain qui a développé une brillante synthèse métaphysique qu'il nomme la théorie intégrale. Il voit la réalité ultime comme non duelle, et les formes qui évoluent dans le temps, fondamentalement, ne sont rien d'autre que le vide.

« Les grands mystiques du passé de Bouddha à Jésus, de Halladj à Lady Tsogyal, de Hui-Neng à Hildegarde étaient en avance sur leur époque, et aujourd'hui ils le sont encore. En d'autres termes ils ne sont pas des représentants du passé, ils représentent notre avenir. »

« L'évolution apparaît dans un monde de temps et de formes. La nature de l'esprit ultime est d'être en dehors du temps, en dehors de la forme, antérieure à l'évolution mais non séparée d'elle. »

« On ne trouve pas l'Eveil en arrivant à un point d'évolution Oméga, mais plutôt en sortant du cycle du temps et de l'évolution. »

« On pourrait dire que l'ego n'est pas un obstacle à la réalité mais une manifestation de cette réalité. Toutes les formes ne sont rien d'autre que le vide et ceci naturellement inclut l'ego. »

« La position du témoin est un formidable bond en avant. C'est un bond nécessaire et indispensable dans la pratique de la méditation, mais la position du témoin n'est pas l'ultime. Quand le témoin finalement lâche, il se dissout dans la totalité dont il a été le témoin. Alors la dynamique sujet-objet s'écroule et il ne reste qu'une présence lucide non duelle. »

LETTRE DU LECTEUR À LUI-MÊME

Mon cher enfant,

Depuis l'algue bleue, tu en as fait des progrès : végétal, animal, humain, tu n'as pas cessé d'évoluer. Ta conscience éternelle s'est habillée de multiples enveloppes. Je t'attends depuis toujours, car tu n'es rien d'autre que moi. L'illusion qui t'entoure ne doit pas nous séparer plus longtemps. Tu dois donc, maintenant, te mettre en route et être capable de quitter cette planète. Je ne peux t'aider de l'extérieur, car là où je suis, intérieur et extérieur se confondent. Pour que nous nous retrouvions, tu dois découvrir la vérité, elle seule te délivrera. Je ne peux te la donner car elle est ma substance et je ne peux me diviser. Mais je peux te dire où elle est. Cette vérité, depuis bien longtemps, tu la cherches à l'extérieur, au fin fond de la matière en créant des accélérateurs de particules, au fin fond de l'espace, en mettant des télescopes sur orbites. Ce n'est pas là que tu la trouveras, elle n'est pas en dehors de toi, elle est au fond de toi. Tu n'as qu'à me désirer ardemment et suivre le chemin de ceux qui m'ont déjà trouvée, bientôt nous serons réunis.

Ta conscience qui veut te sortir vivant de ce monde.

GLOSSAIRE

Ame ou Corps pscychique
Partie de nous qui a une conscience indépendante du corps physique et qui lui survivra. L'âme se cristallise dans le corps physique. La pratique du silence et le démantèlement des strates psychologiques qui forment l'ombre, sont les moyens de cette cristallisation. L'âme ne peut évoluer que si l'imagination est maîtrisée.

Chercheur
Le chercheur est un aspect de nous-même qui est constitué d'un désir d'évolution et d'une certaine conscience des mécanismes qui le possèdent. Quatre qualités sont nécessaires à sa réussite : lucidité, discipline, courage, honnêteté intellectuelle.

Choix inconscients perdants
Programme du choix du moindre mal, encore relié à l'ombre, toujours soumis à la peur et à la culpabilité.

Choix conscients gagnants
Programme du choix du moindre mal, dégagé de la peur et de la culpabilité sous l'influence d'un moi directionnel construit.

Choix du moindre mal
Le choix du moindre mal est le programme à travers lequel nos choix sont faits dans la vie. Il est le compromis, établi par l'inconscient, pour gérer l'équilibre entre d'une part : le programme qui a pour tâche de ne jamais lâcher nos identifications - le programme de base lié à la peur et à la culpabilité, et d'autre part : la contracdiction d'avoir en surface un programme qui a pour fonction d'aller en permanence vers l'agréable, en évitant le désagréable. Le choix du moindre mal est à l'origine des scénarios répétitifs ponctuant nos vies.

Corps émotionnel
Nous en avons le ressenti dans les sensations physiques liées à nos émotions positives ou négatives par exemple quand nous percevons des tensions à la gorge au plexus ou à l'estomac. Nous pouvons en prendre conscience car nous évitons certaines situations, comme la rupture, pour ne pas en ressentir physiquement les effets. Le démantèlement du corps émotionnel dégage l'espace pour la cristallisation de l'âme.

Conscience
Notre conscience est liée à l'identification. C'est une mécanique réflexe qui maintient le sujet et l'objet, qui maintient la dualité. C'est un système qui, par ses points d'appui, s'auto-entretient. Il est parfaitement résumé par le cogito de Descartes : "je pense, donc je suis." Le but du travail sur soi est de passer d'une conscience identifiée, fractionnée, à une conscience non-identifiée, unifiée.

Corps psychique
Voyez âme.

Culpabilité
Concept définissant le mieux les effets de l'identification à la première peur, liée à la douleur de la naissance. Notre identité psychologique est bâtie sur cette identification. Afin de se maintenir, la culpabilité créera mécaniquement les difficultés répétitives que nous rencontrerons dans notre vie. Elle se cache derrière la peur.

Distanciation
Capacité à regarder les pensées, les émotions sans juger, sans tirer de conclusion.

Discernement
Pratiquer l'introspection, interroger, creuser, rentrer dans les mécanismes inconscients, les débusquer afin de les rendre progressivement conscients.

Désidentification

La Désidentification est l'élément clé. Se désidentifier veut dire lâcher-prise. Cela arrive quand nous avons une pratique de la Distanciation et que nous avons poussé le Discernement suffisamment souvent et profondément dans les couches que nous avons réprimées. Alors notre moi directionnel grandit et nous lâchons les choix inconscients perdants pour des choix conscients gagnants. A ce stade, la cristalisation de notre corps psychique se développe dans l'espace que nous avons dégagé dans notre ombre.

Discrimination

La Discrimination est la capacité de se mettre en déséquilibre par des questions liées à ce que nous sommes – notre nature véritable, l'ultime réalité, l'absolu - et ce que nous ne sommes pas - nos identifications, qui constituent notre entité psychologique. La Discrimination est au coeur de l'interrogation métaphysique.

Ego de conscience ou témoin

La partie de nous, identifiée aux perceptions sensorielles, qui laisse se dérouler devant elle le film mental de nos pensées, de nos émotions, sans juger, sans intervenir. L'ego de conscience est issu de la Distanciation.

Dualité

Le mécanisme d'identification entre le sujet et l'objet, entretenu par les perceptions sensorielles, les émotions et les pensées.

Ego

Notre ego est fait de la somme de toutes nos identifications conscientes et inconscientes. C'est notre entité psychologique. C'est l'armure qui protège notre enfant vulnérable. C'est pourquoi la tâche fondamentale de l'ego est de ne jamais lâcher. Pour ce faire, il doit absolument maintenir ses points d'appui. Le désir de l'ego est de grandir indéfiniment. L'ego est une non-entité, une illusion qui se maintient par la dynamique sujet-objet.

Enfant vulnérable

Le choc de la naissance nous transforme en enfant vulnérable. Cette vulnérabilité devra être protégée à tout prix d'où les points d'appui: nos identifications formant notre entité personnelle, notre ego.

Eveil
Court-circuit neuronal général où l'identité psychologique, l'ego, s'évanouit; abolition du mécanisme créant le moi et le non-moi. Sensation d'être un avec toutes choses.

Identification
Voir points d'appui.

Inconscient
La tâche première de notre inconscient est de protéger notre enfant vulnérable. Il se compose de couches, comme une forteresse défendue par des murs d'enceinte successifs, qui se protègent l'un derrière l'autre. La colère protège la peur qui protège la culpabilité. Le travail sur soi consiste à prendre conscience des mécanismes de défense de notre inconscient, et à les démanteler.

Interrogation métaphysique
Pousser nos interrogations existentielles qui n'ont pas de réponse évidente. En conséquence, forcer l'ouverture de nouvelles connexions neuronales.

Leurres
Identifications souvent irrationnelles, produites par la structure égotique pour bloquer la conscience, afin de maintenir les points d'appui, quand ceux-ci sont en risque. Ils se répartissent en quatre catégories. Ils utilisent la pensée en jugeant, en produisant une justification, une conclusion. Ils créent une émotion sans rapport avec la situation. Ils génèrent un brouillard mental bloquant la mémoire, ou les facultés d'introspection. En défense ultime, ils enclenchent une expérience mystique, à travers une vision divine, ou diabolique, liée au système de croyance. Cette expérience a pour fonction de sauvegarder la relation sujet-objet.

Moi directionnel
C'est la partie de nous qui reste au pouvoir quand les autres aspects de nous-même se présentent et essayent de modifier notre perception de la situation. Les grandes qualités comme l'éthique, la droiture, l'honnêteté sont toutes issues d'un moi directionnel. La réussite dans la vie dépend directement d'un moi directionnel bien construit qui organise la vie en fonction de ses objectifs.

Non-dualité

Le réel, l'absolu, le divin - ce qui est au-delà des points d'appui, de nos identifications. La non-dualité est notre véritable nature voilée par l'identité psychologique entretenue par la relation sujet-objet.

Ombre

Tout ce qui est dans l'inconscient. Les mécanismes de culpabilité, de peur, qui nous animent sont dans l'ombre. Le travail psychologique de la Distanciation et du Discernement consiste à démanteler l'ombre. De ce démantèlement naîtra un moi directionnel moins soumis à l'ombre, puis une âme.

Points d'appui ou identification

Tout ce à quoi nous nous identifions est un point d'appui: l'identification à nos sens, à nos pensées, à nos émotions. L'Eveil se produit quand nous perdons tous nos points d'appui d'un coup. La métaphore illustrant le mieux ce que sont les points d'appui, ou les identifications, est l'Hydre à multiples têtes de la mythologie grecque. Si on ne coupe pas toutes les têtes d'un coup, elles repoussent encore et encore.

Pratique du silence

La pratique du silence mental est recommandée par toutes les traditions. Il pointe vers l'absence de pensée. Quand vous stabilisez la perception de trois champs sensoriels en un seul, vous pratiquez le silence mental, vous vous ouvrez à la cristallisation de l'être psychique, de l'âme.

Sous-personnalités

Mécanismes répétitifs associant, avec cohésion, perceptions, pensées et émotions, qui entretiennent les mêmes types de comportement. Un regard, une odeur, un désir enclencheront une pensée, puis une autre. Les mêmes connexions neuronales vont s'auto-entretenir, puis atteindre l'hypothalamus qui générera des protéines modifiant nos cellules, déclenchant le même flux émotionnel. Nous sommes accrochés, drogués à ces mécanismes qui nous constituent.

Témoin

Voir ego de conscience.

BIBLIOGRAPHIE

TEXTES ESSENTIELS

Lire les textes est indispensable et fait partie du travail. Mais le but n'est pas d'avoir une compréhension sophistiquée de la réalité et d'être un docte, le but est de vivre les états supérieurs de conscience et ultimement l'Eveil.
Aussi mon conseil est de vous en tenir à un nombre de livres limité et d'en approfondir le sens. Vous ne lisez pas pour renforcer votre système de croyance, vous lisez pour aiguiser votre interrogation. Une dernière chose: quand vous avez commencé un livre et que vous avez des difficultés à rentrer dans le texte, n'insistez pas. Commencez un autre livre, dans six mois, ou dans un an, celui dans lequel vous ne rentrez pas maintenant révélera probablement ses secrets.

ANGELUS SILESIUS
L'Errant Chérubinique.
éd. L'Expérience Intérieure, 1970.

ASHTAVAKRA GITA
éd . Archè milano. 1980.

HUXLEY Aldous
La philosophie éternelle.
éd. du Seuil, 1977.

HOUANG-PO
Entretiens de Houang-Po.
Tr. Patrick Carré.
éd. Les Deux Océans, 1985.

LU TSOU
Le secret de la fleur d'or
Trad.liou tse houa
éd. Librairie de Médicis 1998.

MAHARAJ Nisargadata
Je Suis.
éd. Les Deux Océans, 1982.

THOMAS (L'Évangile selon)
éd. Devry, 1994.

WEI WU WEI
La Voie Négative.
éd. La Différence, 1978.
Les doigts pointés vers la lune
éd. Almora, 2007.

TEXTES RECOMMANDÉS

AVADHUTA GITA
éd. Archè Milano. 1980.

BAGHAVAD-GITA
éd. Le Courrier du Livre, 1964.

BÖHME Jacob
De la Vie au-delà des Sens.
éd. Arfuyen, 1997.

LE BOUDDHISME
Aux Sources du Bouddhisme.
Lilian Silburn.
éd. Fayard, 1997.

DEEPAK CHOPRA
La vie après la mort.
éd .Guy Trédaniel

DALAI-LAMA
Enseignements essentiels
éd.Albin Michel.1990

MAITRE ECKHART
Telle était sœur Katreï.
éd. Cahier du Sud, 1954.
Traités et Sermons.
éd. du Seuil, 1971.

EINSTEIN Albert
Comment Je Vois le Monde.
éd. Flammarion, 1979.

GABOURY Placide
Un Torrent de Silence.
éd. De Mortagne, 1985.

GURDJIEFF Georges
Gurdjieff Parle à ses élèves.
éd. Du Rocher, 1985.

HADEWIJCH D'ANVERS
Ecrits mystiques des béguines.
éd. Seuil.1994.

HALLÂJ
Le Diwan.
Trad. Louis Massignon,
éd. Seuil, 1981.
Poèmes mystiques.
éd. Sindbad, 1985.

HUI NENG
Le Sutra de l'estrade
éd. La table ronde. 2001.
Le Sutra de l'estrade
éd. Points Sagesses 1995.

IBN ARABÎ
Le Traité de l'Unité.
éd. Michel Allard, 1977.

ISA UPANISHAD, UPANISHADS
Trad. Louis Renou. éd. Adrien Maison Neuve, 1943.
Six Upanishads Majeures.
Trad. Patrick Lebail.
éd. Courrier du Livre, 1971.

AL JUNYAD
Enseignement Spirituel.
éd. Actes, 1999.
Enseignement Spirituel. Traités, Lettres, Oraisons et Sentences.
éd. Sindbad,1983.

LAL DED
Les dits de Lalla et la quête mystique
éd. Les deux Océans. 1999.
Paroles de Lal Ded. éd. La table Ronde.1998

LAO TSEU
Tao Te King.
éd. Desclée de Brouwer, 1994.

LIE TSEU
Le vrai classique du vide parfait
éd. Idées / Gallimard.

LIN CHI
Entretiens de Lin chi.
Trad. Paul Demieville.
éd. Fayard 1972.

MA ANANDAMOYI
L' enseignement de Ma ananda moyi.
éd. Albin Michel. 1974.

MARC AURELE
Pensées.
éd. Fleuron, 1996.
A Soi Même : Pensées.
éd. Rivages Poches, 2003.

NIFFARI
Stations.
éd. Arfuyen, 1982.
Le Livre des Stations.
éd. L'Eclat, 1989
Les Haltes d'Al-Niffari.
éd. Les Immémoriaux, 1995.

OUSPENSKI
Fragments d'un Enseignement Inconnu.
éd. Stock, 1974.

PLOTIN
Traité par pierre hadot. éd. cerf 1994
Traité 7-21.éd GF Flammarion 2003

PORETE Marguerite
Le miroir des âmes simples et Anéanties.
éd. Albin Michel, 1984.
RABI'A
Les Chants de la Recluse.
éd. Arfuyen, 1988.

RABBI NACHMAN
Une larme si douce. éd La table ronde ,2000.
La chaise vide.éd La table ronde, 1995.

RAMANA MAHARSHI
L'enseignement de Ramana Maharshi.
éd. Albin Michel.
L'homme de lumière.
Patrick Lebail, éd. Le Mail, 1991.
Immortelle conscience.
éd. Les Deux Océans, 1989.

RUMI
Le Livre du Dedans.
éd. Sinbad, 1976.
Lettres.
Trad. Eva de Vitray-Meyerovitch.
éd. Jacqueline Renard, 1990.

SANKARA
Le plus Beau Fleuron de la Discrimination.
éd. Adrien Maisonneuve, 1946.
Comment discriminer le spectateur du Spectacle.
éd. Adrien Maisonneuve, 1946.

SHANTIDEVA
Marche vers l'éveil.
éd. Padmakara, 1992.

SOUTRA DU DIAMANT
éd . Fayard, 2001

JEAN TAULER
Ed .foi vivante, 1980
Sermons
éd.cerf,1991

TCH'AN-ZEN
Hermès.
éd. Les Deux Océans, 1985.

TWEEDIE Irina
L'abîme de feu
Éd. L'originel 1985

TOLLE Eckhart
Le pouvoir du moment présent.
éd. Ariane. 2000

VIJNANA BHAIRAVA
Trad. et com. Lilian Silburn.
Publications de L'Institut de Civilisation Indienne.
éd. E. de Boccart, 1976.

VIMALAKIRTI
Sutra de la liberté inconcevable.
éd. Fayard. 2000
L'enseignement de vimalakirti.
Ed. institut orientaliste
Louvain-la-neuve 198

APHORISMES

Qui suis-je ? est la clef qui ouvre la porte du succès.

Le corps veut durer, l'ego ne veut pas lâcher, l'âme veut évoluer, votre vraie nature ne veut rien, elle est.

Tout comme une pensée ne peut pas penser, une perception ne peut pas percevoir. Tout ce que vous connaissez relève de ce qui est perçu ! Le perçu peut-il percevoir ?

Quand votre vraie nature se révèle à elle-même, vous réalisez que vous avez toujours été la totalité de ce qui est.

Votre vraie nature n'est atteinte par rien, tant que vous percevez des différences, vous êtes étranger à votre vraie nature.

La grâce est un effet sans cause.

En vous débarrassant de demain vous affaiblissez votre peur, en diminuant votre peur, vous affaiblissez votre tyran intérieur.

Ce qui est réprimé ressort toujours avec un aspect destructeur.

Voyez ce que vous ne voulez pas voir en vous-même.

Pour ouvrir votre coeur, vous devez chevaucher vos peurs.

L'amour est un don de soi, qui vient de l'oubli de soi.

Une âme vraiment évoluée sait que ce qui est ne devient pas, et que ce qui devient n'est pas. Elle sait lâcher le devenir pour se faire absorber par l'être.

La vraie valeur d'un homme est de dépasser sa condition qui est la résultante de ses systèmes de croyance.

Ce que vous appelez Dieu, n'est rien d'autre que la vie se goûtant elle-même dans une absence totale de conditionnement.

L'ego, la personne, l'entité psychologique, n'est que le système de défense de votre enfant vulnérable.

L'éveil, tout comme la mort est juste la fin des habitudes mentales, et la fin des habitudes mentales est juste comme la fin d'un rêve.

La structure psychologique est constituée de strates, l'essence du travail sur soi est de démanteler ces strates.

La compréhension de l'identification amène à la désidentification. L'espace ouvert par la désidentification est le berceau de l'âme.

Une dictature est à un peuple ce que votre ego est pour vous, devenez révolutionnaire.

Le conscient décide, l'inconscient exécute. Tout ce dont vous avez besoin c'est d'être aligné.

Les choix gagnants sont reconnus par la sensation pas par l'intellect.

SITE WEB

http://www.AlainForget.com

www.ingramcontent.com/pod-product-compliance
Lightning Source LLC
Chambersburg PA
CBHW071439150426
43191CB00008B/1182